面向"十三五"高职高专项目导向式教改教材·财经系列

企业统计基础与实务
(第 2 版)

杜树靖　刘春光　谭晓宇　主　编
傅懿兵　王岐峰　杨　波　副主编

清华大学出版社
北　京

内 容 简 介

本教材采用项目引导、任务驱动的体例,将统计学的相关基础知识与企业的实际统计业务做了很好的融合。以企业实际案例为导入点,以相关的统计基础知识为理论依据,将统计工作任务做了详细而具体的操作演示,便于读者理解统计理论知识,掌握统计业务操作。同时,为读者的知识提升和能力拓展提供了大量实训材料。

本教材分八个教学项目,分别是企业统计认知、企业经营总量统计、企业生产经营比较统计分析、企业经营一般水平分析、企业生产经营差异分析、企业抽样调查统计分析、企业生产成本相关与回归分析、企业生产经营指数分析。

本教材适用于高等职业院校会计、统计、财务管理、税务、工程预算等相关专业的学生使用;也可以作为社会各经济单位进行统计知识培训的培训教材;还可以作为社会各界人士普及常规统计知识的自学教材,能满足企业、事业单位的统计工作人员、生产经营管理人员、文秘人员等学习统计基础知识、掌握常规统计分析方法的需要。

本书封面贴有清华大学出版社防伪标签,无标签者不得销售。
版权所有,侵权必究。举报:010-62782989,beiqinquan@tup.tsinghua.edu.cn。

图书在版编目(CIP)数据

企业统计基础与实务/杜树靖,刘春光,谭晓宇主编. —2版. —北京:清华大学出版社,2018
(2023.8重印)

(面向"十三五"高职高专项目导向式教改教材·财经系列)

ISBN 978-7-302-50475-7

Ⅰ. ①企… Ⅱ. ①杜… ②刘… ③谭… Ⅲ. ①企业统计—高等职业教育—教材 Ⅳ. ①F272.5

中国版本图书馆 CIP 数据核字(2018)第 127551 号

责任编辑:梁媛媛
封面设计:刘孝琼
责任校对:王明明
责任印制:杨 艳

出版发行:清华大学出版社
  网　　址:http://www.tup.com.cn, http://www.wqbook.com
  地　　址:北京清华大学学研大厦A座　　邮　　编:100084
  社 总 机:010-83470000　　邮　　购:010-62786544
  投稿与读者服务:010-62776969, c-service@tup.tsinghua.edu.cn
  质量反馈:010-62772015, zhiliang@tup.tsinghua.edu.cn
  课件下载:http://www.tup.com.cn, 010-62791865

印 装 者:三河市铭诚印务有限公司
经　　销:全国新华书店
开　　本:185mm×260mm　　印　张:14.25　　字　数:340千字
版　　次:2014年5月第1版　2018年7月第2版　印　次:2023年8月第6次印刷
定　　价:42.00元

产品编号:077304-02

前　　言

"企业统计基础与实务"是经济类高等职业院校的专业必修课，是学生学好经济类学科知识、掌握经济分析方法的专业基础课程。它主要介绍企业各种经济统计分析方法，涉及企业的生产量统计、仓储统计、采购价格分析、财务管理分析、生产总值分析、生产能力分析、经济效益分析、发展程度分析等各个领域的统计分析。学好这门课程，有利于学生提升经济类工作的专业技能，增强经济整体分析能力，提高团队协作能力，拓展就业面。

根据我国当前职业教育的新需要，在全国高等职业院校积极参与创建国家级骨干职业院校的活动中，"企业统计基础与实务"课程组的全体教师深入企业，进行了长达五年的调研，与企业实践专家一起进行多方面的探讨和商榷，协同企业中统计、财务、生产业务、采购、销售、管理决策等各个部门，对企业统计工作的过程和业务内容进行了高度提炼，概括成适合高等职业院校教学的教材内容。同时，在企业专业人员的帮助下，课程组全体成员与企业实践专家一起，采集了大量企业统计工作素材，并将其提炼成适合学生学习、操作实训、能力拓展的案例资料。

本教材内容准确、务实，体例规范、系统，行文流畅、易懂，是适合高职统计教学特点的高质量教材。它具有以下特点。

1. 重能力、求创新

本教材主要应用于普通高等职业院校的统计教学，在内容的选取上强调"实用为主"，以"必需、够用"为度，以能指导企业实践并适应学生的接受能力为标准。对于最基本的统计基础理论知识只做简明扼要的表述，而对于统计分析操作则进行了详细的介绍和规范的操作引导，注重对学生操作能力的训练，并与相关经济类专业的知识有机结合，相互渗透，有利于学生综合素质的培养。

2. 充分体现高职教育特点

本教材采用"项目下分任务，任务下讲操作"的体例，内容易于高职学生接受、理解，通过引用案例、模拟操作、训练提高等程序，尽可能贴近企业实际工作及学生学习特点，做到准确精练、深入浅出，突出实用性、可操作性。在高度上满足了普通高等职业教育水平的要求，在阐述上能引导学生理解统计基础知识、学会常规统计业务操作，并把重点放在统计业务的演练上。

3. 突出教学方法改革

各项目详略得当，淡化理论，强化技能，体现出了新的职业教学模式，易于渗透"技术、能力、素质目标"培养的训练方法。

4. 反映最新的经济业务变化

内容紧扣企业经济的发展变化，将企业当前最主要的统计工作反映到教材中来，并将企业最新的统计资料模拟到教学案例中，防止了教学内容与实际业务脱节的现象发生。

5. 内容排列兼具系统性与逻辑性

本教材在编写过程中注意了内容的系统性、逻辑性及各部分的层次关系，很好地将各知识点进行有序排列，同时也关注到了各知识点在本项目下和在整本教材中的位置和分量。

本教材由八个项目组成，涵盖了企业主要的统计业务和最常用的统计分析方法。学生通过对这八个项目的学习，在指导教师的引导下，可以掌握企业统计的常规业务，能够对企业的生产、管理进行数据分析，并能在数据分析的基础上进行相关业务或相关专业的联系分析，为企业管理层的各种决策提供参考，成为企业决策者的得力助手，进而成为企业管理者。

本教材由杜树靖、刘春光、谭晓宇担任主编，傅懿兵、王岐峰、杨波担任副主编，具体编写分工为：杜树靖(项目一、项目五)、刘春光(项目二)、杨波(项目三)、谭晓宇(项目四)、王岐峰(项目六)、傅懿兵(项目七、项目八)。全书由傅懿兵总纂，杜树靖审阅定稿。

在本教材前期调研和后期编写过程中，得到了很多企业统计工作人员和企业管理专家的支持和帮助，主要有烟台鲁宝钢管有限公司董爱丽、烟台市统计局于永伟、烟台市供销社集团宋文霞、烟台港务局刘峰、潍坊毛巾厂李明云等。在此，我们表示诚挚的感谢。

由于调研范围的局限性，编者的编写水平有限，课程学时的设置所限，使得教材内容难以涵盖企业统计的所有细节，也难免有不妥之处，敬请广大同仁、读者批评指正。

编　者

目 录

项目一 企业统计认知 1
 任务一 统计专业术语 3
  子任务一 了解统计总体和总体
     单位 3
  子任务二 了解统计标志和变量 4
  子任务三 了解统计指标和指标
     体系 6
 任务二 企业统计工作过程 9
  子任务一 企业统计数据采集 9
  子任务二 企业统计数据整理 19
  子任务三 企业统计信息分析 32
 任务三 利用 Excel 对企业数据进行
    统计整理 37
  子任务一 用 FREQUENCY 函数
     进行统计分组 37
  子任务二 使用直方图工具完成常规
     统计数据的整理 39
 项目拓展训练 41

项目二 企业经营总量统计 47
 任务一 认识总量指标 48
 任务二 企业总量统计 51
  子任务一 企业产品实物量统计 51
  子任务二 企业生产总值统计 55
  子任务三 企业资产总量统计 60
 项目拓展训练 62

项目三 企业生产经营比较统计分析 65
 任务一 认识企业对比统计分析指标 66
 任务二 企业生产经营静态比较分析 68
  子任务一 企业内部构成分析 68
  子任务二 企业经营实力比较分析 71
  子任务三 企业生产计划执行情况
     分析 74
 任务三 企业生产经营动态比较分析 79
  子任务一 企业经营发展速度
     分析 79
  子任务二 企业经营增长程度
     分析 83
 任务四 利用 Excel 进行企业信息比较
    分析 85
 项目拓展训练 88

项目四 企业经营一般水平分析 97
 任务一 认识平均指标 98
 任务二 企业经营一般水平分析详述 99
  子任务一 人均生产能力统计
     分析 99
  子任务二 企业原材料采购一般价格
     统计 102
  子任务三 企业仓储一般能力统计
     分析 103
  子任务四 企业 GDP 平均发展速度
     分析 107
 任务三 利用 Excel 分析企业经营一般
    水平 110
  子任务一 使用 AVERAGE 分析工人
     一般生产能力 110
  子任务二 使用公式输入法分析一般
     水平 112
  子任务三 使用 HARMEAN 函数
     分析原材料一般价格 113
  子任务四 使用 GEOMEAN 函数
     分析产品一般合格率 114
  子任务五 使用 LOG10 函数分析
     企业一般速度 115
 项目拓展训练 116

项目五 企业生产经营差异分析 121
 任务一 认识标志变异指标 122

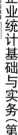

　　任务二　企业生产经营差异分析详述......123
　　　　子任务一　产品质检极差分析..........123
　　　　子任务二　工人生产能力差异
　　　　　　　　　分析......................125
　　　　子任务三　企业生产稳定性分析......127
　　　　子任务四　产品合格率差异分析......130
　　任务三　利用 Excel 进行企业生产差异
　　　　　　分析..................................131
　　项目拓展训练..................................132

项目六　企业抽样调查统计分析..........135
　　任务一　认识抽样调查........................136
　　任务二　产品质量抽样调查分析..........141
　　　　子任务一　产品质量抽样误差
　　　　　　　　　分析......................141
　　　　子任务二　产品质量抽查精确度
　　　　　　　　　与保证概率分析..........145
　　　　子任务三　产品质量抽样估计......147
　　　　子任务四　产品抽检数量分析......150
　　任务三　利用 Excel 进行抽样估计..........153
　　　　子任务一　用 STDEV 函数计算
　　　　　　　　　样本的标准差及方差......153
　　　　子任务二　用 CONFIDENCE 函数
　　　　　　　　　完成总体均值的区间估计....155
　　项目拓展训练..................................156

项目七　企业生产成本相关与回归
　　　　　分析..................................163
　　任务一　认识相关与回归分析..........164
　　任务二　判断成本与产量的相关关系......167
　　　　子任务一　判断成本与产量之间

　　　　　　　　　是否相关..................167
　　　　子任务二　单位成本与产量相关
　　　　　　　　　程度的判断..............169
　　任务三　单位成本的回归分析..............171
　　　　子任务一　建立单位成本对产量的
　　　　　　　　　回归模型..................171
　　　　子任务二　企业盈利的回归预测.....174
　　任务四　利用 Excel 进行企业相关
　　　　　　与回归分析..........................176
　　项目拓展训练..................................183

项目八　企业生产经营指数分析..........189
　　任务一　了解统计指数........................190
　　任务二　企业生产经营总指数编制..........192
　　　　子任务一　编制产品产量综合
　　　　　　　　　指数......................192
　　　　子任务二　编制产品单位成本综合
　　　　　　　　　指数......................194
　　　　子任务三　编制平均指数..........196
　　任务三　企业经营指数因素分析..........199
　　　　子任务一　企业总产值变动因素
　　　　　　　　　分析......................199
　　　　子任务二　企业职工平均工资变动
　　　　　　　　　因素分析..................204
　　任务四　利用 Excel 进行企业统计指数
　　　　　　分析..................................207
　　项目拓展训练..................................210

附录..217

参考文献..219

项目一 企业统计认知

【技能目标】

- 能够设计常规调查问卷。
- 能够编制常规统计台账。
- 能够编制简易统计表。

【知识目标】

- 理解企业统计常用专业术语。
- 了解企业统计工作过程。
- 掌握统计分组的种类。
- 了解分配数列。

学习统计之必要

任何一个企业都同时存在三大核算：统计核算、会计核算、业务核算，其中，有明确岗位特征的是统计核算和会计核算，且有"自古会统不分家"之说。学习统计知识的必要性，可以从以下三个方面来说明。

一、统计核算和会计核算具有密切的联系

(1) 从整个国民经济来看，国民经济核算内容从广义上讲，是统计核算的最高层次，同时还包括了会计核算和业务核算。但从狭义上讲，国民经济核算则是采用统计方法进行会计核算及分析，较多地使用了会计方面的资料。统计核算的相当一部分数据均取自会计核算资料。

(2) 从企业来看，会计核算是企业核算的基础，企业各类资产和负债的数额及构成、资本金的筹措与运用、收入与成本、费用和利润分配等基础信息都来源于会计核算资料。统计核算和会计核算从不同角度来观察、分析、推断企业的生产经营，同时会计核算中很多原始凭证的数据也来自于统计资料。

二、统计与会计的相互渗透

(1) 会计核算中大量运用统计方法。在管理会计、预算会计、决策会计、审计等学科中，大量运用了统计分组、相对指标、绝对指标、统计控制、投资风险价值评定等统计分析方法，使会计的作用不再局限于事后反映和单纯提供记录和核算的信息，而是进一步利用这些信息来预测未来、参与决策，这无疑强化了会计的管理职能。

(2) 统计工作中充分运用会计资料和会计方法。统计对企业经济效益的评价、统计指标的连锁分析、企业绩效的评价等均需用到会计相关指标。会计方法和手段运用于统计之中，不仅极大地丰富了统计的内容，促进了统计核算方法的发展和完善，也使得统计的作用不再局限于报表的填制、上报，而是进一步利用所得到的信息进行统计分析预测。

三、统计在企业中的运用

(1) 统计在管理会计中的运用。管理会计作为企业内部的决策性会计，参与企业经营管理。统计方法在财务预测、控制分析和评价等方面的应用丰富了管理会计的实用性。例如，预测成本和销售时采用回归分析法，评价企业财务状况时采用层次分析法，财务建模时采用计算机随机模拟等。统计方法是管理会计中必不可少的系统方法。

(2) 统计在审计中的运用。由于审计是对会计核算过程和会计报表进行监督和审核，因此在审计中最常用的统计方法是抽样技术，即对不同行业、不同层次的会计状况采用适当的抽样方法，以保证审计结果的正确性。

(3) 统计在财务管理中的运用。由于财务管理是对企业的财务活动进行财务预测、决策、计划、控制和分析，以提高企业的资金运用效益，因此就要求工作人员要有较强的信息获取能力及分析和解决财务管理中实际问题的能力。

首先，在财务管理中大量运用统计分析方法。例如，在筹资活动中，资金需求量预测采用资金习性预测法，根据资金占用总额同产销量的关系来预测资金需求量时，采用统计

中的回归分析法；又如，在最佳资本结构分析中，资本成本比较法对不同方案的资本成本进行决策比较时，采用统计中的加权平均法来选择最佳资本结构；再如，投资活动中的投资决策风险评价测定风险大小时，采用统计中的方差、标准差、标准差系数等标志变异指标进行统计分析。此外，综合指标、统计指数、动态分析中的相关统计计算和分析方法等统计方法在财务分析中的比较分析、比率分析、趋势分析和因素分析中都应用得淋漓尽致。财务管理中大多数公式都是统计公式和模型的具体运用。

其次，在财务管理中充分运用统计思维。具备统计思维就能够运用各项基本统计方法对财务活动中所表现的数量特征进行分析研究，做出统计决策，用统计的思维解决财务活动中的实际问题。

由此可见，统计知识对于企业管理类岗位的人员是很重要的。现在，虽然部分职业资格证书已经不统一考试了，但是，不少中小型企业的统计业务都是由会计岗位的人员来做的，大中型企业有专门的统计岗位，其统计和会计的业务往来频繁，资料和业务处理相互融合。

任务一　统计专业术语

子任务一　了解统计总体和总体单位

任务导入

实习生常昊被分配到生产车间，协助车间统计员完成日常产量和质量统计工作。统计员要求他首先了解工作对象及其组成，即统计总体和总体单位。

相关知识

一、统计总体

统计总体简称总体，是根据一定的研究目的所确定的研究对象的全体，它是由客观存在的、在某一共同性质基础上集合起来的许多个别单位的整体。例如，要统计车间日产量，则车间工人当日生产的所有产品就组成了产品统计总体。

二、总体单位

总体单位是构成总体的各个个别单位，简称个体或单位。例如，车间产品总体中的每一件产品就是一个总体单位。根据不同的研究目的，总体单位可以是一台设备、一名员工、一个车间、一件产品等。总体单位必须是现实生活中存在的实实在在的个体，不能是虚构的或意念中的事物。

三、总体的基本特征

总体具有三个基本特征：同质性、大量性和差异性。

(一)同质性

同质性是指组成总体的每一个个别单位在许多方面的表现不尽相同，但至少在一个方面必须保持相同性质，即表现相同。例如，企业职工总体中，虽然每个职工的姓名、性别、籍贯、工龄、工种、文化程度、月工资收入等都不尽相同，但是他们都是同一企业的职工，在"所在单位"这一点上，他们保持了相同的性质，因而组成了一个总体。同质性是统计总体形成的基础。

(二)大量性

大量性是指组成总体的个别单位必须是大量的或足够多的。统计最终要分析经济现象总体的本质和规律，而总体的本质和规律是对大量个别现象的数量表现进行综合汇总而得到的，个别现象由于受偶然因素的影响，无法表现总体的综合特征，也就不能构成统计总体。因此，统计总体必须由大量的个别单位组成。

(三)差异性

差异性是指组成总体的个别单位之间除了保持同质性之外，在其他方面的表现必须存在差别。例如，企业职工总体中，每个职工在工种、工龄、技术水平、行业、工作量、月工资收入、籍贯等很多方面的表现都不尽相同，存在差别，这就是差异性的体现。我们对总体的本质和规律的认识，就是通过对各个单位的不同表现进行综合概括而实现的。同时，差异性也是统计研究的基本前提，没有差异，也就不需要统计了。同质性和差异性是相对的，是随着研究目的的改变而改变的。

四、总体的种类

根据总体单位的数量不同，总体分为有限总体和无限总体两种。

(1) 有限总体是指总体所包括的总体单位是有限的，在现实工作中是可以计数的。例如，发动机厂的产品总体是有限总体。统计研究的绝大部分总体都是有限总体。

(2) 无限总体是指总体所包括的单位是无限的，或者在现实工作中是不可以计数的。例如，牙膏厂自建厂以来生产的所有牙膏是无限总体，由于生产流水线的不间断生产，生产时间的不断延续，牙膏的数量是不断增加、无限增长的，这就构成了一个无限总体。因此，要准确表达牙膏厂的牙膏产量，只能限定某一时间段的产品数量，如 1 月份的产品产量，则 1 月份生产的所有牙膏就是一个有限总体了。

● **特别提示**

总体和总体单位不是固定不变的，当研究目的和任务发生改变时，总体和总体单位就需要重新确定。

子任务二 了解统计标志和变量

● **任务导入**

实习生常昊需要登记每一件产品的质量表现，以确定合格产成品的数量。要完成这些工作，常昊必须学习标志、标志表现、变量、变量值等基础知识。

相关知识

一、标志

标志是用来说明总体单位的特征或属性的名称。总体单位是标志的承担者，各单位的标志及其表现是形成统计指标的基础。

每一个总体单位都可以从不同的角度去观察其各种特征或属性，将这些特征或属性用名称的形式表达出来，就是标志。若以一件产品为总体单位，则产品的名称、重量、体积、规格等都是标志。

标志在每一个总体单位所表现的具体属性或数量特征，叫作标志表现。一般来讲，每一个总体单位都会有相同的标志，而我们是通过不同的标志表现来区别一个单位与另一个单位的。表1-1中列出了三个不同总体中的标志及其标志表现。

表1-1 标志及标志表现示例

总体	总体单位	标志示例	标志表现示例
所有分厂	每一个分厂	地址	长江路89号
		经济类型	私有企业
所有设备	每一台设备	种类	车床
		生产厂家	长江电子设备厂
所有员工	每一名员工	年龄	27岁
		工种	钳工

二、标志的分类

(一)根据标志的性质不同，标志可分为品质标志和数量标志

品质标志只能用文字或符号来表现总体单位的品质属性。例如，企业的地址、经济类型、所属系统；职工的姓名、性别、文化程度、工号；产品的名称、种类、型号；等等。

数量标志只能用数值来表现总体单位的数量特征。数量标志所表现的具体数值称为标志值。例如，某职工年龄29岁，其中"年龄"为数量标志，"29岁"为标志值。

需要注意的是，不能把所有用阿拉伯数字表现的标志都叫做数量标志，只有表现总体单位数量大小或多少的标志才是数量标志。有些品质标志也会表现为数字符号。例如，"性别"有时表现为"男""女"，有时表现为"1""0"；再如，"住址"是品质标志，有时却表现为"8-21"的数字符号形式。

(二)根据标志表现是否可变，标志可分为不变标志和可变标志

不变标志是指在每个总体单位的具体表现都完全相同的标志。例如，在同一企业全部职工总体中，职工的工作单位就是不变标志。一个总体中，至少有一个不变标志，所有总体单位在这个共同的不变标志的基础上构成同一个总体，这体现了总体的同质性。

可变标志是指在每个总体单位的具体表现不完全相同的标志。例如，全部职工总体中，

职工的姓名、年龄、文化程度、技术级别等都是可变标志。可变标志体现了总体的差异性，是统计分组、统计核算与分析研究的基础。我们可以在同质总体中，按照某可变标志将总体分成若干部分，然后再深入细致地分析研究。

总体的同质性和总体的变异性是进行统计分析的前提条件。

三、变量

无论是品质标志，还是数量标志，在各个总体单位的表现往往都存在着差异，这称为变异。例如，年龄在每个人身上表现为不同的年龄数值，说明年龄存在变异，是可变的。

统计上，把可变的数量标志称为变量，变量所表现的具体数值称为变量值。例如，包装工赵瑞今年25岁，则变量"年龄"在赵瑞身上表现的变量值就是"25岁"。

根据变量值的连续与否，变量可分为连续型变量和离散型变量。连续型变量的变量值是连续不断的，相邻两个数值之间仍可以无限取值，如固定资产、年收入、利润等。一般用来表现时间、重量、长度、面积、体积、价值等的变量都是连续型变量。离散型变量的变量值都是以整数位断开的，不可能是小数，如职工人数、设备台数等。

根据所受影响因素的不同，变量可分为确定性变量和随机变量。确定性变量是由确定性因素影响所形成的变量。确定性因素使变量值沿着确定的变动方向呈上升或下降趋势。例如，推广生产技术、提高操作水平、加强技术培训、加强车间管理等确定性因素会影响产品的产量逐年增加，这时的"产量"就是确定性变量。随机变量是由随机性因素影响所形成的变量。随机性因素的影响作用是随机的、偶然的，会使变量值的大小变化没有一个确定的方向。例如，机器的运转程度变化，工人操作水平的波动，冷却液的温度和流速变动，车间的温度、湿度变化等随机因素会使同一台设备所生产工件的尺寸可能高于标准尺寸，也可能低于标准尺寸，这时工件的"尺寸"就是一个随机变量。

> **特别提示**
>
> 变量是数量标志的一种。品质标志和不变的数量标志都不能称为变量，只有可变的数量标志才能称为变量。可以说，如果一个标志只有一个标志值，那么它只是数量标志；如果一个标志有若干个不同的标志值，那么它既是数量标志，也是变量。

子任务三　了解统计指标和指标体系

任务导入

车间主任要求实习生常昊协助车间统计员对车间工人的生产情况进行分析。常昊要计算一系列产品产量和质量的统计指标，就必须学习统计指标及指标体系等知识。

相关知识

一、统计指标

统计指标是反映经济总体综合数量特征的范畴及其具体数值。它是利用科学的统计方法，对所有总体单位的标志表现进行综合汇总而形成的。例如，据山东省统计局2017年8

月 17 日发布的信息，当年 1—7 月，全省规模以上工业增加值同比增长 7.5%，比上半年回落 0.2 个百分点；城镇新增就业 82.59 万人，完成年度计划的 75.09%；新能源发展加快，完成发电 141.1 亿千瓦时，增长 15.0%；7 月末全省金融机构本外币贷款余额 69 399.7 亿元，增长 9.4%。这些都是统计指标。

(一)统计指标的构成要素

统计指标反映一定时间、地点、条件下经济总体的综合数量特征。一个完整的统计指标由 4 个要素构成。

(1) 指标名称。它体现指标的含义、指标口径和计算方法等。

(2) 指标数值。它是根据一定的统计方法对总体各单位的标志表现进行综合概括的结果。

指标名称是用来反映社会经济现象某一数量特征的科学概念，反映了社会经济现象质的规定性；指标数值是用来反映社会经济现象某一数量特征的实际数量，反映社会经济现象量的规定性。指标名称和指标数值是构成统计指标的基本要素，缺一不可。

(3) 时间。它是指统计指标所属的时间，可以是某一时期，也可以是某一标准时点。

(4) 地点和条件。它是指统计指标所属的空间范围和环境条件。

任何一个统计指标都必须具备这 4 个要素才具有现实、明确的经济意义。不过，在统计设计时出现的统计指标，通常只有指标名称，没有指标数值。

(二)统计指标的特点

(1) 数量性。统计指标反映的是社会经济现象的数量特征，是用数量加以计量的。数量性是统计指标的基本特征。

(2) 综合性。一方面，统计指标是对所有总体单位的标志表现加以综合汇总而得到的；另一方面，它反映了经济现象总体的综合数量特征。因此，统计指标又称综合指标。

(3) 具体性。统计指标是一定时间、地点、条件下某一具体社会经济现象的数量反映。它不是抽象的概念和空洞的数字，它包含着具体的经济内容，不存在脱离具体内容的统计指标。

(三)统计指标的分类

1. 按所反映的数量性能不同，统计指标可分为数量指标和质量指标

数量指标是反映社会经济现象总体规模和总水平的统计指标，用统计绝对数表示，如职工人数、国内生产总值等。数量指标又称总量指标或统计绝对数，其数值大小与总体范围有直接关系。

质量指标是说明社会经济现象的相对水平或平均水平的统计指标，如人口密度、平均工资、单位成本等。质量指标是数量指标的派生指标，常常用来反映经济现象的内部结构、比例、发展程度、现象的一般水平、工作质量等，其数值大小与总体范围无直接关系。

2. 按计算形式不同，统计指标可分为总量指标、相对指标和平均指标

数量指标就是总量指标。质量指标中反映现象相对水平的指标是相对指标，反映现象平均水平的指标是平均指标。相关内容将在项目二、项目三、项目四中分别介绍。

3. 按作用功能不同，统计指标可分为描述指标、评价指标和预警指标

描述指标是反映社会经济现实状况，呈现经济活动过程和结果的统计指标，如土地面积、在校大学生人数、生产总值、固定资产、居民平均收入与支出等。这类指标提供对经济情况的基本认识，是统计信息的主体。

评价指标对社会经济行为的结果进行比较、评估、考核，以检查其工作质量和经济效益的高低，如劳动生产率、国民收入增长速度、固定资产交付使用率等。这类指标一般要和计划、预测或其他定额相比较，才能确定经济行为的优劣程度。

预警指标对经济运行进行监测，并根据指标数值的变化，预报经济即将出现的异常状态、突发情况及某些结构性障碍等。例如，社会消费积累率、物价指数、发展速度等指标可以对一个国家或地方的宏观经济运行状况起到预警作用；企业中员工薪酬发展速度与国内生产总值(GDP)发展速度之比可以对企业薪资发放提出预警。通常，利用经济关键性指标或敏感性指标建立监测指标体系，以发挥预测警报作用。

二、统计指标体系

统计指标体系是由若干个相互联系、相互补充的统计指标所组成的整体，用以说明社会经济现象各方面相互联系和相互制约的关系。例如，为了综合反映工业企业经济效益状况，就要设计由总资产贡献率、资本保值增值率、资产负债率、流动资产周转率、成本费用利润率、全员劳动生产率、产品销售率这7项指标组成的指标群，这个指标群就构成了工业经济效益指标体系。

一个统计指标只能反映社会经济现象某一方面的数量特征，而社会经济现象是一个复杂的有机整体，存在着方方面面的联系和相互制约关系。因此，要全面反映客观经济现象全貌，描述事物发展的全过程，只有一个统计指标是不够的，需要采用统计指标体系。

由于社会经济现象的相互联系多种多样，因此反映这种相互联系的统计指标体系也各不相同。

从统计研究的范围来看，有宏观经济统计指标体系和微观经济统计指标体系之分。宏观经济统计指标体系(如国民经济统计指标体系)用以反映国家(地区)国民经济和社会发展状况及发展过程中的各种联系。复杂的宏观经济指标体系分为若干层次，每一层以一定的指标和指标群(子体系)反映其基本情况和相互联系，并构成相应的指标体系。微观经济统计指标体系(如工业企业经济效益指标体系)用以反映单个经济单位的经营管理状况和生产发展中的各种联系。

从统计研究的内容来看，有综合性指标体系和专题性指标体系之分。例如，经济效益指标体系、能源问题指标体系都属于专题性指标体系。

> **特别提示**
>
> (1) 指标数值是由数值和计量单位组成的。计量单位是用来表现指标数值的属性、对数值进行量化处理的单位标识，有的表现为文字，如"元""吨"；有的表现为符号，如"%"；还有的不表现出来，如指标数值是系数的一般不写计量单位。很多指标数值如果失去了计量单位，则空洞的数字只能是数学符号，不能反映现象的数量特征。因此，计量单位是统

计指标不可或缺的重要组成部分。

(2) 指标和标志既有区别，又有联系。其区别是：①无论是数量指标还是质量指标都必须可量；而标志未必都可量，如品质标志就不可量。②二者的服务对象不同，指标是用来说明总体综合数量特征的；而标志是说明总体单位的属性和特征的。③统计指标都有综合的性质，它是总体中各单位某一标志的表现的差异综合；而标志一般不具有综合的性质。其联系是：①统计指标的数值是由总体单位的标志表现经过汇总、计算而得到的，没有总体单位的标志表现，就没有总体的指标数值。总体各单位标志值的大小及其变化直接影响总体指标数值的大小及其变化。②指标和标志之间存在着转换关系。由于研究的目的和任务不同，指标有可能变为标志，标志也有可能变为指标，这是由总体和总体单位的变化来决定的。如果原来的总体因研究目的的变化而变为总体单位，则原来的统计指标就相应变为标志；如果原来的总体单位变为总体，则原来的标志就变为统计指标。

任务二 企业统计工作过程

子任务一 企业统计数据采集

任务导入

车间主任要求实习生常昊对新研制产品的生产过程进行全程记录，为企业产品产量统计做好准备，并征询生产工人对新产品生产过程的意见和建议。要完成此任务，常昊需要了解企业的统计组织和统计工作程序，特别要学习统计数据采集的基础理论，学会原始记录和调查问卷的设计。

相关知识

一、企业统计组织

企业统计是企业管理的主要手段之一，大量的企业生产经营数据都集中在统计系统。或者说，企业统计系统就是企业的信息系统，这些信息标记了企业的生产、经营、管理、发展等各方面的印记。对这些数据的透彻分析，有利于企业管理者准确掌握企业本身及外部相关情况并做出正确决策。因此，一个企业必须建立健全的统计制度和规范的统计组织网络系统，以确保企业信息的完整和规范。

一般情况下，生产企业的统计组织网络系统如图1-1所示。

在企业中，综合统计一般设在企业综合管理部门，如综合计划处(科)、生产处(科)或生产管理部(科)，而大型的集团公司会设在经济运行部，由专职的统计分析人员进行企业信息分析，其主要任务如下：

(1) 根据上级统计报表编制的要求及本企业生产作业管理和经营管理的需要，制定本企业的统计制度，包括原始记录和统计台账。

(2) 监督各职能部门(科室)和各车间按时完成报表任务,并加以审核汇总,根据需要撰写不同形式的分析报告。

(3) 负责统一管理企业统计数据,汇编企业经济统计的历史资料,为领导和各有关部门在分析决策时提供依据。

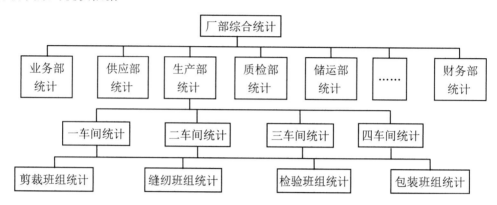

图 1-1 统计组织网络系统

因此,各职能部门和各车间统计工作应在综合统计部门的组织和指导下各司其职,确保各项统计工作的顺利完成。

车间统计一般由车间统计员承担。车间统计员其实是统计部门、财务部门放在生产第一现场的原始数据采集者,正是因为他们提供的数据,一个公司、一个企业才能很好地、准确地、及时地获得关于工人、设备、产品、材料等相关信息。车间统计工作内容一般包括内部原始记录管理、统计台账、内部统计报表、数据分析及数据汇总积累。内部统计报表的数据来源是由各个生产环节(班组)的主要负责人(班组统计)把各工序中每个人的生产量统一汇总后,以报表的形式报给相关职能科室统计,再由职能科室统计人员根据这些报表汇总分析,报送到上一级部门(综合统计)。

班组统计一般由班组统计员承担。班组统计是企业内部最基层的统计记录工作,根据需要可设置一名兼职统计员或核算员,以保证统计工作的质量和连续性。在班组统计中,应做好班组原始记录,认真管理产量卡、工票、工时单等工资结算记录,并按规定进行计件工资的计算;要将班组统计资料及时上报车间并公布统计结果,同时做好班组的经济活动分析,进一步做好班组生产与作业管理工作。有时候,班组统计工作由班组长兼任,如果专设统计人员,还可兼做保管、质量检查等工作。

二、统计工作过程

在企业中,统计资料的形成渠道虽然很多,但其形成过程是一样的,都要经过企业统计数据采集、统计数据整理和统计分析三个环节,它们紧密联系,是一个不可分割的有机整体。

(一)统计数据采集

统计数据采集也叫统计调查,它是采用各种调查方法,有组织、有计划地收集企业各种生产经营数据资料的过程。企业要获得经营管理的统计资料,就必须大量收集各种经济业务的原始资料或次级资料，这种收集资料的过程就是统计数据采集。统计数据采集是企业统计工作的基础环节，是统计数据整理和统计分析的基础和前提，这个环节工作的质量在很大程度上决定着企业统计工作整体的质量。因此，高质量的数据采集工作要求收集的资料一定要准确、全面，且上交要及时，收集过程要讲求经济性。

(二)统计数据整理

统计数据采集的资料主要是原始资料，也有一部分是次级资料，这些资料往往都是杂乱的，只能反映个体的信息，不能反映企业整体的综合信息，必须对这些资料进行科学的加工、分类、汇总，才能成为系统的、条理的、能够反映企业综合数量特征的统计资料，这种加工整理的过程就是统计数据整理。它是统计数据采集的继续，又是统计分析的前提，在统计工作过程中起着承前启后的作用。

(三)统计分析

企业经济统计分析就是根据已经整理好的统计资料，计算一系列统计分析指标，以描述企业生产经营管理的现状、确定企业经济效益的高低、判断企业发展的程度、预测企业经营的风险，发挥统计的参谋和助手作用，为企业经营决策提供依据。它包括企业生产经营条件的分析、企业生产经营过程的分析和企业经营成果的分析。

三、数据采集的种类

企业的生产经营业务多种多样，数据采集的形式也十分多样，主要有以下三种分类。

(一)按照调查组织方式不同，调查方式可分为统计报表和专门调查

统计报表是按照统一规定的表式、内容要求和报送时间，利用企业的统计系统，自下而上地逐级提供统计资料的一种调查方式。统计报表又可分为企业内部报表和对外报表两种。

专门调查是为了研究某个问题或了解某种情况而专门组织采集资料的形式，主要有普查、抽样调查、重点调查和典型调查等。

(二)按照调查范围不同，调查方式可分为全面调查和非全面调查

全面调查是对调查对象中的所有单位一个不漏地进行观察登记而采集资料的调查形式，如企业产品产量调查、固定资产普查、产品库存盘点等。

非全面调查是对调查对象中的一部分单位进行观察登记而采集资料的调查形式，如企业产品质量抽检。

(三)按照观察登记的连续性不同，调查方式可分为经常性调查和一次性调查

经常性调查又称连续调查，是随着现象的发展变化而连续不断地进行观察登记的调查方式，如产量、能源消耗的数据收集。

一次性调查是对现象在一定时点上的状态进行一次性登记的调查方式，如企业资产总量、生产设备拥有量、产品库存量等数据的收集。

四、数据采集的方法

(一)直接观察法

直接观察法是由调查人员到现场亲自对事物进行观察、计量、登记,取得第一手材料的方法,如工业产品质量的现场检测。这种方法可以获得比较准确的数据,但花费的人力、物力、财力和时间都比较多。

(二)询问调查法

询问调查法的形式比较多,常用的有以下四种。

(1) 访问法。这是调查人员以调查表或有关材料为依据,逐项向被调查者询问有关情况,并将其回答记录下来的方法,如企业困难职工的家庭生活状况调查,以及单独交谈或开座谈会进行调查。这种方法获得的数据准确,但需要较多的时间和人力。

(2) 问卷调查法。这是一种以问卷形式提问,由被调查者自愿填报,调查者根据答案汇总而收集资料的方法,如产品的品牌问卷调查。这种方法的关键是需要精心设计问卷,且需要考虑问卷的回收率。

(3) 电话调查法。这是借助于电话工具向被调查者进行询问,以了解被调查者信息的调查方法。这种方法可节省时间和费用,但存在母体不完整的缺点,也会遇到被调查者不合作的情况。

(4) 计算机辅助调查法。这是借助互联网工具向被调查者进行问卷调查,以收集信息的方法。这种方法节省时间和费用,但资料的真实性需要甄别,也存在母体不完整的缺点,因此只能作为辅助调查。

(三)报告法

报告法是由调查单位根据各种原始记录和核算资料,按照统一的表格内容及填报要求,在规定的时间内,以一定程序向上级单位提供资料的方法,如统计报表。这种方法可以促使被调查者建立健全原始资料和统计台账,但是需防止出现虚报、瞒报现象。

(四)实验调查法

实验调查法是通过某种实践活动的验证去收集有关信息资料的调查方法,如医疗产品或医疗设备(手段)的疗效统计调查、吸烟危害健康调查、设备冷却液的流速对产品加工质量的影响调查等。实验调查法的优点是能够获得较准确的信息和丰富的资料,便于决策,但需要花费较多的人力、物力、财力和时间。

在企业统计数据采集中,各种方法需要灵活运用,要根据调查的目的、现象的特点和调查的客观条件加以确定,必要时还可以将多种方法结合起来,以保证调查的质量,提高调查的效率,减少对人力、物力、财力和时间的消耗。

五、原始记录设计

原始记录是按照企业统计核算、会计核算和业务核算的要求,通过一定的表格形式,对企业各项生产经营活动所做的最初记录(数字或文字)和客观反映,是未经过加工整理的第一手材料,是企业进行核算管理的原始依据。

一份无懈可击的企业经济分析报告，必须有高质量的原始记录做基础，而高质量的原始记录最重要的特点是它的原始性和真实性。因为要同时满足三大核算的需要，所以企业的原始记录一般都是多联单式的，保存期限长短也不同，一般有1年、2年、3年、4年、5年等。

(一)原始记录的种类

(1) 根据在企业的应用领域不同划分，原始记录大致分为生产、技术、设备、能源、计量、质量、安全、劳资、供销、仓储、财务、行政福利及其他领域的原始记录。如表1-2所示的是一份企业销售部门的原始记录。

表1-2 销售货物或提供应税劳务清单

购买方名称：　　　　　　　　　　　　　　　　　　　　　　　　　　年　月　日

序号	货物(劳务)名称	规格型号	单位	数量	单价	金额	税率	税额
1								
2								
……								
小计								
合计								

(2) 根据记录单据的格式不同，原始记录大致可分为列表式、单项表格式、项目单列式等种类。如表1-3所示的是一份列表式的原始记录，如表1-4所示的是一份单项表格式的原始记录。

表1-3 加工出库单　　　　　　　NO.：

加工单位：　　　　　　　　　　　　　　　　　　　　　　　　年　月　日

货号	名称及规格	单位	数量	单价	金额								
					百	十	万	千	百	十	元	角	分
合计金额	佰 拾 万 仟 佰 拾 元 角 分												

售货单位及经手人	(盖章)：	发货单位及经手人	(盖章)：

①存根(白) ②客户(黄) ③记账(红)

表1-4 职工产量记录卡

　　　　　　　　　　　　　　　　　　　　　　　　　　　　　　年　月　日

姓名	产品名称	规格	产品数量	其中		
				次品	废品	合格品

(3) 根据记录表中的内容不同,原始记录可分为综合性原始记录和专用性原始记录两种。

① 综合性原始记录是在一张记录表上记录生产经营等多方面的信息。一般用来登记工业产品生产过程的信息记录,主要记录产品的数量、质量、劳动时间、设备运转、原材料消耗及其他方面等情况。由于生产过程是工人掌握生产工具,将原材料转化为产品的过程,因此这方面的原始记录一般有以下三种形式。

第一,以工人为记录对象的原始记录,用来反映工人在工作时间内的生产情况,包括产品的数量、质量、工时和设备利用情况等。如表 1-5 所示的是机械工业企业的个人生产记录。

表 1-5　个人生产记录

班组:　　　　　　　　姓名:　　　　　　　　　　　　　　　年　月　日

件号	产品名称或工序	产品完成情况(件)				工时完成情况(工时)				备注
		定额	合格品	不合格品		定额工时	实际使用	停工工时	缺勤工时	
				合计	其中废品					

第二,以生产设备为记录对象的原始记录,用来反映单台设备或多台设备在工作时间内生产的产品数量、质量,设备运行情况,操作中的技术数据等信息。如表 1-6 所示的是建筑企业的设备生产记录。

表 1-6　小型机械使用记录单

机械名称:

日期	班次	工作地点	工作内容	本班完成			作业台时		停置台时		使用人签名
				次数	数量	工程量	正点	加班	待工	……	

第三,以产品为记录对象的原始记录,用来反映某项产品在生产过程中的情况。如表 1-7 所示的企业产品加工路线单,反映了零部件在各道工序中的加工数量、质量等情况的记录,又称长票,即零件在第一道工序完工,零件送检,检验员在工票上记录有关事项后,转入下一道工序继续加工,工票也随着被加工的零件从上一道工序转到下一道工序,直至零件被加工成产品。这种原始记录易于工人掌握和控制零件加工的进度,加工过程中责任分明,便于管理。

如果以工序为对象设计记录表,一个工序填一张表,仅记录一道工序生产情况的这种单工序工票又称短票,即工序完工后,经过检验,表明该工票的任务已经完成,工票回到计划调度人员手中后,开始下一道工序。短票的不足之处是在多工序生产过程中,工票数量多,不便于保管、核对,容易造成"有票无活"或"有活无票"的情况。

② 专用性原始记录是在一张记录表格中只登记某一方面的信息,是专门为取得某个项目的资料而设置的原始记录,如职工考勤簿(卡)、产品入库单、领料单等都属于专用性原始记录。如表 1-8 所示的是一份领料单的原始记录。

表 1-7 产品加工路线单

编号：

产品名称：　　　　　　　　　　　　　　　　　　　　　　　　　　　填发日期：　年　月　日

件　号	零件名称	每台件数	计划投入件数		实际投入件数	
			当　批	累　计	当　批	累　计
日　期		工　序		机床编号	生产者收到		检查结果				检验员签章
月	日	序号	名称		数量	签章	合格	返修	工废	料废	
合格品入库数		检验员签章		仓库签章		入库日期 年　月　日		备　注			

表 1-8 领料单

领料单位：　　　　　　　　　　　　　　　　　　　　　　　　　　　　　　　　单号：

材料编号	名称及规格	计量单位	请领数量	实发数量	单　价	金　额
材料用途及说明						

请领日期：　年　月　日　　　　　　　　发料日期：　年　月　日

(4) 根据记录的来源不同，原始记录可分为外来原始记录和自制原始记录两种。外来原始记录是从外单位取得的原始记录，它必须是合法的票据并盖有填制单位的公章。例如，在集贸市场购买农副产品、从个人取得的原始记录等，必须有填制人员的地址、签名或盖章。自制原始记录是企业根据自身管理的需要而设计制作的原始记录，必须有经办部门领导人或其他指定负责人的签名或盖章，并加盖有关部门公章才有效。

(二)原始记录的内容

一般情况下，原始记录主要包括如下内容。

(1) 记录的名称，用来概括表达记录的内容，写在原始记录单据的正上方。

(2) 填制的日期、地点、编号等。日期和编号一般放在原始记录单据的右上方，用来反映原始记录数据的填制时间，显示本单据与其他单据相区别的编号，而地点一般放在原始记录单据的下方。

(3) 填制单位名称或填制人姓名等，一般放在原始记录单据的下方。

(4) 经办人员、主管人员的签名或盖章等，一般放在原始记录单据的下方。

(5) 接受记录的单位名称，一般放在表格的左上方。

(6) 经济业务内容，如业务名称、规格、批号、数量、计量单位、单价和金额等，是原始记录的主体内容，是每一笔经济业务的详细记录资料。

(7) 其他必须记录的相关内容。有些内容是本单位所特有的，也有些经济关系复杂或交易环节繁杂的业务会有些特殊的内容，需要在原始记录上清晰地表达出来。如表 1-3 所示的那份原始记录中，既要标明加工单位，还要有售货单位和发货单位的记录，这份原始记录同时满足了加工、销售、发货三方单位的共同需要。

(三)原始记录的设计原则

1. 适应统计、会计和业务核算的需要

原始记录的范围、内容、指标计算方法和程序等，都应综合考虑三种核算的要求，避免相互重复或发生矛盾。

2. 与企业的生产和管理状况相适应

不同部门的生产特点和经营管理方式不同，即使是同一个部门内部的企业、车间、班组也不完全一样，因此原始记录的设计必须同企业的生产特点和管理工作相适应，只有这样，才能起到为企业经济核算和管理工作服务的作用。

3. 与企业的各项管理制度相适应，成为管理制度中的组成部分

这样做有利于原始记录工作的顺利开展，也能满足管理的需要。例如，职工的出勤记录，应纳入职工考勤制度中；原材料收发和领用记录，应纳入原材料管理制度中；反映产品质量的原始记录，应纳入企业的产品质量检验制度中。

4. 原始记录的设计应简明扼要、通俗易懂，便于填制和掌握

原始记录需要依靠企业基层的广大员工来登录，表格的设置要清晰，记录的内容项目要简明扼要、通俗易懂，易于普通员工理解和掌握，便于群众登录，从而保证记录信息的准确可靠。

六、调查问卷设计

调查问卷又称调查表或询问表，是以问题的形式系统地记载调查内容的一种印件。问卷可以是表格式、卡片式或簿记式。完美的问卷必须具备两个功能：一是能将问题传达给被问的人，二是要使被问者乐于回答。要完成这两个功能，问卷设计时应当遵循一定的原则和程序，运用一定的技巧。

(一)调查问卷设计的原则

(1) 有明确的主题。根据调查主题，从实际出发拟题，目的明确，重点突出。

(2) 结构合理、逻辑性强。问题的排列应有一定的逻辑顺序，符合应答者的思维习惯。一般是先易后难、先简后繁、先具体后抽象。

(3) 通俗易懂。问卷内容应使应答者一目了然，并愿意如实回答。问卷中的语气要符合应答者的理解能力和认识能力，敏感性问题要采取一定的技巧，使问卷具有合理性和可答性。

(4) 控制问卷长度。问卷回答者的时间控制在 20 分钟左右。

(5) 便于资料的校验、整理和统计。

(二)调查问卷设计问题的形式

由于调查主题不同，被调查者也千差万别，调查问卷设计问题的形式也各不相同，主要有开放式和封闭式两种。

1. 开放式问题

开放式问题又称无结构问答题,应答者可以用自己的语言自由地发表意见,在问卷上没有已拟定的答案。例如,您抽烟多久了?您喜欢看哪一类的电视节目?您如何理解一带一路的战略意义?您对金砖国家工商论坛有什么期待?

2. 封闭式问题

封闭式问题又称有结构问答题,它规定了一组可供选择的答案和固定的回答格式。它的优点包括:①答案标准化,对答案进行编码和分析都比较容易;②回答者易于作答,有利于提高问卷的回收率;③问题的含义比较清楚。

封闭式问题的缺点包括:①回答者对题目不能正确理解的,不易察觉出来;②可能产生"顺序偏差"或"位置偏差",即被调查者选择的答案可能与该答案的排列位置有关。研究表明,对于陈述性答案,被调查者趋向于选第一个或最后一个答案,特别是第一个答案;而对于一组数字(数量或价格)则趋向于取中间位置的。为了减少顺序偏差,可以准备几种形式的问卷,每种形式的问卷答案排列的顺序都不同。

(三)调查问卷的结构

1. 卷首语

问卷的卷首语或开场白是致被调查者的信或问候语。其内容一般包括:①称呼、问候;②调查人员自我说明调查的主办单位和个人的身份;③简要说明调查的内容、目的、填写方法;④说明作答的意义或重要性;⑤说明所需时间;⑥保证作答对被调查者无负面作用,并替他保守秘密;⑦表示真诚的感谢或说明将赠送小礼品。

卷首语的语气应该是亲切、诚恳而礼貌的,要简明扼要,切忌啰唆。卷首语是十分重要的,大量的实践表明,几乎所有拒绝合作的人都是在开头接触的前几秒钟内就表示不愿参与。如果潜在的调查对象在听取介绍调查来意的一开始就愿意参与的话,绝大部分都会合作,而且一旦开始回答,就几乎都会继续并完成,除非在非常特殊的情况下才会终止。

2. 正文

问卷的正文是调查问卷的主体内容,包含三大部分。

第一部分是向被调查者了解最一般的问题。这些问题应该是适用于所有的被调查者,并能很快、很容易回答的问题。

第二部分是主要的内容,包括涉及调查主题的实质和细节的大量的题目。这一部分的结构组织安排要符合逻辑性并对被调查者来说应是有意义的。

第三部分一般包括两类内容,一是敏感性或复杂的问题,二是测量被调查者的态度或特性的问题。

3. 结尾

问卷的结尾一般可以加上 1~2 道开放式题目,给被调查者一个自由发表意见的机会。然后,对被调查者的合作表示感谢。在问卷的最后,一般应附上一个"调查情况记录"。这个记录一般包括:①调查人员(访问员)姓名、编号;②受访者的姓名、地址、电话号码等(有保密承诺的问卷有时候不做此项设计);③问卷编号;④访问时间;⑤其他,如设计分组等。

(四)调查问卷设计应注意的问题

1. 提出问题的措辞

由于不同的措辞会对被调查者产生不同的影响,因此往往看起来差不多相同的问题,会因所用措辞的不同,而使应答者有不同的反应,从而做出不同的回答。一般来说,在设计问题时应留意以下两个原则。

(1) 避免一般性问题。如果问题的本来目的是获取某种特定信息,但由于问题过于一般化,而使得应答者所提供的答案资料没有多大意义。例如,酒店想了解旅客对房租与服务是否满意,因而做了以下询问:你对本酒店是否感到满意?这样的问题,显然有欠具体。由于所需资料涉及房租与服务两个方面,故应分别询问,以免混乱。

(2) 问卷的语言要口语化,符合人们交谈的习惯,避免书面化的文人腔调。

2. 问题的选择及顺序

通常,问卷的前几个问题可采用开放式的问题,旨在使应答者多发表意见,使应答者感到不受拘束,能充分发挥自己的见解。因此,问题应是容易回答且具有趣味性的,旨在提高应答者的兴趣。核心的问题往往置于问卷的中间部分,分类性问题(如收入、职业、年龄)通常置于问卷之末。问卷中问题的顺序一般按下列规则排列。

(1) 容易回答的问题放前面,较难回答的问题放稍后,困窘性问题放后面,个人资料的事实性问题放卷尾。

(2) 封闭式问题放前面,开放式问题放后面。由于开放式问题往往需要时间来考虑答案和组织语言,放在前面会引起应答者的厌烦情绪。

(3) 要注意问题的逻辑顺序,一般按时间顺序、类别顺序等合理排列。

● 工作任务

实习生常昊在车间主任的指导下进行新产品生产过程的全程记录和调查问卷的设计。

● 操作演示

在车间主任的指导下,常昊采用全面调查,用表1-7的原始记录,全程记录新产品的生产。同时,在产品科研小组的指导和授权下,设计了如下的调查问卷,来采集生产工人对新产品生产过程的意见和建议。

新产品试制过程调查问卷

新产品试制员工:
您好!
为充分了解本次新产品生产过程的详细信息,以进一步完善产品工艺设计,改进产品生产流程,我们设计了本调查问卷,希望您能如实填写,帮助我们完成本次调查,您的合理化建议会得到褒奖。同时,我们尊重您提供的信息,会在产品完善过程中加以参考,并为您保密,不经您允许绝不公开。

多谢您的合作！

您的车间：_____ 您的班组：_____ 您的姓名：_____

本次新产品试制中您所在的工序：_____

1. 根据加工工艺，您认为产品的材质应该选择(　　)。
   A. 纯棉　　　　　　B. 腈纶　　　　　　C. 丙纶
2. 您认为产品的长度(　　)。
   A. 设计的合适　　　B. 再长一点　　　　C. 再短一点
3. 您认为产品的色彩(　　)。
   A. 设计的合适　　　B. 对比度再大一些　C. 对比度再小一些
4. 您认为生产工艺(　　)。
   A. 设计的合适　　　B. 可以再简单一些　C. 设计工艺不便于操作
5. 您认为流水线设计(　　)。
   A. 设计的合适　　　　　　　　　　　B. 有些工序需要调换
   C. 有的工序需要合并　　　　　　　　D. 有的工序需要拆分
6. 请写下您的详细建议：

_____

_____

_____

_____

_____

再次感谢您的合作！您的建议一经采纳，我们会按企业科研制度给您奖励。

生产管理部产品科研开发处
二〇一七年十二月二十三日

子任务二　企业统计数据整理

任务导入

车间主任要求实习生常昊对工人生产新产品的数据进行积累，以形成统计台账，每天上报车间生产日报，并对工人的生产能力进行分组整理，为以后分析工人的综合生产能力做好前期准备。

相关知识

统计数据整理简称统计整理，是根据统计研究的任务与要求，对采集的大量调查资料进行再加工、分类、汇总，使之条理化、系统化，得出能够反映总体综合数量特征的统计资料的工作过程。

统计数据的整理工作在统计工作过程中占有十分重要的地位，它既是统计调查的继续和深化,又是统计分析的基础和前提,还是积累历史资料的必要过程,具有承前启后的作用。

一、统计整理的程序

(一)调查资料的审核

资料的审核主要从及时性、完整性和准确性三个方面进行。

(1) 及时性,主要检查资料是否按规定的时间报送,原则上只准提前不准拖后。

(2) 完整性,既要检查调查单位是否齐全,也要检查调查项目有无遗漏和是否完整。

(3) 准确性,主要检查数据资料是否真实地反映客观实际情况。准确性审核的方法主要有逻辑检查和计算检查两种。逻辑检查主要从定性的角度审核数据是否符合常规逻辑,有无相互矛盾的现象。计算检查主要审核各项数据在计算理论、方法和结果上有无错误。

(二)统计数据的分组和汇总

统计数据的分组和汇总是统计整理的中心工作。

(1) 统计数据的分组,是根据研究目的和统计分析的需要,对调查资料划类分组,将杂乱无章的调查资料过渡成系统条理的统计资料。

(2) 统计数据的汇总,是将调查单位的数据汇总成总体的综合指标,将个体资料过渡成总体资料。

统计数据的汇总形式主要有两种:逐级汇总和集中汇总。逐级汇总是按照企业的统计组织系统,由班组统计开始自下而上地逐级对调查资料进行汇总。集中汇总是指越过所有中间环节,由班组统计直接将全部原始资料集中到企业综合统计部门进行汇总。

(三)编制统计表和绘制统计图

统计表和统计图是显示统计整理结果的重要形式。

(1) 编制统计表。根据现象之间的内在联系和统计分析的要求,将汇总好的数据合理地编制在一份表格上。统计表具有表现统计资料清晰、明了的特点。

(2) 绘制统计图。以点、线、面等图形来描述和显示统计数据。统计图具有表现统计资料直观、形象的特点。

二、统计分组

统计分组是根据现象总体的特点和统计研究的需要,按照一个或几个重要标志将总体划分为若干个组成部分的一种统计方法。统计分组必须坚持组内同质、组间异质的原则,且保证所有总体单位全部参加分组,每个单位只能属于一个组。

从不同的角度,统计分组可以有不同的类型。

(一)字符型分组和数值型分组

1. 字符型数组

字符型分组是按品质标志将总体分为若干性质不同的组成部分,如职工按性别分组。

2. 数值型分组

数值型分组是按数量标志将总体分为若干性质不同的组成部分。数值型分组的重点是确定事物质变的数量界限。根据各组标志值的表现不同,数值型分组有单项式分组和组距式分组两种。

(1) 单项式分组。分组后的各组都只用一个具体的数值表示,如将工人按生产零件数量分成 14 个、15 个、16 个三组。单项式分组适用于变量值不多的离散型变量。

(2) 组距式分组。分组后的各组表示为变量值的一个变动范围,如将工人按年龄大小分为 20 岁以下、20～25 岁、25～30 岁、30～35 岁、35 岁以上五组。组距式分组适用于变量值众多的离散型变量和所有的连续型变量。

数值型分组有以下几个概念需要掌握。

① 全距(极差)。所有变量值的总变动范围称为全距,也称极差,常用 R 表示。其计算公式如下:

$$全距(极差)=最大变量值-最小变量值$$

② 组限。各组变量值的变动界限称为组限,各组最大值称为上限,最小值称为下限。确定组限有两种形式:一种是重叠式的,如年龄(岁)分组为 20～25、25～30、30～35,为防止总体单位在不同组的重复出现,分组时要坚持"上限不在内"原则;另一种是衔接式的,如人数(人)分组为 20 人及以下、21～30、31～40、41 人及以上。在总体单位数很多时,一般连续型变量常采用重叠式组限,离散型变量常采用衔接式组限。上下限都有的组称为闭口组,只有上限或下限的组称为开口组,一般表示为"……以上"或"……以下"。

③ 组距。各组变量值的最大变动范围称为组距,常用 d 表示。开口组要借用邻组的组距,闭口组按下列公式计算组距。

$$重叠式组限的组距=上限-下限$$
$$衔接式组限的组距=上限-下限+1$$

④ 组中值。各组变量值排序的中点值称为组中值,用以代表各组变量值的一般水平。其计算公式如下。

$$组中值=\frac{上限+下限}{2}=下限+\frac{邻组组距}{2}=上限-\frac{邻组组距}{2}$$

(二)简单分组和复合分组

1. 简单分组

简单分组是对总体只按照一个标志进行分组。例如,产品按质量等级分为一等品、二等品、三等品、次品四个组,这是简单分组;又如,企业员工按性别分为男员工和女员工两组,也是简单分组。

对同一总体,分别按几个标志进行简单分组,以同时对总体进行多方面、多角度地分析所形成的整体叫平行分组体系。例如,同时从岗位和性别两个角度分析企业员工分布的平行分组体系如下。

$$\text{企业员工}\begin{cases}\text{按岗位分组}\begin{cases}\text{生产第一线员工}\\\text{行政后勤员工}\end{cases}\\\text{按性别分组}\begin{cases}\text{男员工}\\\text{女员工}\end{cases}\end{cases}$$

再如，同时从经济类型和规模两个角度分析企业属性的分组体系如下。

$$\text{工业企业}\begin{cases}\text{按经济类型分组}\begin{cases}\text{国有企业}\\\text{集体企业}\\\text{个体企业}\\\text{外资企业}\\\text{港澳台企业}\end{cases}\\\text{按规模分组}\begin{cases}\text{大型企业}\\\text{中型企业}\\\text{小型企业}\end{cases}\end{cases}$$

2. 复合分组

复合分组是对总体按照两个或两个以上的标志进行层叠式分组。一般是先按一个主要标志对总体进行分组，然后对各组按辅助标志进行分组，以此类推，形成层叠式的多层次分组。复合分组的结果直接形成复合分组体系。例如，以岗位为主要标志，性别为辅助标志，对企业员工进行的复合分组如下。

$$\text{企业员工}\begin{cases}\text{生产第一线员工}\begin{cases}\text{男员工}\\\text{女员工}\end{cases}\\\text{行政后勤员工}\begin{cases}\text{男员工}\\\text{女员工}\end{cases}\end{cases}$$

再如，按经济类型和规模对企业进行的复合分组如下。

$$\text{工业企业}\begin{cases}\text{国有企业}\begin{cases}\text{大型企业}\\\text{中型企业}\\\text{小型企业}\end{cases}\\\text{集体企业}\begin{cases}\text{大型企业}\\\text{中型企业}\\\text{小型企业}\end{cases}\\\text{个体企业}\begin{cases}\text{大型企业}\\\text{中型企业}\\\text{小型企业}\end{cases}\\\text{外资企业}\begin{cases}\text{大型企业}\\\text{中型企业}\\\text{小型企业}\end{cases}\\\text{港澳台企业}\begin{cases}\text{大型企业}\\\text{中型企业}\\\text{小型企业}\end{cases}\end{cases}$$

特别提示

(1) 对离散型变量进行分组，可以分成单项式分组(变量值较少时)，也可以分成组距式分组(变量值较多时)。对连续变量进行分组，一般都分成组距式分组，且采用重叠式组限，只有这样，才能保证不漏掉任何一个变量值。

(2) 在平行分组体系中，每个分组都是直接对总体的划分，而复合分组体系中，只有按主要标志(第一分组标志)是直接对总体的划分，后面每个分组都是对前面分出的各个组进行再次划分。平行分组体系有利于同时从多个角度观察总体，复合分组体系有利于分析总体内部的深层细节。

三、分配数列

统计分组后，将总体单位按其标志表现归并到相应的组内，并按各组顺序排列，形成总体单位在各组的分布，称为分配数列。其中，按数量标志分组形成的数列称为变量数列。

在分配数列中，各组单位数称为次数或频数，各组次数占总体单位数的比重称为频率。如表 1-9 所示的是单项式分组形成的单项变量数列，如表 1-10 所示的是组距式分组形成的组距式变量数列。

表 1-9　第四车间工人按加工零件数量分组资料

加工零件数量(个)	13	14	15	16	17	合计
人数(人)	2	5	16	6	1	30

表 1-10　第四车间工人按年龄分组资料

年龄(岁)	20 以下	20～25	25～30	30～35	35 以上	合计
人数(人)	2	8	16	3	1	30
比重(%)	6.67	26.67	53.33	10.00	3.33	100.00

在变量数列中对总体单位进行排序并计算累计次数或累计频率，有助于分析总体的内部分布。累计方式有两种：由小到大累计是从小变量值开始向大变量值方向累计；由大到小累计是从大变量值开始向小变量值方向累计。例如，根据表 1-10 计算累计次数和累计频率形成表 1-11 所示的资料。

从表 1-11 中可以看出，年龄在 30 岁以下的工人有 26 人，占总人数的 86.67%，年龄在 30 岁以上的工人有 4 人，占总人数的 13.33%，这从年龄上表明第四车间工人主要是青壮年，处于劳动能力最好的阶段。

表 1-11　第四车间工人按年龄分组人数资料

年龄(岁)	人数(人)		人数比重(%)	
	由小到大累计	由大到小累计	由小到大累计	由大到小累计
20 以下	2	30	6.67	100.00
20～25	10	28	33.33	93.33
25～30	26	20	86.67	66.67
30～35	29	4	96.67	13.33
35 以上	30	1	100.00	3.33

四、统计台账设计

企业统计资料的汇总一般有两种方式，一种是采用单据式或日报表式的原始记录，根据原始记录再登记统计台账，然后进行加总汇编，形成企业内部统计报表；另一种是采用台账式的原始记录，工作中直接登记日积月累的统计台账，到期末在台账上进行统计汇总，据此编制汇总表和绘制统计图，形成企业内部统计资料。

统计台账是介于原始记录和统计报表之间的过渡记录，它是按照报表编制、统计核算和分析的要求，将原始记录进行科学分类，并日积月累登记资料的账册。通过统计台账，对统计资料加以分类、综合、归纳，按日、月、季、年顺序进行登记，使资料积累做到"每日统计资料条理化，月度统计资料系统化，年度统计资料档案化"，保证了企业对内、对外统计报表的填报质量，加快了填报速度，同时也满足了企业各级各部门随时掌握企业详细信息的需要。

按填写对象不同划分，统计台账有个人统计台账、班组统计台账、车间统计台账、企业统计台账之分。其中，以班组统计台账为基础，上级统计组织的台账是对下级统计台账进行汇总后形成的。如表 1-12 所示的是工人生产情况统计台账。

按登记时间不同，统计台账有定期统计台账和历史统计台账之分，其中，定期统计台账又有日、旬、月、季统计台账和年度统计台账之分。登记周期越短，填写内容越精简，时效性要求越强；登记周期越长，填写内容越详细，据以整理和分析的结论就越深刻、越透彻，决策的参考价值就越高。

统计台账的指标应在满足统计报表所需基本内容的前提下，结合企业特点和生产管理的需求来设置。统计台账的建立要以方便、实用、服务业务工作为目的，其中的各项指标的口径、范围、计算方法和计量单位等应符合同业统计制度的规定，要注重对历史数据的管理，防止可能出现的历史资料丢失问题。

表 1-12 工人生产情况统计台账

班组：　　　　　　　　姓名：　　　　　　　　　　　　　　　　　　　　　　　　　　　　　　　　　　　　年　月

日期	出勤情况		定额完成情况			质量完成情况			产品完成情况				费用节约情况			安全事故损失工时（工时）
	出勤率(%)	出勤工时	制度工时	完成定额(%)	完成工时	实用工时	合格率(%)	合格品量	送检品量	计划完成(%)	实际产量	计划产量	节约率(%)	计划费用	本日耗用	节约	
1																	
2																	
3																	
4																	
5																	
6																	
7																	
8																	
9																	
10																	
上旬小计																	
11																	
12																	
13																	
……																	
20																	
中旬小计																	
21																	
22																	
23																	
……																	
30																	
31																	
下旬小计																	
全月合计																	

工作任务

常昊根据车间主任的要求,编制工人生产新产品的统计台账。

操作演示

常昊根据车间主任的要求,设计了如表 1-13 和表 1-14 所示的两个产量汇总统计台账。

表 1-13　班组个人产量周统计台账

车间:_____ 班组:_____　　　　　　　　　　　　　　　　　　年第　周

姓　名	周一	周二	周三	周四	周五	周六	周日	合计
合计								

表 1-14　车间班组产量月统计台账

车间:_____　　　　　　　　　　　　　　　　　　　　　　　　　　年　月

班组 \ 日期 项目	1	2		3		4		……	30		31	
	当日	当日	累计	当日	累计	当日	累计	……	当日	累计	当日	累计
合计												

五、统计表的设计

汇总好的资料要通过统计表、统计图的形式展示。笼统地说,统计工作过程中使用的表格都叫统计表,也有人只将企业统计报表叫作统计表。

(一)统计表的结构

统计表在外形上由总标题、横行标题、纵栏标题和指标数值四部分组成,在内容上由主词和宾词组成。其中,横行标题就是主词,是统计表要表达的总体或总体的各个分组;纵栏标题是反映总体数量特征的统计指标名称;宾词既包括指标名称,也包括指标数值,如表 1-15 所示。

有时候,为了排版美观的需要,统计表的横行标题和纵栏标题可以互换位置(见表 1-17)。

(二)统计表的主词和宾词设计

统计表的主词有三种设计,进而形成三种统计表。第一种是简单表,其主词由总体单位简单排列而成,如表 1-16 所示的主词只对车间按编号排列,并没有分组。第二种是简单分组表，其主词对总体进行简单分组，如表 1-17 所示的主词对所有设备按维修费用进行简单分组。第三种是复合分组表，其主词对总体进行复合分组，如表 1-18 所示的主词对所有职工按在职岗位和工资等级两个标志进行复合分组。

表 1-15　第四车间工人按年龄分组人数资料　←———— 总标题

年龄/岁	人数(人)		人数比重(%)	
	由小到大累计	由大到小累计	由小到大累计	由大到小累计
20 以下	2	30	6.67	100.00
20～25	10	28	33.33	93.33
25～30	26	20	86.67	66.67
30～35	29	4	96.67	13.33
35 以上	30	1	100.00	3.33

（横行标题：年龄/岁；纵栏标题：人数与人数比重；指标数值：表中数据；主词：年龄分组；宾词：人数及比重）

表 1-16　生产车间人均产量比较分析

车间	人数(人)	GDP(元)	人均 GDP(元/人)
一车间	27	273 981.28	10 147.45
二车间	19	256 831.92	13 517.47
三车间	32	349 825.78	10 932.06
合　计	78	880 638.98	11 290.24

表 1-17　设备科设备维修统计资料

维修费用(元)	200 以下	200～500	500～1 000	1 000～2 000	2 000 以上	合　计
设备台数(台)	13	11	8	5	2	39
比重(%)	33.33	28.21	20.51	12.82	5.13	100.00

表 1-18　人事科职工岗位及工资等级统计资料

岗位及工资等级		人数(人)	比重(%)
行政管理	一级工资	4	22.22
	二级工资	9	50.00
	三级工资	5	27.78
	小计	18	14.06
生产	一级工资	27	34.61
	二级工资	38	48.72
	三级工资	13	16.67
	小计	78	60.94

续表

岗位及工资等级		人数(人)	比重(%)
后勤保障	一级工资	6	18.75
	二级工资	9	28.13
	三级工资	17	53.12
	小计	32	25.00
合计		128	100.00

统计表的宾词有两种设置,一种是宾词将统计指标平行排列(见表 1-16),另一种是宾词将统计指标分层次排列(见表 1-12)。

(三)统计表的编制原则

编制统计表要遵循科学、简单、实用、美观的原则,并注意以下几点。

(1) 统计表的各种标题要十分简明、确切,要概括地反映统计表的基本内容。总标题还应说明资料所属的时间和空间范围。

(2) 统计表上、下两端的基线(上基线和下基线)应以粗线或双线绘制,在一些明显的分隔部分也应用粗线或双线,其他用细线绘制。统计表的左右两端不封口,采用开口式。

(3) 统计表的纵栏"合计"一般放在最后一行,而横行"合计"一般放在最前一栏。

(4) 统计表中各主词项目之间和宾词项目之间应按时间先后、数量大小、空间位置、指标计算关系等顺序合理编排。若统计表的栏数较多,可以按栏的顺序编号,主词和计量单位栏用"(甲)""(乙)"等标明,宾词各栏用"(1)""(2)"等数字编号,各栏之间如有计算关系,可用关系式表示,如"(5)=(3)+(1)"。

(5) 统计表中必须注明数字资料的计量单位。当表中只用一个计量单位时,通常在表的右上方统一注明。如果各行(栏)采用不同的计量单位,横行的计量单位可以专设"计量单位"一栏,纵栏的计量单位用括号括起来与指标名称写在一起。

(6) 统计表中各栏数字要对位整齐,同类数字要保持有效的统一位数。表中如有相同的数字,应全部重写一遍,不能用"同上""同左"等字样表示;缺乏某项资料时用"…"表示;不存在的数字用"—"表示;免填数字用"×"表示。总之,表中不应留有空格。

(7) 统计表的资料来源及需要说明的问题在表的下端加以附注或说明。制表完毕经审核后,应加盖公章,填表人签名,主管负责人也应签字。

在企业内部,原始记录、统计台账和内部报表的相互关系体现了统计资料的形成过程,一般可用流程图做出全面的描述,如图 1-2 所示。

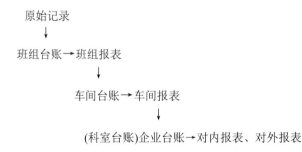

图 1-2 企业统计资料形成流程

六、统计图的绘制

(一)条形图

条形图以宽度相等的条形长短或高低来表现统计数据。实际绘制时,条形可换为立体的圆柱、方柱或锥体,方向可以横放,也可以竖放。条形图一般用来表现品质分配数列或单项变量数列的分布情况,如图1-3所示。

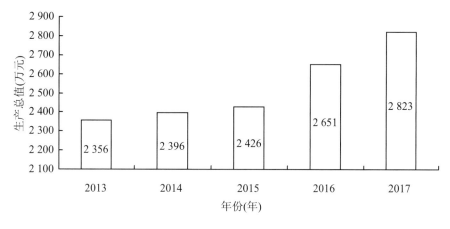

图 1-3　企业历年生产总值

对于复合分组的条形图绘制,有两种具体的方法:一种是突出第一次分组的数量特征,如图1-4所示;另一种是突出第二次分组的数量特征,如图1-5所示。

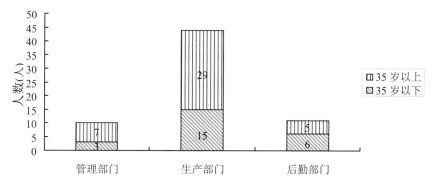

图 1-4　公司部门人员年龄分布(1)

(二)直方图

直方图用若干个并列的柱形来表现分配数列。直方图一般用来表现连续型变量的分布特征,如图1-6所示。

(三)折线图

折线图是在直方图的基础上,将每个长方形的顶端中点用折线连接而成的,或者用组中值和频数找出坐标点连接成折线,如图1-7所示。

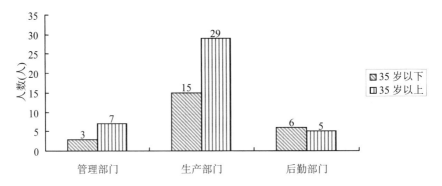

图 1-5 公司部门人员年龄分布(2)

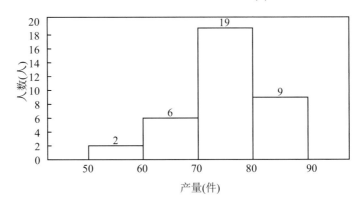

图 1-6 第一车间工人产量分布

> 🔵 **特别提示**
>
> 在绘制直方图时，各组的组距最好相等，这样才方便根据各条形的高度直观地进行对比。对于各组组距不完全相等的异距数列，频数的差异不能直接表明变量分布的实际差异特征。在绘制之前需先计算各组的频数密度(频数密度=频数÷组距)，然后以组距为宽，以频数密度为高来绘制直方图，才能真实反映变量的分布特征。

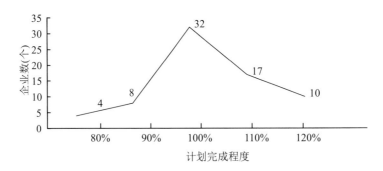

图 1-7 全区规模以上工业企业产值计划完成情况统计

(四)曲线图

曲线图是用平滑曲线的升降起伏来表现统计资料。实际应用中，常见的有正态分布曲线、偏态分布曲线、J 形曲线和 U 形曲线四种。这四种曲线的图形如图 1-8 所示。

正态分布曲线是应用最多的一种曲线,其形状中间高,两侧低,左右基本呈对称状态。

偏态分布曲线也是中间高,两侧低,但左右不对称,而是有一侧呈尾巴状,根据长尾拖向右方或左方,分为右偏(或正偏)分布曲线和左偏(或负偏)分布曲线两种。对于数值越大越好的现象,人们总是希望其变动呈现右偏分布状态;而对于数值越小越好的现象,人们总是希望其变动呈现左偏分布状态。

J 形分布曲线形状很像字母 J,有正 J 形分布曲线和倒 J 形分布曲线两种。正 J 形分布曲线从左下角向右上角逐渐上升,且上升速度越来越快,形成似 J 形状的曲线;倒 J 形分布曲线从左上角向右下角快速下降,且下降速度越来越慢,形成与 J 形左右对称的曲线。

U 形曲线又称生命曲线,是中间下凹两端上升的曲线。人和动物的死亡率分布曲线就接近服从 U 形分布。

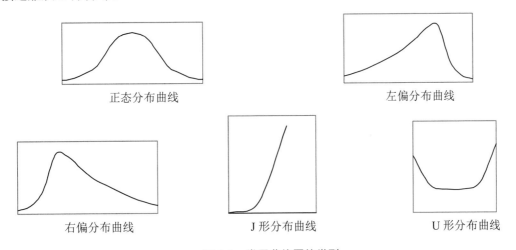

图 1-8　常用曲线图的类型

(五)圆形图

圆形图也叫饼图,以圆的分割来表现总体的分组及内部结构情况。圆形图最适宜用来表示品质分配数列的次数分布情况,因为它没有起点和终点,图中的各部分看不出顺序,这与品质分配数列中各组的平等关系特征是一致的。圆形图可以是平面的,也可以是立体的或组合式的,如图 1-9 所示。

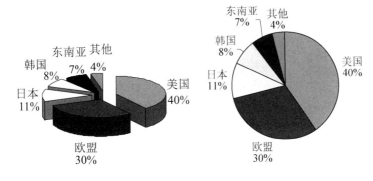

图 1-9　2017 年企业出口地区分布

子任务三　企业统计信息分析

任务导入

作为实习生，常昊和赵亮在企业高级统计师王先生的指导下学习采用各种统计分析方法分析企业生产经营的统计数据，并学习企业统计分析报告的撰写知识。

相关知识

一、统计分析方法

统计分析是根据统计研究的目的和任务，计算有关的综合指标，运用各种统计分析方法，对统计资料加以综合分析，揭示社会经济现象的数量特征和内在联系，阐明社会经济现象发展变化的本质和规律，必要时对现象的发展前景进行预测。统计分析是对经济现象由定量认识深化到定性认识的过程，是社会经济统计发挥作用的决定性阶段。

统计分析需要计算的综合指标包括总量指标、相对指标和平均指标，它们从不同的方面反映经济现象的数量特征。总量指标用于分析企业的各种经济总量，反映企业生产经营的总规模、总水平和工作总量，将在项目二中详细介绍。相对指标用于分析企业的各种相对水平，反映企业生产经营的内部结构、密度、强度、速度、各种计划的完成程度等数量特征，将在项目三中详细介绍。平均指标用于分析企业生产经营过程中的各种一般水平，如工人一般生产能力和一般收入水平、产品平均成本、企业发展一般速度等数量特征，将在项目四中详细介绍。

统计分析方法众多，我们主要介绍一般企业常用的对比分析法(项目三)、结构分析法(项目三)、平均和差异分析法(项目四和项目五)、动态分析法(项目三和项目四)、抽样估计法(项目六)、相关与回归分析法(项目七)、指数因素分析法(项目八)等。

二、统计分析报告

统计分析报告是运用统计资料和统计分析方法，将数字与文字相结合。以独特的表达方法和结构特点，表现所研究事物本质和规律性的一种应用文章。

统计分析结果可以通过表格式、图形式和文章式等多种形式表现出来。文章式的主要形式就是统计分析报告，它是全部表现形式中最完善的形式。统计分析报告是统计分析研究过程中所形成的论点、论据、结论的集中表现，它不同于一般的总结报告、议论文、叙述文和说明文，更不同于小说、诗歌和散文，统计分析报告可以综合而灵活地运用表格、图形等形式，表现出表格式、图形式难以充分表现的"活情况"，使分析结果鲜明、生动、具体，并进行深刻的定性分析。

(一)统计分析报告的类型

由于统计分析报告的内容和作用不同，统计分析报告的类型主要有以下五种。

1. 统计公报

统计公报是政府统计机构向社会公众公布一个年度国民经济和社会发展情况的统计分析报告，一般是由国家、省一级及计划单列的省辖市一级的统计局发布的。在国家统计局或全国各省、自治区、直辖市的统计局网站上，都能浏览到各年度的统计公报。

2. 进度统计分析报告

进度统计分析报告主要以定期报表为依据，反映社会经济的发展情况，并分析其影响和形成的原因。进度统计分析报告必须讲究时效，力求内容短小精悍，结构简单规范，看后一目了然。全国各级统计部门网站都能浏览到进度统计数据。国家统计局每月都会公布物价等相关经济指标的统计分析，每季度也都会公布我国国民经济和社会发展重要统计指标的分析报告。

3. 综合统计分析报告

综合统计分析报告是从客观的角度，利用大量丰富的统计资料，对国民经济和社会发展的规模、水平、结构和比例关系、经济效益及发展变化状况，进行综合分析研究所形成的一种统计分析报告。

4. 专题统计分析报告

专题统计分析报告是对社会经济现象的某一方面或某一问题进行专门的、深入研究的一种分析报告。它的目标集中、内容单一，要求突破时间和空间的限制，根据领导和社会公众的需要灵活选题，做到重点突出、认识深刻。

5. 典型调查报告

典型调查报告是根据调查的目的、要求，有意识地选择少数有代表性的单位进行深入实际调查后所形成的报告。深入实际进行调查研究，是各级领导、各部门了解情况、指导工作经常采用的一种工作方法。

(二)统计分析报告的质量要求

统计分析报告质量的好坏，一般从两个方面来衡量：一是报告的深度和广度，即报告的内容是否丰富，对资料的分析是否透彻，以及写作技巧如何；二是报告的时效性及产生的社会影响，即分析报告在实际工作中发挥的作用如何，也就是它的社会效益。后者是衡量分析报告质量的主要标准。

从1985年起，国家统计局组织评选优秀统计分析报告，提出了以下四条基本质量要求。

(1) 选题准确，能够紧密结合经济形势，配合党的中心任务，反映方针、政策的执行情况和效果，对党政领导的决策能起积极的作用。

(2) 资料可靠，观点鲜明，分析深刻，提出一定的见解。

(3) 时效性强，反映情况及时。

(4) 主题突出，结构严谨，条理清晰，文字简洁。

这四条要求可概括为统计分析报告的"四性"，即针对性、准确性、时效性、逻辑性。

(三)统计分析报告的写作要求

1. 主题要突出

根据统计研究的任务,抓住要解决的主要矛盾及矛盾的主要方面,开展分析工作。内容要紧扣主题,从统计资料反映的复杂社会经济现象中,抓住重点问题,突出主题思想加以阐述。

2. 材料和观点要统一

必须以统计资料为依据,但不能搞资料堆砌,要用统计资料来说明观点。这就必须处理好材料与观点的关系,统计资料要支持报告所说明的观点,而观点要依据统计资料,做到材料与观点的辩证统一。

3. 判断推理要符合逻辑

要在准确的统计资料的基础上,运用推理和判断的逻辑方法进行深入分析。

4. 结构要严谨

统计分析报告内容的组织、构造应精确细密,无懈可击,甚至达到"匠心经营,天衣无缝"的地步。

5. 语言要生动、简练

要善于用典型的事例、确凿的数据、简练的辞藻、生动的语言来说明问题。切忌文字游戏、词句堆砌,形式排比,华而不实。

6. 要反复研究、修改

要反复检查观点是否符合政策,材料是否真实可靠,文章结构是否严密,文字是否言简意明,表达是否准确得当。

三、统计分析实例

华为2016年财务报告分析

2017年3月31日,华为发布了2016年年报,报告显示,华为2016年实现全球销售收入5 216亿元,同比增长32%,年复合增长率24%;净利润371亿元,同比增长0.4%。华为方面表示,营收增幅的原因主要是消费者业务的快速增长,收入占比上升,整体销售毛利率下降1.4个百分点。净利润微增的原因是,公司持续加大消费者业务面向未来增长的品牌和渠道建设的投入,期间费用率同比上升1.1个百分点。2016年华为营运状况统计分析如表1-19所示。

表1-19 2016年华为营运状况统计分析

年份 指标	2016 美元百万元*	2016 人民币百万元	2015 人民币百万元	2014 人民币百万元	2013 人民币百万元	2012 人民币百万元
销售收入	75 103	521 574	395 009	288 197	239 025	220 198
营业利润	6 842	47 515	45 786	34 205	29 128	20 658
营业利润率	9.10%	9.10%	11.60%	11.90%	12.20%	9.40%

续表

年份 指标	2016 美元百万元*	2016 人民币百万元	2015 人民币百万元	2014 人民币百万元	2013 人民币百万元	2012 人民币百万元
净利润	5 335	37 052	36 910	27 866	21 003	15 624
经营活动现金流	7 087	49 218	52 300	41 755	22 554	24 969
现金与短期投资	20 973	145 653	125 208	106 036	81 944	71 649
运营资本	16 736	116 231	89 019	78 566	75 180	63 837
总资产	63 880	443 634	372 155	309 773	244 091	223 348
总借款	6 451	44 799	28 986	28 108	23 033	20 754
所有者权益	20 178	140 133	119 069	99 985	86 266	75 024
资产负债率	68.40%	68.40%	68%	67.70%	64.70%	66.40%

*美元金额折算采用2016年12月31日汇率，即1美元兑6.944 8元人民币。

分业务来看，2016年华为运营商、企业、终端三大业务在2015年的基础上稳健增长，如表1-20和图1-10所示。

表1-20 2016年华为各种业务变动分析

年份 业务	2016年 (人民币百万元)	2015年 (人民币百万元)	同比变动 (%)
运营商业务	290 561	235 113	23.6
企业业务	40 666	27 610	47.3
消费者业务	179 808	125 194	43.6
其他	10 539	7 092	48.6
合　计	521 574	395 009	32.0

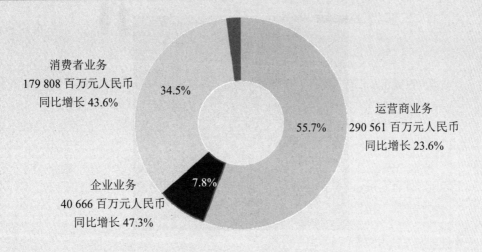

图1-10 2016年华为各种业务变动分析

2016年，华为运营商业务实现销售收入人民币290 561百万元，同比增长23.6%。华为运营商业务始终坚持"管道战略"，围绕数字化转型，抓住视频、云、运营转型等重大机遇，在解决方案和商业模式方面不断尝试，以敏捷应对不确定性，以生态促进产业发展，取得了稳健的增长。

2016年，华为企业业务在公共安全、能源、金融、交通、制造等行业取得快速增长，实现销售收入人民币40 666百万元，同比增长47.3%。

2016年，华为消费者业务坚持以消费者为核心，持续提升消费者体验，聚焦有价值的创新，在多个领域实现重大突破，行业领导力、产品创新力和全球高端品牌影响力进一步提升，受到全球更多消费者的喜爱与合作伙伴的青睐。2016年消费者业务实现销售收入人民币179 808百万元，同比增长43.6%，全年智能手机发货量达到1.39亿台，同比增长29%，连续5年持续稳健增长。

分地区来看，2016年华为在全球各地区的业务也在2015年的基础上保持不同程度的增长，如表1-21和图1-11所示。

表1-21　2016年华为全球各地区业务变动分析

年份 地区	2016年 (人民币百万元)	2015年 (人民币百万元)	同比变动 (%)
中国	236 512	167 690	41.0
欧洲、中东、非洲	156 509	127 719	22.5
亚太	67 500	49 403	36.6
美洲	44 082	38 910	13.3
其他	16 971	11 287	50.4
合　计	521 574	395 009	32.0

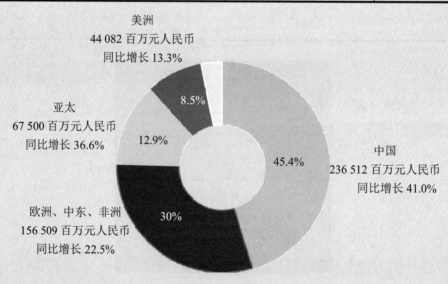

图1-11　2016年华为全球各地区业务变动分析

2016年，中国市场受益于运营商4G网络建设、智能手机持续增长，以及企业行业解决方案能力的增强，实现销售收入人民币236 512百万元，同比增长41.0%；欧洲、中东、非洲地区受益于智能手机市场份额的提升，实现销售收入人民币 156 509 百万元，同比增长 22.5%；亚太地区受益于印度、泰国等市场基础网络建设及日本平板市场份额的提升，保持了良好的增长势头，实现销售收入人民币 67 500 百万元，同比增长 36.6%；美洲地区受益于墨西哥运营商通信网络投资增长，实现销售收入人民币 44 082 百万元，同比增长 13.3%。

任务三　利用 Excel 对企业数据进行统计整理

子任务一　用 FREQUENCY 函数进行统计分组

◎ 任务导入

农业机械厂生产车间共 50 名工人，工作能力各有不同，每人的日产零件数(个)资料如下。

148　140　127　120　110　104　128　135　129　123　116　109　132　135
129　123　110　108　148　135　128　123　114　108　132　124　120　125
116　118　125　137　107　113　132　140　137　119　119　127　129　119
124　130　118　107　113　122　128　114

车间主任要求统计员李明利用 Excel 软件的 FREQUENCY 函数对工人的日产量进行分组整理，计算各组的人数和比重，并将整理结果清晰、形象地展示出来。

◎ 相关知识

在 Excel 的统计函数中有一个专用于统计分组的 FREQUENCY 函数，能帮助我们迅速而有效地完成统计数据的分组。使用 FREQUENCY 函数进行分组，首先要把实际观测的数据输入到 Excel 表的一列中，并选定放置分组结果的区域。然后选择"函数"工具中"统计"类函数 FREQUENCY，在 FREQUENCY 函数对话框中的相应位置输入表中原数据区域和分组的组限，按 Shift+Ctrl+Enter 组合键，就完成了分组的主要操作。最后采用公式输入法分别完成频数和频率的计算。

◎ 操作演示

农业机械厂生产车间统计员李明对 50 名工人的日产量资料，用 FREQUENCY 函数进行如下操作，并完成统计分组。

首先将 50 名工人的日产量数据输入 A3:A52 单元格中，并选定 C3:C7 单元格(单击 C3 单元格并按住鼠标左键拖动至 C7 单元格)为放置分组结果的区域(选定后反白显示)。然后按照以下步骤进行操作。

第一步，从"插入"菜单中选择"函数"命令，或者单击"常用"工具栏中的 f_x 按钮，弹出"粘贴函数"对话框，在对话框左侧的"函数分类"列表中选择"统计"，再在右侧的"函数名"列表中选择 FREQUENCY(当前窗口没有，可拖动滚动条查找)，单击"确定"按钮或按 Enter 键进入 FREQUENCY 对话框，如图 1-12 所示。

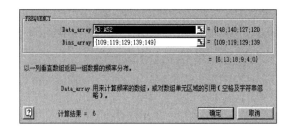

图 1-12 FREQUENCY 对话框

第二步，在 FREQUENCY 对话框的上端有两个输入框。在 Data_array 输入框中输入待分组的频数分布(对话框中称"频率分布")的原数据区域，本例可输入 A3:A52。在 Bins_array 输入框中输入分组的组限。FREQUENCY 函数要求按组距的上限分组(帮助信息称"分段点")，不接受非数据字符的分组标志(如"……以上""不足……"之类)。本例可输入{109；119；129；139；149}。输入时注意，由于分组结果要给出一组频数，故必须以数组公式的形式输入，即在输入数据的两端加大括号"{ }"，各数据(上限)之间用分号隔开。

输入完毕，即在输入框下给出频数分布{6；13；18；9；4；0}(后面的 0 表示没有其他)。

第三步，按 Shift+Ctrl+Enter 组合键，即将频数分布 6、13、18、9、4 输入指定的 C3:C7 单元格内。

上述操作的分组结果如表 1-22 所示。

表 1-22 工人按日产量分组人数分布

	A	B	C
1			
2	日产量(个)	按产量分组	频数(人)
3	148	100～110	6
4	140	110～120	13
5	127	120～130	18
6	120	130～140	9
7	110	140～150	4
8	104	合计	50
9	以下省略		

● 特别提示

要把分组结果显示出来，必须按 Shift+Ctrl+Enter 组合键，按 Enter 键和单击"确定"按钮都是无效的。

第四步，取得频数分布后，使用公式输入与函数相结合的方法继续计算人数、累计频数和累计频率。

(1) 合计人数。单击 C8 单元格，输入"=SUM(C3:C7)(SUM 为求和函数)"，按 Enter 键确认，得出结果为 50 人。或者选定 C3:C7 单元格，单击"常用"工具栏中的 Σ 按钮，即得到这一列的合计数。

(2) 计算频率。单击 D3 单元格，输入"=C3*100/50"(*为乘法符号)，按 Enter 键得出本组频率 12%；然后使用填充柄功能(单击 C3 单元格，将光标移至单元格右下角的小黑方块上，光标变成黑十字形)按住鼠标左键向下拖动至 D7 单元格，松开鼠标左键即得各组的频率；最后单击 D8 单元格，使用 SUM 函数或单击 Σ 按钮，得到频率总和 100。

(3) 计算由小到大累计频数和频率。单击 E3 单元格，输入"=C3"，按 Enter 键得出 6，再单击 E4 单元格，输入"=E3+C4"，按 Enter 键得出 19；然后利用填充柄功能按住鼠标左键向下拖动至 E7 单元格，松开鼠标左键即得各组的由小到大累计频数。

由小到大累计频率的操作方法与此相同。

(4) 计算由大到小累计频数和频率。单击 G3 单元格，输入"=C8"，按 Enter 键得出 50，再单击 G4 单元格，输入"=G3-C3"，按 Enter 键得出 44；然后利用填充柄功能按住鼠标左键向下拖动至 G7 单元格，松开鼠标左键即得各组的由大到小累计频数。

由大到小累计频率的操作方法与此相同。

李明完成了上述操作之后，将工人产量分组整理的结果显示在表中，如表 1-23 所示，并提交给车间主任。

表 1-23 工人日产量频数分布

	A	B	C	D	E	F	G	H
1	日产量(个)	按产量分组	频数(人)	频率(%)	由小到大累计		由大到小累计	
2					频数(人)	频率(%)	频数(人)	频率(%)
3	148	100～110	6	12	6	12	50	100
4	140	110～120	13	26	19	38	44	88
5	127	120～130	18	36	37	74	31	62
6	120	130～140	9	18	46	92	13	26
7	110	140～150	4	8	50	100	4	8
8	104	合计	50	100	—	—	—	—
9	以下省略							

子任务二　使用直方图工具完成常规统计数据的整理

● 任务导入

农业机械厂生产车间统计员李明利用直方图工具对 50 名工人的日产零件资料进行统计分组，并计算各组的人数和比重，绘制人数分布直方图和累计频率折线图。

● 相关知识

在数据分析工具中有一个直方图工具，可以一次性完成将调查所得的数据分组、计算调查单位在各组中出现的次数和频率、绘制次数分布直方图和累计频率折线图等全部操作。

使用直方图工具进行统计整理，首先需要将实际观测的数据输入 Excel 表的一列中，进行排序,并在另一列输入分组的组限,然后选择"工具"菜单中"数据分析"中的"直方图"功能,将数据信息合理地填入其对话框中的"输入"和"输出"选项中,选中需要的选项,最后按 Enter 键确认,即完成了分组、次数和频率计算、绘制直方图和折线图等操作。

● 操作演示

统计员李明对 50 名工人的日产量资料,用直方图工具进行如下操作,并完成了统计分组。

首先将 50 名工人的日产量数据输入 Excel 表的 A 列中,并将之排序(单击"常用"工具栏中的"排序"按钮,也可以选择"数据"菜单中的"排序"命令进行排序),排序结果如表 1-24 的 A 列所示。

表 1-24　工人按日产量分组的次数分布

	A	B	C	D	E
1	日产量(个)	分组	分组	频率(人)	累积%
2	104	109	109	6	12.00%
3	107	119	119	13	38.00%
4	107	129	129	18	74.00%
5	108	139	139	9	92.00%
6	108	149	149	4	100.00%
7	109		其他	0	100.00%
8	以下省略				

为了将调查单位按组归类,需要输入分组的边界值,即组限。在直方图工具中,要按组距的上限输入,但不接受非字符(如"……以上""不足……"之类)。本例将"109、119、129、139、149"5 组输入 B 列 2～6 行。

输入完原始数据和分组界限后,使用直方图工具进行如下操作。

第一步,在"工具"菜单中选择"数据分析"命令,从弹出的"数据分析"对话框中选择"直方图"并单击"确定"按钮,弹出"直方图"对话框,如图 1-13 所示。

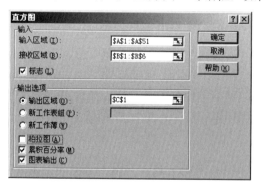

图 1-13　"直方图"对话框

第二步,在"直方图"对话框中的"输入区域"输入框中输入原始数据的区域"A1:A51";

在"接收区域"输入框中输入接受调查单位按组归类的区域"B1:B6",若这里不输入分组界限,则系统将在最小值和最大值之间建立一个平滑分布的分组。

由于第一行是标志行,因此需要选中"标志"复选框。

第三步,确定输出表左上角的单元格行列号,本例为"C1",将"C1"输入到"输出区域"的输入框中。如果需要同时给出次数分布直方图,可选中"图表输出"复选框;如果需要输出累计频率,则选中"累积百分率"复选框,系统将在直方图上添加累积频率折线。

选定以上各项后,按 Enter 键确认,即在 B 列右侧给出一个 3 列的分组表和一个直方图,如表 1-24 和图 1-14 所示。表 1-24 和图 1-14 中的"频率"实际上是频数,即人数,"累积%"实际上是累计频率,图形实际上是条形图,因为在 Excel 中不能画出各直方相连的直方图。

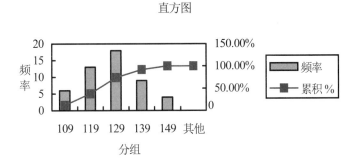

图 1-14　工人日产量分组直方图和累计频率折线图

项目拓展训练

【训练一】

请在下列表述后的各个选项中选出正确的答案,并将其编号填入括号内。

1. 企业经济核算包括(　　)。
   A. 会计核算　　　　B. 统计核算　　　　C. 审计核算
   D. 业务核算　　　　E. 管理核算
2. 统计核算和会计核算的关系是(　　)。
   A. 会计依附于统计　　　　　　B. 统计依附于会计
   C. 会计与统计相互渗透　　　　D. 会计与统计互不相干
3. 在企业职工生活水平调查中,下列表述正确的是(　　)。
   A. 总体是所有职工的生活水平　　B. 总体是所有职工
   C. 总体单位是每一位职工的工资收入　D. 总体单位是每一位职工
4. 在对酒厂 1 月 5 日生产的所有啤酒进行质量检验时,总体单位是(　　)。
   A. 每一瓶啤酒的重量　　　　B. 每一瓶啤酒的成分
   C. 每一瓶啤酒的密封程度　　D. 每一瓶啤酒
5. 以产品等级来衡量某种产品的质量好坏,则产品等级是(　　)。
   A. 数量标志　　B. 品质标志　　C. 数量指标　　D. 质量指标

6. 总体的同质性是指( )。
   A. 总体中每个单位在每个方面的表现都必须相同
   B. 总体中某个单位在每个方面的表现都必须相同
   C. 总体中每个单位只能在某一方面的表现完全相同
   D. 总体中每个单位至少在某一方面的表现必须完全相同

7. 下列属于数量标志的是( )。
   A. 企业经济类型   B. 企业所属系统
   C. 企业占地面积   D. 企业产品品种

8. 下列属于质量指标的是( )。
   A. 生产设备年生产能力   B. 人口密度
   C. 企业占地总面积   D. 税收总额

9. 绵力袜业有限公司有下列统计数据，其中属于数量指标的有( )。
   A. 2017年生产总值1.6亿元   B. 职工月平均工资1 758.64元
   C. 年末职工总数7 000人   D. 设备利用率97.4%
   E. 年利润8 000万元

10. 企业统计工作过程的环节主要有( )。
    A. 统计数据规划   B. 统计数据采集   C. 统计数据整理
    D. 统计数据分析   E. 统计数据预测

11. 采集企业产品产量属于( )。
    A. 统计报表   B. 专门调查   C. 全面调查
    D. 一次性调查   E. 非全面调查

12. 研发组要了解新试制产品的工艺流程是否科学合理,适合采用( )方法收集资料。
    A. 直接观察法   B. 询问法   C. 报告法   D. 实验调查法

13. 统计调查应达到准确性、完整性、及时性的要求，其中( )。
    A. 准确性是统计工作的生命   B. 全面性是统计工作的生命
    C. 及时性是统计工作的生命   D. 每一个都不是统计工作的生命

14. 对职工家庭收支情况进行统计调查应采用( )。
    A. 直接观察法   B. 问卷调查法   C. 报告法
    D. 计算机辅助调查法   E. 实验法

15. 企业工人根据产品产量(千克)分组编制等距变量数列，其最末组为500以上，又知其邻组的组中值为480，则末组的组中值为( )。
    A. 520   B. 510   C. 500   D. 490

16. 对调查资料的审核主要是审核资料的( )。
    A. 及时性   B. 准确性   C. 完整性   D. 经济性

17. 下面属于字符型分组的有( )。
    A. 企业按职工人数分组   B. 企业按国内生产总值分组
    C. 企业按经济类型分组   D. 企业按资金占用额分组

18. 某工业局将其辖区企业做如下分组：

国有企业
  固定资产在 500 万元以下
  固定资产在 500 万~1 000 万元
  固定资产在 1 000 万元以上
集体企业
  固定资产在 500 万元以下
  固定资产在 500 万~1 000 万元
  固定资产在 1 000 万元以上

则以上分组是(　　)。
  A. 按两个品质标志进行的复合分组
  B. 按两个数量标志进行的复合分组
  C. 先按一个品质标志分组,再按一个数量标志分组
  D. 简单分组

19. 变量数列中,各组频率之和应(　　)。
  A. 小于 1　　　B. 等于 1　　　C. 大于 1　　　D. 不等于 1

20. 统计整理的主要步骤包括(　　)。
  A. 确定整理的目的　　　　　B. 设计和编制整理方案
  C. 对原始资料进行审核　　　D. 进行统计分组和汇总
  E. 编制统计表,显示整理结果

21. 组中值的计算方法有(　　)。
  A. (上限+下限)/2　　　　　B. 上限+组距/2
  C. 上限-组距/2　　　　　　D. 下限+组距/2
  E. 下限-组距/2　　　　　　F. 开口组组中值=上限-邻组组距/2=下限+邻组组距/2

22. 按填写对象不同划分,统计台账有个人统计台账、班组统计台账、车间统计台账、企业统计台账之分。其中,以(　　)为基础。
  A. 个人统计台账　　　　　　B. 班组统计台账
  C. 车间统计台账　　　　　　D. 企业统计台账

23. 政府统计机构向社会公众公布的一个年度国民经济和社会发展情况的统计分析报告是(　　)。
  A. 综合统计分析报告　　　B. 进度统计分析报告　　　C. 统计公报
  D. 专题统计分析报告　　　E. 典型调查报告

24. 根据企业连续几年的发展速度数据,适合绘制的统计图是(　　)。
  A. 条形图　　　B. 直方图　　　C. 曲线图　　　D. 饼图

25. 要反映企业员工的技术结构,适合绘制的统计图是(　　)。
  A. 条形图　　　B. 折线图　　　C. 曲线图　　　D. 饼图

26. 要反映企业产品的生产进度,适合绘制的统计图是(　　)。
  A. 条形图　　　B. 直方图　　　C. 折线图　　　D. 曲线图

【训练二】

判断下列表述的正误，并对不当表述进行改正。

1. 全面的财务分析需要采用若干的统计分析方法。
2. 企业产品质量检验分析常常使用统计分析方法。
3. 任何个别事物，只要是大量的，组合在一起都可以成为统计总体。
4. 学校在校生总体是无限总体。
5. 养殖户放养的所有对虾总体是无限总体。
6. 在全体新生摸底调查中，"姓名、年龄、入学成绩、军训出勤天数"都是变量。
7. 只要标志的表现是数值，就可以称为变量。
8. 实际工作中，为减轻统计工作的烦琐程度，有时会要求所有总体单位在所有方面的表现最好都一样。
9. 因为统计指标都是用数值表现的，所以只有数量标志才能综合成统计指标，而品质标志无法综合成统计指标。
10. 因为统计指标都是用数值表示的，所以统计指标就是数量指标。
11. 在统计调查中，调查标志的承担者是调查单位。
12. 因为要同时满足企业多方核算的需要，所以原始记录常常被设计成多联式。
13. 在对调查资料进行审核时，只要资料中的数据是准确的，就是高质量的调查资料。
14. 统计资料的表现形式只有统计表和统计图两种形式。
15. 对于任何形式的变量，都可以采用不重叠的组限进行统计分组。
16. 表现统计资料最清晰的是统计图，表现统计资料最形象的是统计表。
17. 复合分组的结果直接形成复合分组体系，简单分组也直接形成简单分组体系。
18. 要进行科学的数值型分组，关键是科学界定事物质变的数量界限，从而确定组限。
19. 变量数列是分配数列的一种。
20. 由小到大累计次数指的是小于本组上限的单位数有多少，由大到小累计次数指的是大于或等于本组下限的单位数有多少。
21. 统计表是一个四边密封的矩形框格。
22. 饼形图可以反映经济现象的内部结构。
23. 统计表中没有数据或无法填制数据的单元格可以空白。
24. 企业填制月度生产统计报表是根据生产原始记录直接汇总进行填制的。
25. 没有数据的分析报告不是统计分析报告。

【训练三】

根据本校的实际学习作息安排，设计一份班级考勤台账，以记录全班学生的日常考勤情况，并为周末和月末的快速考勤分析(如计算出勤率等)做好基础准备。

项目一 企业统计认知

【训练四】

学生组成若干工作小组，组内、组间分工合作，针对本学院大学生的生活费支出情况开展为期一个月的统计调查工作：设计调查问卷，随机抽选学院 300 名学生进行问卷填报及收集，对问卷信息进行归纳整理和汇总，形成统计表和统计图，并对调查过程和初步汇总结果做简单的文字说明。

【训练五】

训练资料：

辽阔木业公司全体职工按月工资分组而形成的变量数列如表 1-25 所示。

表 1-25 职工按工资分组的人数分布资料

按月工资分组(元)	职工人数(人)	比重(%)	累计次数(人)		累计频率(%)	
			由小到大	由大到小	由小到大	由大到小
800 以下	16					
800～1 000	50					
1 000～1 200	23					
1 200～1 400	14					
1 400 以上	7					
合　　计	110					

训练要求：

计算并填列表 1-25 中所缺的数字。

【训练六】

训练资料：

钢管厂翻砂车间 40 名工人的年龄(岁)资料为：18、19、20、21、23、24、25、25、25、25、27、28、28、28、29、30、30、32、32、32、34、34、35、36、36、37、37、37、39、40、42、44、44、45、47、48、52、54、57、57、59。

训练要求：

(1) 将上述资料用两个不同的组距编制成两个等距式组距数列。

(2) 观察该车间工人年龄的分布情况，并比较哪个数列较合理，更能反映工人年龄分布的集中和分散特点。

【训练七】

训练资料：

岭东地区 2017 年工业企业实现工业增加值 390 亿元，具体情况如下：国有及国有控股工业实现工业增加值 159 亿元，其中，重工业和轻工业分别为 94 亿元、65 亿元；集体工业实现工业增加值 62 亿元，其中，重工业和轻工业分别为 12 亿元、50 亿元；股份制工业实现工业增加值 87 亿元，其中，重工业和轻工业分别为 46 亿元、41 亿元；股份合作制工业实现工业增加值 12 亿元，其中，重工业和轻工业分别为 3 亿元、9 亿元；外商及港澳台投资工业实现工业增加值 54 亿元，其中，重工业和轻工业分别为 11 亿元、43 亿元；其他类型工业实现工业增加值 16 亿元，其中，重工业和轻工业分别为 2 亿元、14 亿元。

训练要求：
(1) 根据上述资料分别编制按经济类型、轻重工业分组的简单分组表。
(2) 根据上述资料编制复合分组表。
(3) 绘制岭东地区工业企业按经济类型分组的工业增加值条形图。
(4) 分别绘制企业按经济类型、轻重工业分组的工业增加值圆形图。

【训练八】

训练资料：
你所在班级所有学生的年龄数据。

训练要求：
根据全班同学的年龄数据，编制简单分组(单项分组)统计表，并绘制统计图，反映同学们的年龄分布特点。

【训练九】

训练资料：
你所在班级所有学生上学期某门专业课的考试成绩。

训练要求：
根据全班同学的成绩数据，编制组距分组统计表，并绘制统计图，反映同学们的成绩分布特点。

【训练十】

学生自愿组成 5～10 人的学习小组，先分工对学校附近商业单位(如超市、饭店、洗衣店、营业厅等)的经营管理进行观察或探访，重点了解其经营数据(如业务量、营业额、客流量等)的管理，再协作研讨统计在商业运作中的应用，并针对统计在实际工作中的重要性进行自我阐述，最终归纳成小组研讨报告，最后全班各小组之间进行互动交流。

项目二 企业经营总量统计

【技能目标】

- 能熟练计算企业产品实物量(原始实物量、标准实物量)指标。
- 能熟练计算企业生产总值指标。
- 能熟练计算企业资产总量指标。

【知识目标】

- 理解总量指标的意义、作用及种类。
- 理解企业产品实物量、生产总值及资产总量的含义。
- 掌握企业产品实物量、生产总值及资产总量的计算方法。

对企业各种生产经营管理状况进行统计分析是利用统计指标来进行的，企业的统计指标有多种，其中总量指标是通过统计记录或直接相加得到的基础统计指标，是统计中最简单、最直接、最基本的指标，指标的数值大小反映企业各种经济总体的总规模、总水平，并随经济总体范围的变化而增减。

在企业统计分析中的总量指标很多，常用的主要是产品实物量、生产总值及资产总量等。本项目将详细讲解这几种总量指标的统计方法。

任务一　认识总量指标

任务导入

常昊在华天实业总公司管理部实习，今天跟随统计师刘先生取得了服装分公司2017年上半年针织女衫的产量资料，如表2-1所示。但是，由于某种原因缺失了5月份的产量，因此统计师刘先生要求常昊根据资料推算出5月份的产量。

表2-1　2017年上半年针织女衫产量统计

月　份	1	2	3	4	5	6
产量(件)	625	680	720	780		860

相关知识

一、总量指标的含义

总量指标反映的是经济现象在一定时间、地点、条件下所达到的总规模、总水平或工作总量，又称统计绝对数，如企业全年总产量、总产值、产品总成本、生产总费用、税收总额等。

有时，总量指标也表现为现象总体在不同时间、不同条件下数量发展变化的绝对差数。例如，根据第六次全国人口普查发布的数据，2010年11月1日零时，青岛市常住人口749.42万人，烟台市常住人口646.82万人，青岛比烟台常住人口多102.6万人，这三个人口数都是总量指标。

在经济现象的历史对比中，人们总是将被研究的时期称为报告期，将作为发展和对比基础的时期称为基期。同一总量指标在两个不同时期的数值之差称为增长量(报告期水平-基期水平)，它有两种具体的计算方法：两个相邻时期的总量指标数值之差称为逐期增长量，如表2-1中4月份的针织女衫产量比3月份的增加了60件；现象发展经过一段时期后总的增长量称为累计增长量，如表2-1中6月份的针织女衫产量比1月份的增加了235件。这里的增长量也是总量指标。

二、总量指标的作用

(1) 总量指标是最基本的统计指标，是人们认识社会经济现象的起点和基础。

(2) 总量指标是企业进行计划、决策、分析和预测等的基本依据。

(3) 总量指标是计算相对指标和平均指标的基础。总量指标是否科学、正确，将直接关系相对指标和平均指标的科学性和准确性。

三、总量指标的分类

(一)总量指标按其反映的内容不同，可分为单位总量和标志总量

(1) 单位总量是指总体中所包含的总体单位的总个数，也叫总体容量，它反映总体本身规模的大小。一个同质总体只有一个单位总量。

(2) 标志总量是指总体中各单位某标志的标志值总和，它反映总体某项水平的高低，在企业中主要反映工作总量、生产经营的总水平等。一个同质总体可以有多个标志总量。

特别提示

(1) 在企业中会有一些特殊经济总体无法计算单位总量，如企业实物资产总体，一项资产就是一个总体单位，由于各项实物资产的性质、形态、用途、计量单位等都不相同，因此无法直接加总它们的实物量。对于这样的总体，一般计算标志总量(如价值总量)来反映总体的总规模。

(2) 对于无限总体，一般也无法计算单位总量。

(二)总量指标按其反映的时间特点不同，可分为时期指标和时点指标

(1) 时期指标是经济现象在一定时期内发展过程积累的总量，如产量、税金总额。时期指标具有以下三个特点。

① 随着时间的延续，时期指标数值具有动态可加的特点，相加后的数值具有实际意义，表明更长时期的经济总量。

② 时期指标数值的大小与指标涉及的时期长短有直接关系，即时期越长、数值越大。

③ 时期指标数值是对现象进行连续不断的观察登记而计算的累计数。

(2) 时点指标是经济现象在某一时点(瞬间)所表现的总数量，如职工人数、设备台数。时点指标具有以下三个特点。

① 时点指标数值不具有动态可加性，即不同时点的指标数值相加没有实际意义。

② 时点指标数值的大小只反映现象在某一时点的数量，与现象发展过程的时间长短没有直接关系。

③ 时点指标数值不需要连续不断地观察登记，只需间隔一段时间进行一次性登记即可。

(三)总量指标按其使用的计量单位不同，可分为实物量指标、价值量指标和劳动量指标

(1) 实物量指标是采用实物单位计量的总量指标，用于反映企业各种经济总体的使用价值总数量，如企业占地面积、职工人数、产品实物产量等。

实物单位是根据社会经济现象的自然属性、物理属性或化学属性确定的计量单位，它包括以下五种。

① 自然单位，如人口以"人"、机器以"台"为计量单位等。

② 度量衡单位，主要是计量长度、面积、体(容)积、重量等的单位。

③ 双(多)重单位，如发电机以"台/千瓦"、重型起重设备以"吨/台"、船舶以"排水量(吨)/马力/艘"为计量单位等。

④ 复合单位，如货物运输量以"吨千米"、发电量以"千瓦时"、客运量以"人次"为计量单位等。

⑤ 标准实物单位，如牌号、马力不同的拖拉机以 15 马力为一个标准台进行折算，硫酸、化肥等化工产品以化学成分含量 100% 为标准单位来折算等。

实物量指标的优点是能直接反映企业各种现象的使用价值或实物内容，是企业的最基础总量指标。实物量指标的缺点是缺乏概括和综合能力，不同性质或不同类经济现象的实物量不能直接相加。

(2) 价值量指标是以货币单位计量的总量指标，用来表现企业各种经济总体的价值总量，如国内生产总值、利润总额、税收总量等。

货币单位是根据经济现象的社会属性，以货币来计量社会财富和劳动成果价值量的一种计量单位。世界上绝大多数国家都只有一个主权货币单位，如中国使用"人民币元"、俄罗斯使用"卢布"、越南使用"盾"等，但也有少数国家同时使用两种货币单位，如德国使用"马克"和"欧元"两种货币单位。

价值量指标的优点是概括和综合能力强，能综合说明不同使用价值的产品(商品)的总规模或总水平，如工业总产值、产品成本、商品进出口总额等。价值量指标的缺点是过于抽象，不能反映现象的实物数量和使用价值。

(3) 劳动量指标是用劳动时间作为计量单位的总量指标，如工时、工日、工年等。

劳动量指标把不能直接相加的实物产量变换成可以相加的劳动时间消耗总量，用于反映企业生产各种产品的工作总量，特别是半成品、在制品等的总量无法用实物产量表示，用劳动量指标表示比较合适。

由于具体生产条件不同，不同企业的劳动量指标不具有可比性，因此劳动量指标多限于企业内部在确定劳动定额、计算劳动生产率、编制和检查生产作业计划等时使用。

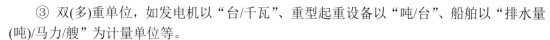

(1) 双(多)重单位是由两个或两个以上的实物单位分别反映该现象的总量，两个单位中间的斜线不是表示两者相除之意。因为这样的数值不便于计算机处理，所以双(多)重单位目前已基本上不用了。

(2) 企业的实物量指标过渡到价值量指标的媒介因素是价格，即实物量×价格=价值量。历史上，企业统计业务中使用的价格有现行价格和不变价格两种，目前，企业一般只使用现行价格。在国内贸易中，企业营销的价格主要有批发价格和零售价格两种。在进出口贸易中，常用的价格有离岸价格(FOB)、到岸价格(CIF)、成本加运费价格(CFR)三种，一般出口商品按离岸价格计算价值量，进口商品按到岸价格计算价值量。

四、总量指标的计算方法

(1) 直接计量法，即统计人员采用直接点数或测量的方法，通过加总将现象的总量计算出来。

(2) 估计推算法，即采用平衡关系、因素关系、比例关系或插值估算等推算方法，将经济现象的总量估算出来。

其中，插值估算法是根据统计数列的若干已知变量值估计其所缺变量值的方法。常用的是线性插值法，它是在假设数据呈线性变化的前提下，根据两项有关的对应资料所构成的直线方程来估算未知项的方法。由两点式可得其基本公式如下。

$$y = y_1 + \frac{y_2 - y_1}{x_2 - x_1}(x - x_1)$$

式中，y 为未知量；x 为未知量相对应的时间；y_1 为未知量前一时间的已知量；x_1 为未知量前一时间的已知量相对应的时间；y_2 为未知量后一时间的已知量；x_2 为未知量后一时间的已知量相对应的时间。

● 工作任务

实习生常昊根据服装分公司2017年上半年针织女衫的产量资料(见表2-1)推算5月份的产量。

● 操作演示

常昊根据资料观察，针织女衫产量基本呈线性变化，则运用线性插值法，即

$$y = 780 + \frac{860 - 780}{6 - 4} \times (5 - 4) = 820(件)$$

结论：华天实业总公司服装分公司2017年5月份的产量推算为820件。

任务二　企业总量统计

子任务一　企业产品实物量统计

● 任务导入

常昊在生产车间的实习内容是企业产品实物量的统计，在统计师刘先生的指导下，他从班组工人的生产记录到车间产量汇总，再到产成品的入库记录的整个过程，每一个环节逐一进行了实践，获得了大量的统计数据，他要根据这些数据学习企业产品实物量指标的计算方法。

● 相关知识

一、企业产品的含义

企业产品是企业员工生产活动的成果。

我国国民经济核算体系定义的生产活动包括货物生产和服务生产，即综合生产。具体地说，国民经济核算体系中的产品既包括物质生产部门的生产活动成果，也包括非物质生产部门的生产活动成果。由此，企业产品的表现形态可分为有形的企业物质产品(又称实物产品或货物)和无形的企业劳务产品(一般称劳务或服务)两大类。有形产品最初都采用实物

量指标计算，无形产品大都采用价值量指标或劳动量指标计算。

二、企业产品实物量

企业产品实物量即企业产品产量，它是以实物单位来计量企业产品的数量。这里介绍工业产品实物量统计的相关内容。

(一)工业产品原始实物量统计

原始实物量又称产品的混合产量，反映各类产品的自然物理产量。在填报原始实物量时，要遵守以下三个基本原则。

(1) 必须符合规定的产品质量标准。
(2) 必须是本期生产的产品。
(3) 必须严格按照产品目录的规定填报。

计算原始实物量或混合实物量，不分产品的规格含量，直接加总产品的实物量即可。

● 特别提示

> 工业产品原始实物量统计，还有一些特殊的规定。例如，有些工业产品在计算其总产量时，需要消除重复计算，如成品钢材产量是指钢铁企业的最终产品产量，从热轧到冷轧连产的企业，以冷轧钢材产量为准。在热轧到冷轧之间，各成品之间，在企业内部不能重复计算。

(二)工业产品标准实物量统计

标准实物量是对经济用途相同，但规格、型号或物理化学成分含量不同的产品，按一定比例折算成一种标准规格型号或标准成分含量的产品产量。一般选择生产稳定、产量较多、销路较广、具有代表性的那种规格型号或成分含量的产品作为标准产品，然后根据折算系数把其他同类产品产量折算成标准实物产量。这种计算方法较烦琐，但可基本消除产品结构对产量的影响，提高了同行业产品产量的可比性。

标准实物量的基本计算公式如下。

$$折算系数 = \frac{产品实际规格或含量}{产品标准规格或含量}$$

$$标准实物量 = \sum(原始实物量 \times 折算系数)$$

在实际工作中，根据企业不同的生产特点，工业产品标准实物量折算一般有三种具体方法：一是按产品使用价值的大小折算；二是按生产中消耗活劳动量的多少折算；三是按单位产品消耗原材料的多少折算。每种折算方法都需要先计算出折算系数，然后再把不同规格、不同成分的产品混合量，折算成标准规格或标准含量的实物量。

1. 按产品使用价值的大小折算标准实物量

这是最常见的一种标准实物量折算方法。有很多产品的原始实物量不能准确反映其使用价值，需要按使用价值进行折算。例如，煤炭以每千克发热量7 000大卡为标准进行折算，拖拉机以15牵引马力为标准进行折算，电石以每千克产生乙炔气300升为标准进行折算等。

2. 按产品耗用劳动量的多少折算标准实物量

有些纺织品、冶金产品和制革产品,均按产品耗用劳动量多少折算标准实物量。例如,纺纱工业是根据生产不同规格棉纱所花费的劳动量多少,将不同支数的棉纱均折成 20 支棉纱的产量。其折算系数的计算公式如下。

$$折算系数 = \frac{某种棉纱单位产量消耗工时数}{20支纱单位产量消耗工时数} = \frac{\frac{1}{某种棉纱单位工时产量}}{\frac{1}{20支纱单位工时产量}}$$

$$= \frac{20支纱单位工时产量}{某种棉纱单位工时产量}$$

3. 按产品耗用原材料的多少折算标准实物量

有些产品需要按产品消耗原材料多少折算标准实物量,如玻璃纤维制品 40 支(24 号)原丝坩埚台日产量在 110 千克以上,而 600 支(1.5 号)原丝坩埚台日产量只有 8 千克左右,相差 12 倍以上。产品规格品种不同,生产效率和使用价值也不一样,其实物混合量不能精确地反映企业的生产规模和产品价值。

> **特别提示**
>
> 以上所述三种标准实物量的折算方法虽然有所不同,但其目的都在于比较确切地反映产品的使用价值量,所以它只适用于名称用途相同、规格含量不同的产品,主要用于产品品种较单纯的企业。标准实物量虽然比较准确,但也不能代替混合产量,这不单是因为混合产量计算方便,更主要是因为销售产品时都按混合产量计算,因而在实际工作中,原始实物量和标准实物量两种指标会同时计算和应用。

【工作任务一】

实习生常昊根据服装分公司皮革车间递交到统计部的"生产记录单"及仓库递交来的"皮革入库单",汇总整理得到 2017 年皮革产量资料,如表 2-2 所示。

表 2-2 2017 年皮革车间皮革入库资料

皮革种类	牛皮	骆驼皮	羊皮	猪皮
产量(张)	2 000	1 000	6 000	8 000

统计师刘先生要求常昊统计皮革车间 2017 年各种皮革的混合产量。

> **操作演示**

实习生常昊根据表 2-2 中的数据计算各种皮革混合产量如下。

皮革混合产量=$\sum$各种皮革产量=2 000+1 000+6 000+8 000=17 000(张)

结论:服装分公司皮革车间 2017 年各种皮革的混合产量为 17 000 张。

【工作任务二】

实习生常昊跟随统计师刘先生在化肥分公司从班组的生产记录到车间汇总再到成品的入库记录,对整个过程的每一环节逐一进行实习,取得了公司 2017 年各种氮肥产量资料,如表 2-3 所示。

表 2-3 2017 年化肥分公司生产氮肥的入库资料

产品名称	入库产量(吨)	含氮量(%)
硫酸铵	82 000	21.00
硝酸铵	25 000	34.95
尿素	45 000	46.20
碳酸氢铵	16 000	16.40

统计师刘先生要求常昊列表计算氮肥的原始实物量,以及分别按 100%、21%含氮量折合的标准实物量。

操作演示

实习生常昊根据统计师刘先生的要求,编制了如表 2-4 所示的氮肥标准实物量折算表。

表 2-4 氮肥标准实物量折算表

氮肥名称	产量(吨)	含氮量(%)	折合为100%含氮产量(吨)	按含氮21%标准折算	
				折算率	标准产品产量(吨)
硫酸铵	82 000	21.00	17 220.00	1.000 0	82 000.00
硝酸铵	25 000	34.95	8 737.50	1.664 3	41 607.14
尿素	45 000	46.20	20 790.00	2.200 0	99 000.00
碳酸氢铵	16 000	16.40	2 624.00	0.781 0	12 495.24
合计	168 000	—	49 371.50	—	235 102.38

结论:按原始实物量计算,化肥分公司 2017 年氮肥总产量为 16.8 万吨,这是将四种氮成分含量各不相同的氮肥混合在一起计算的产量,显然比较粗放。折算为标准实物量后,按 100%含氮量为标准折算总产量为 49 371.5 吨;接含氮 21%的硫酸铵作为标准品折算,则总产量为 235 102.38 吨。

【工作任务三】

为拓展实习生常昊的知识面,统计师刘先生交给他纺织分公司 2017 年第四季度的棉纱产量资料,如表 2-5 所示。统计师刘先生要求常昊根据生产不同规格棉纱所花费的劳动量,计算将不同支数的棉纱均折成 20 支棉纱的产量。

表 2-5 纺织分公司 2017 年第四季度棉纱产量资料

棉纱支数	10	18	20	32	36	合计
总产量(千克)	10 000	45 000	54 000	22 000	20 000	151 000
千锭时产量(千克)	46.4	36.9	32.0	16.9	14.3	—

操作演示

实习生常昊根据统计师刘先生的要求,编制了如表2-6所示的棉纱标准产量计算表,并做如下计算分析。

表2-6 纺织分公司棉纱折合产量计算表

棉纱支数 (甲)	产量(千克) (1)	千锭时产量(千克) (2)	折算系数 (3)=32/(2)	折算标准产量(千克) (4)=(1)×(3)
10	10 000	46.4	0.689 7	6 897.0
18	45 000	36.9	0.867 2	39 024.0
20	54 000	32.0	1.000 0	54 000.0
32	22 000	16.9	1.893 5	41 657.0
36	20 000	14.3	2.237 8	44 756.0
合计	151 000	—	—	186 334.0

结论:由表2-6的计算可以看出,同样生产32千克棉纱,规格为10支纱的1 000个纱锭需要0.689 7小时,而规格为36支纱的1 000个纱锭则需要2.237 8小时。纺织分公司2017年第四季度生产的151 000千克棉纱,按20支纱的劳动消耗折算,其标准产量为186 334千克。

这样计算出的企业纺纱的标准实物量,可以作为衡量企业生产能力、潜力的依据。

特别提示

千锭时产量是指每一千个纺锭(纺锭是纺纱机主要部件)每小时纺出的纱的重量。

子任务二 企业生产总值统计

任务导入

实习生常昊按照实习安排,到华天实业总公司学习企业生产总值统计。他在公司统计师那里得到机床分公司2017年10月份的资料,如表2-7所示,根据资料计算其工业总产值。

表2-7 机床分公司2017年10月工业总产值资料

项 目	单 位	数 量	单价(元)	价值(万元)
(一)自备原材料生产的产品				
1. 成品				
数控车床	台	30	80 000	240
2. 已出售、准备出售的半成品				
车身	台	20	300	0.60
零部件				3.00
3. 自制设备				
立式钻床	台	6	2 200	1.32

续表

项　目	单　位	数　量	单价(元)	价值(万元)
(二)订货者来料生产的产品卡盘车床	台	4	4 500	1.80
其中：料价				1.20
加工费				0.60
(三)工业性作业				
1. 对外修理车床	台			0.40
2. 对附属农场修理拖拉机	台			0.16
(四)转售电动机	万元	4	200	0.08
(五)附属农场产品收入	万元			11.00
(六)出售废料收入				0.14
(七)自制半成品、在制品期末期初差额价值	万元			1.70

● **相关知识**

企业生产总值统计是企业信息系统最基本的内容，对于开展企业经济信息的综合统计分析和加强企业的经营管理都具有重要的作用。这里介绍工业总产值和工业增加值统计的相关内容。

一、计算工业总产值

工业总产值是指工业企业在本期内生产的以货币形式表现的工业最终产品和提供工业劳务活动的总价值量。

工业总产值计算应遵循三项原则：工业生产的原则、最终产品的原则和"工厂法"原则。

工业总产值是按现行价格计算的。现行价格是指计算工业总产值时采用的报告期内产品的实际销售价格，即产品销售时的实际出厂价格(不含销项税额)。

● **特别提示**

(1) 总产值(总产出)的价值构成为：C_1+C_2+V+M(其中，C_1 为劳动手段折旧值，C_2 为劳动对象的转移价值，V 为必要劳动价值，M 为剩余劳动价值)。

(2) 工业总产值规定用"工厂法"计算，产值在企业内不重复计算。

工业总产值包括三部分：生产的成品价值、对外加工费收入和自制半成品、在制品期末期初差额价值。其计算公式如下。

工业总产值=报告期生产的成品价值(包括准备销售和已经销售的自制半成品价值)+
　　　　　对外加工费收入+自制半成品、在制品期末期初差额价值

式中：

成品价值，是指企业在本年内生产，并在本年内不再进行加工，经检验合格、包装入库的已经销售和准备销售的全部工业成品(包括半成品)价值合计。成品价值中包括企业生产的自制设备及提供给本企业在建工程、其他非工业部门和生活福利部门等单位使用的成品

价值,但不包括用订货者来料加工的成品(半成品)价值。

对外加工费收入,是指企业在报告期内完成的对外承做的工业品加工(包括用订货者来料加工生产)的加工费收入,对外工业品修理作业所收取的加工费收入,对内非工业部门提供的加工修理、设备安装等收入。对外加工费收入按不含应交增值税(销项税额)的价格计算,可从会计科目"产品销售收入"的有关资料中取得。

自制半成品、在制品期末期初差额价值,等于自制半成品、在制品期末价值减去期初价值后的余额。如果期末价值小于期初价值,该指标为负值,企业在计算产值时,应按负值计算,不能作为零处理。

二、计算工业增加值

工业增加值是工业企业生产过程中新增加的价值,是工业企业全部生产活动的总成果扣除在生产过程中消耗或转移的物质产品和劳务价值后的余额,是指工业企业在报告期内以货币形式表现的工业生产活动的最终成果。

各部门增加值之和即国内生产总值(GDP),反映一个国家(地区)在一定时期内所生产和提供的全部最终产品和服务的市场价值的总和。工业企业建立增加值统计,可以反映工业企业的投入、产出和经济效益情况,为改善工业企业生产经营提供依据,并促进工业企业会计和统计核算的协调。

● 特别提示

增加值的价值构成:C_1+V+M。在企业产值指标中,同样的实物产量计算价值指标,以总产值最大,因为它除了新创价值$V+M$外,还包括了两种物化劳动的转移价值(C_1+C_2),增加值次之。企业产品价格都是以全价(C_1+C_2+V+M)表示的,乘以原产量,得到总产值。总产值扣除两种物化劳动的转移价值就是净产值;增加值(C_1+V+M)因包括折旧价值在内,所以由总产值扣除其劳动对象的转移价值C_2就可以了。

计算工业增加值应遵循三项原则:本期生产的原则、最终成果的原则和市场价格的原则。

我国计算工业增加值的方法有两种:一是生产法,二是收入法(又称要素分配法)。前者是从工业增加值的产生角度来进行计算的,反映生产过程,是现行国家统计制度的计算方法;后者则是从工业增加值的内部构成的角度来计算的,反映工业增加值中的国家、集体、职工个人三者的初次分配情况。

1. 采用生产法计算工业增加值的方法

生产法工业增加值=工业总产值(现价新规定)-工业中间投入+应交增值税

式中:

工业总产值(现价新规定),是以现行价格(产品不含增值税销项税额的平均出厂价格)计算的工业企业在一定时期内从事工业产品生产或提供工业性劳务创造的劳动成果的货币总量。这里要强调的是,计算价格是不含增值税销项税额的平均出厂价格(可通过第一种产品的产品销售收入除以相应的销售量得到)。其计算公式如下。

工业总产值(现价新规定)=
$$\sum(\text{某种产品产量}\times\text{该种产品的不含增值税销项税额的平均出厂价格})$$
期末期初在制品、半成品差额价值+对外加工收入

工业中间投入，是工业企业在报告期内用于生产活动所消耗的外购的原材料、燃料、动力及其他实物产品和对外支付的劳务费用。它是计算工业增加值指标的重要基础指标，是现价工业总产值与工业增加值之间所扣除的差额。

应交增值税，是工业企业在报告期内应缴纳的增值税税额。其计算公式如下。

本年应交增值税=销项税额+出口退税+进项税额转出数-进项税额-减免税款-
出口抵减内销产品应纳税额+年初未抵扣数-年末未抵扣数

2. 采用收入法计算工业增加值的方法

收入法工业增加值=固定资产折旧+劳动者报酬+生产税净额+营业盈余+应交增值税

式中：

固定资产折旧，是固定资产在使用过程中，通过逐渐损耗(包括有形损耗和无形损耗)而转移到产品成本的那部分价值，即为补偿生产中所耗用的固定资产而创造的价值。固定资产折旧分为按规定比例提取的基本折旧和为恢复固定资产在使用过程中已损耗部分的价值而发生的大修理费用。本项中的基本折旧部分可从工业统计报表中财务状况表的"本年折旧"项直接取得，也可根据会计财务状况变动表(年报)中的"固定资产折旧"项"金额"栏取得；大修理费用部分由于资料取得比较困难，因此暂不计算。

固定资产折旧=制造费用的折旧+管理费用的折旧+销售费用的折旧

劳动者报酬，是劳动者从事生产经营活动而从生产单位得到的各种形式的报酬。这里是计提进入生产成本和期间费用的工资、福利费和企业为职工个人支付的社会保险费等。本项可根据统计或会计资料分析归纳取得。

生产税净额，是企业向政府缴纳的生产税与政府向企业支付的生产补贴相抵后的净额。

营业盈余，是工业企业在一定时期内从事工业生产经营活动新创造的价值中，企业在增加值中的分配份额。营业盈余计算公式如下。

营业盈余=工业总产出-工业中间投入-固定资产折旧-劳动者报酬-生产税净额

对于生产周期不长，期初和期末的自制半成品、生产品价值变动不大的企业，也可根据以下公式计算。

营业盈余=营业利润-转作奖金的利润

理论上讲，两种计算方法的计算结果应该一致，但在实际应用中却经常出现计算结果不一样的现象，这是由于两种公式中各项指标数值存在统计误差或偏差所致。

【工作任务一】

实习生常昊根据表2-7提供的资料进行工业总产值统计。

操作演示

根据表2-7中的资料，将属于工业总产值统计范畴的项目列入表2-8中的最后一列，计算企业的工业总产值如下。

工业总产值=240.00+0.60+3.00+1.32+0.60+0.40+0.16+1.70=247.78(万元)

结论：华天实业总公司机床分公司 2017 年 10 月份的工业总产值为 247.78 万元。

表 2-8　企业工业总产值计算表

项目	单位	数量	单价(元)	价值(万元)	计入工业总产值项目(万元)
(一)自备原材料生产的产品					
1. 成品					
数控车床	台	30	80 000	240	240.00
2. 已出售、准备出售的半成品					
车身	台	20	300	0.6	0.60
零部件				3.00	3.00
3. 自制设备					
立式钻床	台	6	2 200	1.32	1.32
(二)订货者来料生产的产品卡盘车床	台	4	4 500	1.80	—
其中：料价				1.20	—
加工费				0.60	0.60
(三)工业性作业					
1. 对外修理车床	台			0.40	0.40
2. 对附属农场修理拖拉机	台			0.16	0.16
(四)转售电动机	万元	4	200	0.08	—
(五)附属农场产品收入	万元			11.00	—
(六)出售废料收入				0.14	—
(七)自制半成品、在制品期末期初差额价值	万元			1.70	1.70

【工作任务二】

实习生常昊得到机床分公司 2017 年 10 月份的生产数据如下：数控车床 50 台，其不含税平均出厂价为 85 000 元/台，对外加工收入为 50 千元。他根据本月的各种成本、费用构成情况及相关资料汇总核算的工业增加值项目如表 2-9 所示。

表 2-9　机床分公司 2017 年 10 月工业增加值核算资料

项目	金额(千元)	项目	金额(千元)
本期应交增值税	211	劳动者报酬	547
工业中间投入	3 248	生产税净额	48
固定资产折旧	240	营业盈余	217

实习生常昊要根据表 2-9 中的资料，采用生产法和收入法两种计算方法，分别计算机床分公司 2017 年 10 月份的工业增加值。

操作演示

1. 生产法工业增加值的计算方法

工业总产值(现价新规定)=成品价值+对外加工收入

$$=85\,000\ 元/台×50\ 台+50\ 千元=4\,300(千元)$$

生产法工业增加值=工业总产值(现价新规定)-工业中间投入+应交增值税

$$=4\,300-3\,248+211=1\,263(千元)$$

2. 收入法工业增加值的计算方法

收入法工业增加值=固定资产折旧+劳动者报酬+生产税净额+营业盈余+应交增值税

$$=240+547+48+217+211=1\,263(千元)$$

结论：华天实业总公司机床分公司2017年10月份的工业增加值为1 263千元。

子任务三　企业资产总量统计

◉ 任务导入

实习生常昊按照统计师刘先生的指点到华天实业总公司服装分公司财务部找到王会计，王会计调出分公司各种企业资产的账目，帮助常昊通过资产类会计科目查询相应账簿中的记录，得到分公司2017年年末的有关财务数据资料：货币资金101.2万元、应收账款62.7万元、其他应收款1.5万元、存货58.6万元、长期股权投资100万元、固定资产210万元。

刘先生要求常昊根据以上资料统计华天实业总公司服装分公司的年末资产总量。

◉ 相关知识

一、企业资产的意义

企业资产是指企业过去的交易或事项形成的、由企业拥有或控制的、预期会给企业带来经济利益的资源。

按照我国的《企业会计准则》，符合上述资产定义的资源，还要在同时满足以下条件时，才能确认为资产：①与该资源有关的经济利益很可能流入企业；②该资源的成本或价值能够可靠地计量。《企业会计准则》还进一步规定：符合资产定义和资产确认条件的项目，应当列入资产负债表；符合资产定义但不符合资产确认条件的项目，不应列入资产负债表。

资产按其流动性，可分为流动资产和非流动资产；按其是否有实体形态，可分为有形资产和无形资产。在会计实务中，将资产按其流动性(资产的变现能力和支付能力)分为流动资产和非流动资产。

二、统计企业资产总量

(一)资产总额

资产总额是企业报告期末所拥有或控制的，以货币计量的，会带来预期经济利益的全部资源总量。其数值取自资产负债表中"资产总计"项目的期末数。表现形式是时点指标，其计算公式如下。

资产总额=流动资产总额+非流动资产总额

(二)流动资产总量统计

流动资产是指企业可以在一年或超过一年的一个营业周期内变现或运用的资产。其内容包括货币资金、交易性金融资产、应收票据、应收账款、预付款项、应收股利、应收股息、其他应收款和存货等。

企业流动资产总量是时点指标，随着生产经营规模和原材料及产品供销条件的变化，经常处于变动之中，对于企业流动资产总量的统计，通常用期末占有数考察。

企业流动资产期末占有数是指报告期末(月末、季末、年末)某一时点企业占有的各种流动资产合计数。其数据可以直接从企业会计报表中取得。

(三)非流动资产总量统计

非流动资产是指流动资产以外的资产，它不能在一年之内通过某种经济运作转化为资金，包括长期股权投资、固定资产、无形资产、递延所得税资产、其他资产等。

非流动资产总量也是时点指标，是指企业报告期末(月末、季末、年末)各项非流动资产的总规模，其数值可以从企业资产负债表中"非流动资产合计"项目的期末数取得。

1. 长期股权投资

长期股权投资是指通过投资获得被投资单位的股份。

2. 固定资产

固定资产是指企业为生产商品提供劳务出租或经营管理而持有的、使用寿命超过一个会计年度的有形资产。固定资产具有使用期限较长，单项价值较高(在规定限额以上)，使用过程中始终保持原有实物形态的特征。

固定资产价值量指标有三个：固定资产原值、固定资产净值和固定资产重置完全价值。

(1) 固定资产原值是指购买或建造各种固定资产时，实际支付的金额，以及未来改建或扩建时所追加投资金额的合计。

(2) 固定资产净值是指固定资产原值减去固定资产累计折旧额后的净额，也就是固定资产原值扣除因磨损而转移到产品成本中去的那部分价值以后余存的价值。该指标可以反映固定资产的磨损程度，表明企业固定资产的实有价值。

(3) 固定资产重置完全价值是指在现时的生产技术条件下，重新购建同样的固定资产所需要支出的全部金额。该指标比较真实地反映了固定资产的现时价值，但实际计算比较复杂，应用不是很普遍。

3. 无形资产

无形资产是指企业可长期使用的并能取得收益但没有实物形态的资产，包括专利权、商标权、土地使用权、非专利技术、商誉等。

4. 递延所得税资产

递延所得税资产是指本身没有交换价值，不可转让，一经发生就已消耗，但能为企业创造未来收益，并能从未来收益的会计期间抵补的各项支出。递延资产又指不能全部计入当年损益，应在以后年度内较长时期摊销的除固定资产和无形资产以外的其他费用支出，包括开办费、租入固定资产改良支出，以及摊销期在一年以上的长期待摊费用等。

5. 其他资产

其他资产是指除以上四种资产以外的资产，一般包括国家批准储备的特种物资、银行冻结存款及临时设施和涉及诉讼中的财产等。

工作任务

常昊根据公司 2017 年年末的有关财务数据资料进行华天实业总公司服装分公司的年末资产总量统计。

操作演示

常昊将公司有关财务数据资料分类整理汇总得到服装分公司的年末资产总量，如表 2-10 所示。

表 2-10 服装分公司年末资产总量统计数据

单位：万元

资产分组	2017 年年末数
流动资产：	
货币资金	101.2
应收账款	62.7
其他应收款	1.5
存货	58.6
流动资产合计	224.0
非流动资产：	
长期股权投资	100.0
固定资产	210.0
非流动资产合计	310.0
资产合计	534.0

结论：华天实业总公司服装分公司 2017 年年末的流动资产总量为 224 万元，非流动资产总量为 310 万元，资产总量为 534 万元。

项目拓展训练

【训练一】

请在下列表述后的各个选项中选出正确的答案，并将其编号填入括号内。

1. 某公司今年 4 月份电冰箱库存量 568 台，这是(　　)。
　　A. 时期指标、实物指标　　　　B. 时点指标、实物指标
　　C. 时期指标、价值指标　　　　D. 时点指标、价值指标
2. 实物单位包括(　　)。
　　A. 自然单位　　　　B. 复合单位　　　　C. 度量衡单位
　　D. 劳动量单位　　　E. 价值量单位

3. 下列属于时点指标的是( )。
   A. 人口数   B. 产品库存量
   C. 产品产量   D. 新出生人口数
4. 企业工业总产值的内容包括( )。
   A. 生产成品价值   B. 半成品价值   C. 在制品价值
   D. 对外加工收入   E. 自制半成品和在制品期末期初结存差额价值
5. 企业工业增加值的计算方法有( )。
   A. 生产法、收入法   B. 生产法、折旧法
   C. 分配法、折旧法   D. 使用法、折旧法
6. 目前，我国工业统计主要采用"生产法"计算工业增加值，在具体计算时采用( )公式。
   A. 工业增加值=工业总产值-工业中间投入
   B. 工业增加值=工业总产值-工业中间投入+应交增值税
   C. 工业增加值=劳动者报酬+生产税净额+固定资产折旧+营业盈余
   D. 工业增加值=劳动者报酬+生产税净额+固定资产本年提取折旧+营业盈余
7. 固定资产总量统计采用( )计价方式。
   A. 按原始价值计价   B. 按新增价值计价   C. 按重置价值计价
   D. 按变动价值计价   E. 按净值计价
8. 非流动资产是指流动资产以外的资产，它不能在一年之内通过某种经济运作转化为资金，包括( )。
   A. 长期股权投资   B. 固定资产   C. 无形资产
   D. 递延所得税资产和其他资产 E. 有形资产

【训练二】

判断下列表述的正误，并对不当表述进行改正。
1. 时期指标与时期长短成正比，时点指标与时点间隔长短成正比。
2. 总量指标数值不会随总体范围的变化而增减。
3. 按照"工厂法"计算工业总产值，企业内允许重复计算。
4. 从理论上来讲，用生产法和用收入法计算的工业增加值可以不同。
5. 劳动量指标具有广泛的可比性，可以将不同企业的劳动量指标进行对比以反映劳动成果的大小。
6. 固定资产净值能够比较真实地反映固定资产的现时价值。

【训练三】

训练资料：
官庄乡现有各种轮式拖拉机，数量如表 2-11 所示。

训练要求：
以 15 马力为一个标准台，计算各种拖拉机的总标准台数。

表 2-11　官庄乡现有拖拉机台数资料

拖拉机规格(马力)	12	15	24	28	合计
实际台数(台)	1 500	940	500	4 000	6 940

【训练四】

训练资料：

海天公司 2017 年 5 月份有如下统计资料：职工人数 568 人，人均创造工业增加值 10 568.4 元，全月生产 9 867 件产品，产品单位成本 600 元/件，月初在产品价值 8 567 元，月末在产品价值 7 956 元，月初产成品库存 2 698 件，全月入库产成品共 3 264 件，出库产成品共 3 962 件。

训练要求：

计算该公司 2017 年 5 月份的工业增加值、产品总成本、在产品月末月初价值差额和产品月末库存总量。

【训练五】

训练资料：

海天公司历年的利润额资料如表 2-12 所示。

表 2-12　海天公司历年利润额资料

年　份	2012	2013	2014	2015	2016	2017
利润额(万元)	62	68	73	78		87

训练要求：

根据资料推算由于某种原因而缺少的 2016 年的利润。

【训练六】

训练资料：

海天公司 2017 年全年固定资产折旧额 32 万元、职工工资 182.4 万元、奖金 6.67 万元、职工福利基金占工资总额的 11%、生产税净额 3.7 万元、营业盈余 19.3 万元。

训练要求：

计算该公司 2017 年工业增加值。

【训练七】

训练资料：

海天公司 2017 年年末有关财务数据如下：货币资金 891 500 元、交易性金融资产 115 000 元、应收票据 20 000 元、应收账款 78 000 元、其他应收款 8 500 元、预付款项 56 100 元、存货 1 233 000 元、长期股权投资 12 000 元、固定资产 2 883 100 元、在建工程 447 400 元。

训练要求：

根据海天公司 2017 年年末的财务数据统计公司的资产总量。

项目三 企业生产经营比较统计分析

【技能目标】

- 能够分析企业各种构成及内部比例协调关系。
- 能够采用相对比较方法分析企业生产经营的优势和不足。
- 能够运用相对指标分析企业的经济实力。
- 能够分析企业各种生产计划的完成程度。
- 能够分析企业生产经营的发展程度。

【知识目标】

- 了解各种相对指标的基本概念。
- 掌握静态相对指标的计算方法和应用。
- 掌握动态相对指标的计算方法和应用。

利用企业总量统计能计算出企业生产总值、资产总量、仓储总量等总量指标，但这些指标受企业规模大小的影响，并不能说明一个企业经营内涵的好坏、潜力的大小、实力的高低及发展程度的快慢等。所谓没有比较就没有优劣。在对企业经营状况进行分析时，就同类企业来说，经营业绩的好坏，显然只有通过对比、比较才能说明问题，相对指标赋予生产经营者判断和鉴别经营管理程度的能力，能一目了然地看出企业的优势、差距及差别的程度。对于不同类型的企业来说，它们的企业性质、规模、行业、产品等各不相同，它们的总成本、总产量、资金总额、利润总额等总量数值也往往是不可比的，要在这样一些企业之间进行生产经营管理的评价，就需要运用统计的对比分析方法。

任务一 认识企业对比统计分析指标

任务导入

2017 年年末，利通公司决策层管理者们要召开全公司年终大会，总结全年的生产经营情况，分析公司在同行业、国内、国际的经济实力状况，规划公司 2018 年及之后 5 年内的发展前景。为此，公司要求各部门特别是生产管理部、财务部、营销部、技术开发部等将本公司生产经营过程中的各种数据与同行业先进单位、国内及国际先进水平、公司的历史水平等进行比较，并对公司的内部实力进行统计分析，为大会的各种决策提供充足的依据。

各个相关部门收集了大量的数据信息，如表 3-1、表 3-2、表 3-3 所示的是各部门收集的用来进行统计分析的数据信息的一小部分。各部门需要根据收集的大量数据，分析公司的人员构成、与同行业先进单位之间的财务实力强弱、公司的发展速度、公司的生产计划完成程度等。

表 3-1 利通公司各类技术人员人数资料

职工分类	管理人员	高级工程师	中级工程师	助理工程师	技术工人	合计
人数(人)	480	169	360	657	230	1 896

表 3-2 企业销售收入情况统计

单位：万元

时间	2013年	2014年	2015年		2016年				2017年			
			上半年	下半年	一季度	二季度	三季度	四季度	一季度	二季度	三季度	四季度
销售收入	1 090	1 123	562	575	292	306	316	322	325	327	330	334

表 3-3 2012—2017 年公司部分统计资料

年份	2012	2013	2014	2015	2016	2017
销售收入(亿元)	16	18	22	23	25	30
净利润(亿元)	0.9	0.8	1.0	0.7	1.2	1.5

续表

年　份	2012	2013	2014	2015	2016	2017
年末卧式车床数(台)	5	6	8	9	11	7
数控转塔冲床利用率(%)	47.5	48.4	46.6	46.3	49	49.3
职工年平均工资(元)	3 950	4 538	5 500	6 210	6 470	7 479

要完成这些分析任务，各部门需要采用对比统计分析方法。

相关知识

对比统计分析方法就是在计算各种相对指标的基础上，对企业的各种经济信息进行统计评价分析。

相对指标是质量指标的一种表现形式，是通过两个有联系的统计指标对比而得到的比值或比率，其结果表现为相对数，它是说明现象之间数量对比关系的统计指标，故也称统计相对数。它可以反映现象的内部结构和比例关系、发展程度、实力强度、普遍程度或计划完成程度等。其基本公式表示如下。

$$相对指标 = \frac{子项指标}{母项指标}$$

相对指标具有重要的作用，概括起来有以下两点。其一，利用相对指标可以综合反映事物之间的数量关系，说明现象的比率、构成、速度、密度、普遍程度等，从而能更深刻地反映现象的实质。其二，相对指标将现象在绝对数方面的具体差异抽象化，使原来不能直接用总量指标对比的现象找到了可以直接对比的基础。例如，甲、乙两个企业，甲企业是生产建筑材料的，乙企业是生产家电的，由于企业规模不同，生产产品和经营内容不同，我们不能根据两个企业的生产水平直接评价它们经营的好坏，但如果我们计算它们各自的人均利税额、固定资产利税额、产值利润率等相对指标，就使它们有了共同的比较基础，从而就能够进行比较和评价了。

相对指标的特点是把两个对比的具体数值概括化或抽象化了，排除了现象规模大小对指标数值的直接影响，使人们对现象的内涵有了一个清晰的概念。相对分析是统计分析的基本方法，在社会经济领域得到了广泛应用。

相对指标的表现形式有两种：一种是有名数，另一种是无名数。

有名数是将对比的分子指标和分母指标的计量单位结合使用，以表明事物的密度、普遍程度和强度等。例如，企业劳动生产率用"元/人"表示、劳动力的动力装配程度用"千瓦/人"表示等。

无名数是一种抽象化的数值，常在相对比的分子和分母的计量单位完全相同时使用，是相对指标最常用的表现形式。无名数多以系数(倍数)、成数(1/10)、百分数(%)、千分数(‰)等表示。

系数(倍数)是将对比的基数作为1。两个数值对比，其分子与分母数值相差不多时，可以用系数表示，如固定资产磨损系数、工资等级系数、结构比例系数等。反之，分子数值与分母数值相差很大时，则常用倍数表示。例如，2008年年末我国民用汽车保有量达到6 467万辆，比上年末增长了13.5%，其中私人汽车保有量4 173万辆。2012年年末我国民用汽车保有量达到12 089万辆，其中私人汽车保有量9 309万辆。则我国2012年民用汽车保有量是2008年的1.87倍。

成数(1/10)是将对比的基数作为 10。例如，粮食产量增长一成，则为增长 1/10。农产量估计或统计时一般用成数。

百分数(%)是将对比的基数作为 100。它是相对指标中最常用的一种表现形式。当相对指标的分子数值和分母数值比较接近时，通常采用百分数表示。

千分数(‰)是将对比的基数作为 1 000。它适用对比的分子数值比分母数值小得多的情况。例如，人口自然增长率、死亡率等。

相对指标的计算方法有很多，根据计算时其分子和分母在时间上是否统一，分为静态相对数和动态相对数两类。

静态相对数也叫一般相对数，其分子和分母必须是同一时间的指标数值。在企业经济分析中，由于对比的目的不同，确定母项指标的标准也不同，因此静态相对数有结构相对数、比例相对数、强度相对数、比较相对数、计划完成程度相对数五种。这些指标一般适合评价企业生产经营结果的好坏，属于评价性指标。

动态相对数也叫发展速度，其分子和分母必须是同一指标在不同时间的数值，分子是关注时间(分析期、报告期)的指标数值，分母是为判断分子的发展程度而选择的作为比较基础时间(基期)的指标数值。在时间上，分子是分母的未来，分母是分子的历史。动态相对数主要用来分析企业生产经营发展速度的快慢，常常作为预警性指标使用。例如，企业职工薪酬的发展速度应该比生产发展速度适当慢一点，如果一个企业的员工薪酬发展速度数值小于生产总值发展速度数值，属于正常情况，但如果职工薪酬的发展速度数值大于生产总值发展速度数值，那就意味着红灯闪亮，则企业相关部门要警惕了。

任务二　企业生产经营静态比较分析

子任务一　企业内部构成分析

任务导入

利通公司是一家高科技产业的公司，该公司人力资源部年末拟对公司职工进行分类统计，目的是分析公司内部的人才结构，应对市场投标的资质预审，同时为公司年终总结和今后发展决策提供依据。人力资源部统计员江海根据人才结构分析的需要，对全公司技术人员进行了分类，并汇总了各类技术人员的人数(见表 3-1)，他要根据这份资料进行公司的人才构成分析。

相关知识

用于分析总体内部构成的统计指标有结构相对数和比例相对数两种。

一、结构相对数

研究经济现象总体时，不仅要掌握其总量，而且要揭示经济现象总体内部的组成数量表现，即要对总体内部的结构进行数量分析，这就需要计算结构相对指标。

结构相对指标又称结构相对数,是在分组的基础上,总体内部各个组的数值与总体总数量的比值,表明总体各部分在总体中占有的份额,用以反映总体内部的结构,也称比重。一般用百分数、成数或系数表示。其计算公式如下。

$$结构相对数 = \frac{总体的一部分数值}{总体的全部数值}$$

概括地说,结构相对数就是部分与总体对比得出的比重或比率。由于对比的基础是同一总体的总数值,因此各部分(或组)所占比重可以相加,且各部分比重之和等于100%或1。结构相对数必须在统计分组的基础上才可以计算,在结构相对数的计算过程中,分子数值与分母数值不能互换。例如,恩格尔系数是消费支出中用于食品的支出总额占全部个人消费支出总额的比重,是表示生活水平高低的一个结构相对数。国际上常常用恩格尔系数来衡量一个国家和地区人民生活水平的状况。根据联合国粮农组织提出的标准,恩格尔系数在59%以上为贫困,50%~59%为温饱,40%~50%为小康,30%~40%为富裕,低于30%为最富裕。

结构相对数是企业统计分析中最常用的指标,其主要作用有以下四点。

(1) 利用结构相对数,可以了解总体的内部构成情况,说明事物的性质和特征。事物的本质特征受总体中各个组成部分的特征的影响,其中比重最大的一部分影响最大,当最大比重的组成部分发生了很大变化时,总体的特征或性质也会直接受到影响而发生变化。

(2) 通过对现象不同时期结构相对数的对比分析,可以看出事物的变化过程和发展趋势。

(3) 能够反映人力、物力、财力的利用程度及生产经营效果的好坏,如出勤率能够反映职工对工作时间的利用程度。

(4) 能够说明事物的素质状况和工作质量。例如,技术进步因素占总产值的比重可以反映企业的技术进步情况,各种文化程度的职工人数占职工总人数的比重可以说明职工的文化素质高低,合格品率可以说明产品生产过程的工作质量,等等。

二、比例相对数

比例相对指标又称比例相对数,是同一总体中某一部分数值与另一部分数值静态对比的结果,用来表明总体内部各组成部分之间的比例关系和均衡状况的综合指标。其计算公式如下。

$$比例相对数 = \frac{总体的某一部分数值}{总体的另一部分数值}$$

比例相对数可以用百分数来表示,也可以用"$m:n$"的形式来表示。如果总体中有三个或三个以上组成部分的数量对比,就表现为一种连比的形式,且往往将第一个组成部分抽象化为1。例如,2016年,我国第一、第二、第三产业增加值的比例为1:4.65:6.03。

比例相对数必须在统计分组的基础上才可以计算,在比例相对数的计算过程中,分子数值与分母数值可以互换位置计算,但是也有常用的或惯用的比例相对数需要按照惯例的固定对比位置进行计算,在使用时不要随意更改。例如,性别比例总是男性人数在分子,女性人数在分母,且通常是将女性人数抽象化为100来表示。20世纪50年代中期,联合国出版的《用于总体估计的基本数据质量鉴定方法》里有一段表述,"出生性别比偏向于男性。一般来说,每出生100名女婴,其男婴出生数置于102~107之间。"此分析明确认定了出生性别比的通常数值范围在 102∶100 到 107∶100 之间,从此,出生性别比值下限不低于 102,上限不超过 107,一直被国际社会公认为通常理论值,其他数值范围则被视为异常。

总体内部各组成部分之间存在着一定的联系,并具有一定的比例关系。在许多情况下,按比例发展是事物发展的客观要求,比例失调会导致严重的损失。一个企业,行政后勤与生产第一线职工的人数比例,各种岗位职工的人数比例,企业资源在不同部门之间的分配比例,企业资金在科研与生产的分配比例,企业奖金总额中管理人员、科研人员、生产工人之间的分配比例,等等,都是重要的比例相对数,通过分析这些比例关系,调整不合理的比例,就可以提高职工的工作积极性,使企业的各种资源得到最大程度地合理利用,促使企业稳步协调地向前发展。

根据统计资料,计算各种比例相对数,反映有关事务之间的实际比例关系,有助于我们认识客观事物是否符合按比例协调发展的要求,参照有关标准,可以判断比例关系是否合理。在宏观经济管理中这对研究整个国民经济和社会发展是否协调均衡具有重要意义。

【工作任务一】

利通公司人力资源部统计员江海根据表 3-1 的资料分析利通公司的人才结构,以应对市场投标的资质预审,同时为公司年终总结和公司今后的人力发展决策提供依据。

● 操作演示

江海采用表 3-1 的数据,根据公司人才结构分析的需要,编制了如表 3-4 所示的计算表,并做了如下的分析。

表 3-4 利通公司技术人员人数结构计算表

职工分类	人数(人)	比重(%)
甲	(1)	(2)=(1)÷1 896
管理人员	480	25
高级工程师	169	9
中级工程师	360	19
助理工程师	657	35
技术工人	230	12
合 计	1 896	100

结论:利通公司有技术人员 1 896 人,其中,助理工程师 657 人,占总人数的 35%,是比重最大的一组人员,说明公司技术梯队底座厚重;中级工程师 360 人,占总人数的 19%;高级工程师 169 人,仅占 9%,虽然比重最小,却是公司的技术精英;而懂技术的管理人员有 480 人,占总人数的 25%,公司需要在发挥这部分人才的管理能力的同时,多方位利用他们的技术特长,挖掘他们的技术潜能,让他们在公司的技术业务中充分发挥作用。

从总体上来看,公司高级工程师的比重较低,为了保持市场竞争优势,今后必须加大高级人才的引进力度,同时,推行有效的激励政策,不断提升原有技术人员的技术层次。

项目三 企业生产经营比较统计分析

> **特别提示**
>
> 运用结构相对数进行统计分析时,要以统计分组为前提,将总体区分为不同性质的各个部分,并以总体为比较基础,计算结构相对数,反映总体的构成。

【工作任务二】

为了提高生产车间工人的工作效率,提升企业的生产加工能力并缩短生产项目的供货周期,利通公司生产部要对生产流水线的生产能力进行分析。生产部管理人员李河拿到了加工车间第一道工序和第二道工序今年第一季度的产量资料。统计资料显示,第一道工序的产量是 90 000 件,第二道工序的产量是 100 000 件。李河需要对两道工序的产量进行对比分析。

操作演示

第一、第二道工序产品产量比例 $=\dfrac{90\,000}{100\,000}=9:10$

结论:通过分析可以看出,在产品生产工序中,第一、第二道工序的产量比例为 9:10,第一道工序生产能力比第二道工序生产能力稍差一点,因此要加强第一道工序的生产管理,提高第一道工序的工作效率和生产加工能力,防止因第一道工序产量不足而造成第二道工序停工待料的现象。

> **特别提示**
>
> (1) 比例相对指标常用来研究现象之间的比例关系,以利于促进其协调发展。计算时一般以总量指标进行对比,有时根据研究的目的和所掌握的资料,也可用总体中各部分的相对数或平均数相比。
>
> (2) 比例相对数与结构相对数都是在统计分组的基础上计算的,所不同的是结构相对数以总体为比较基础,比例相对数以同层次的另一组为比较基础。从本质上来说,它们都是分析总体结构的,即二者没有本质上的差别:若一个总体中所有组成部分的比例都协调,则其结构必定合理;或者说,若总体结构合理,则总体内部一定比例协调,二者殊途同归。

子任务二 企业经营实力比较分析

任务导入

利通公司财务部 2017 年中期报告净利润 4 021 万元,净资产 36 569 万元。公司决策人员要求财务部工作人员在财务分析报告中列明本企业 2017 年中期净资产收益率。

相关知识

反映不同事物之间的数量对比关系有两种统计指标:强度相对数和比较相对数。净资产收益率属于统计分析的强度相对数。

一、强度相对数

社会经济现象之间的数量对比关系,不仅表现在总体的内部组成部分之间,表现在同一事物在不同空间的联系,还表现在有联系的不同事物之间的对比关系。强度相对数是两个性质不同但有一定联系的总量指标的比值,是表明现象的实力强度、分布密度和普遍程度的综合指标。其计算公式如下。

$$强度相对数 = \frac{某一总量指标的数值}{另一有联系而性质不同的总量指标的数值}$$

强度相对数是两个性质不同但有联系的总量指标数值之比,所以在多数情况下,是由分子与分母原有单位组成的复合单位表示的,即双重计量单位,如全员劳动生产率用"元/人"表示;但也有少数的强度相对数因其分子和分母的计量单位相同,可以用百分数或千分数表示其指标数值。例如,商品流通费用与商品销售额对比得出的商品流通费用率用百分数表示。

强度相对数在计算时分子和分母可以互换位置,因此强度相对数有正、逆指标之分,二者互为倒数关系。所谓正指标,是指比值大小与现象的强度、密度和普遍程度成正比,即正指标数值越大,表明事物的分布越密,实力越强,强度和普遍程度越高;所谓逆指标,是指比值大小与现象的强度、密度和普遍程度成反比,即逆指标数值越小,表明事物的分布越疏,实力越弱,强度和普遍程度越低。在实际经济分析工作中,对于数值越大越好的指标,一般计算正指标;对于数值越小越好的指标,一般计算逆指标。

在企业中,强度相对数的作用如下。

(1) 说明企业的经济实力或为社会服务能力的强弱,如反映企业产品的售后服务能力,可以计算每万人售后服务网点数。

(2) 反映企业经济效益的高低。企业经济效益指标大多是强度相对数,如我国考核工业企业经济效益状况的指标体系由七个指标组成:总资产贡献率、资本保值增值率、资产负债率、流动资产周转率、成本费用利润率、全员劳动生产率、产品销售率,它们都是强度相对数。

(3) 反映生产的条件或效果好坏,如以生产条件相互对比而计算的各种装备程度指标。

二、比较相对数

在同一时间内同类事物不同总体由于所处的空间条件不同,发展状况也不一样,要了解它们之间的差异程度,就需要将不同空间条件下的同类事物进行对比。所谓不同空间条件,是指它既可以进行不同国家、地区、部门单位的比较,又可以与标准水平或平均水平进行比较。

比较相对数又称类比相对数,是将两个同类指标进行静态对比得出的综合指标,表明同类现象在不同空间条件下的数量对比关系,反映现象在同一时间内发展的不平衡程度。

比较相对数通常用百分数或倍数表示。其计算公式如下。

$$比较相对数 = \frac{某一总体的某类指标数值}{另一总体的同类指标数值}$$

式中,分子与分母所属统计指标的含义、口径、计算方法和计量单位必须一致。

计算比较相对数时，作为比较标准的分母可选不同的对象，一般有两种情况：①比较标准是一般对象，这时的分子数值和分母数值可以互换位置；②比较标准是典型数据，如国家或同行业的先进水平、国外先进水平等，这时的分子数值和分母数值不能互换位置。

利用比较相对数在不同地区、不同部门、不同单位或不同个人之间进行比较分析，可以反映现象之间的差别程度，找出工作中的优势或差距，为挖掘潜力、提高本单位的生产和管理水平提供依据。

【工作任务一】

利通公司决策人员要求财务部工作人员在财务分析报告中列明本企业2017年中期净资产收益率。

操作演示

根据利通公司财务部2017年中期报告净利润4 021万元，净资产36 569万元，计算中期净资产收益率如下。

$$2017年中期净资产收益率 = \frac{中期净利润}{中期净资产} \times 100\% = \frac{4\ 021}{36\ 569} \times 100\% = 11\%$$

结论：利通公司2017年中期净资产收益率为11%。

特别提示

像人均动力装配程度、人均钢产量这样的强度相对数虽常用"平均"这样的文字，但它不是同质总体的标志总量与总体单位数之比，因此不是平均数。它实际上是按分母总量对分子总量进行的"均摊"，如企业全员劳动生产率就是企业全部职工对生产工人创造价值的均摊。

【工作任务二】

利通公司的销售部针对2017年的中标额与市场主要竞争对手进行统计分析，目的是分析与竞争对手的差距，提高下一年度的中标率。在国家电网公司集中招标采购活动中，利通公司中标额累计30亿元，其主要竞争对手南瑞科技公司中标额累计50亿元。销售部工作人员要在统计分析报告中用相对指标说明两个单位的中标额差异状况。

操作演示

南瑞科技公司中标额累计50亿元，利通公司中标额累计30亿元，则：

$$\frac{南瑞科技公司累计中标额}{利通公司累计中标额} = \frac{50}{30} \approx 1.67$$

结论：在国家电网公司集中招标采购活动中，南瑞科技公司的中标额是利通公司的1.67倍，或者说利通公司的中标额只是南瑞科技公司的60%(30÷50)，相对于南瑞科技公司，利通公司还存在着很大的差距。

● **特别提示**

比较相对数属于静态对比关系，也称横向对比。比较相对数可以是绝对数的对比，也可以是相对数或平均数的对比。由于绝对数容易受总体空间范围的影响，因此计算比较相对数的分子和分母多采用相对数或平均数。

子任务三　企业生产计划执行情况分析

● **任务导入**

利通公司接到 120 台设备的订单，供货期限为 3 个月。企业计划部根据订单做出生产计划，并提交生产管理部排产。生产计划是：4—6 月份每月生产 40 台设备，6 月底生产完毕并交检合格后送入企业成品库。为保证生产计划的顺利完成，公司要求生产管理部在生产过程中跟踪观察，及时反映、分析生产计划的执行进度。

● **相关知识**

分析各种经济计划执行程度的统计分析指标是计划完成程度指标。

计划完成程度指标是企业各项业务的实际发生数与计划任务数之比，主要用来检查计划完成程度、监督计划执行进度，评价计划执行的好坏，一般以百分数表示，又称计划完成百分比。其基本计算公式如下。

$$\text{计划完成程度指标} = \frac{\text{实际完成数}}{\text{计划任务数}} \times 100\%$$

公式的子项数值减母项数值的差额(正或负)表明执行计划的绝对效果。

在企业的生产经营过程中，为规范生产管理，统一生产步调，稳定生产节奏，企业都会制订各种各样的计划。按照计划期长短不同，企业计划有长期计划(5 年及 5 年以上)和短期计划(1 年或 1 个营业周期以内)之分；按计划指标的性质不同，企业计划有绝对数计划、相对数计划、平均数计划之分；按执行部门不同，企业计划有生产计划、销售计划、采购计划、投资计划等之分。计划不同，计划执行情况的具体考核方法也不相同。

一、短期计划执行情况的考核

(一)直接对比法

如果计划指标是全期应完成的总量、平均数、静态相对数，则直接用实际完成的全期总量、实际平均数、实际静态相对数与相应的计划任务数相除，即可计算出计划完成程度。其计算公式如下。

$$\text{计划完成程度} = \frac{\text{实际水平}}{\text{计划水平}} \times 100\%$$

(二)增减率计划考核法

如果计划指标是增长率、降低率等动态相对数，则需要用实际完成的相对数与计划应完成的相对数对比来计算计划完成程度。其计算公式如下。

项目三 企业生产经营比较统计分析

$$计划完成程度 = \frac{100\% \pm 实际增长(降低)的百分数}{100\% \pm 计划增长(降低)的百分数} \times 100\%$$

特别提示

在实际工作中，对于增长率、降低率计划，有时也采用相减的方法进行考核，即直接用实际增长(降低)率减去计划增长(降低)率，相减的结果表明实际比计划多增长或降低了几个百分点。需要特别注意的是，相减的结果是相差的百分点数，不能读作"百分之几"。

(三)进度考核法

在实际工作中，常常需要逐日、逐月或逐季考核计划的执行进度，用以分析计划执行过程的稳定性，发现生产过程中存在的问题，以便及时研究对策，解决异常问题，重新安排进度，督促计划如期完成。其计算公式如下。

$$计划执行进度指标 = \frac{期初至报告期实际累计完成数}{全期计划数} \times 100\%$$

"期初至报告期"是指从计划期的期初开始，到计划期内的某个时间为止的一个时间段，即观察期。由于观察期比计划期短，因此考核时不能以100%为是否完成计划的标准，而应以"任务与时间同步"的原则来进行考核，即观察期在计划期中占百分之几，计划就应完成百分之几。

二、长期计划执行情况的考核

(一)水平法

在长期计划中，如果只规定计划期末年应达到的水平，则应采用水平法检查计划完成情况。水平法是根据计划期末年(最后一年)实际达到的水平与计划规定的同期应达到的水平相比，来考核是否完成计划及完成计划的程度。其计算公式如下。

$$计划完成程度 = \frac{计划期末年实际达到的水平}{计划期末年规定应达到的水平} \times 100\%$$

按水平法检查计划完成程度，如果超额完成计划，还需要计算提前完成计划的时间。只要连续一年时间(不论是否在一个日历年度，只要是连续365天即可)实际完成的水平达到最后一年计划水平，就算完成计划，余下的时间就是提前完成计划时间。

(二)累计法

在长期计划中，若计划任务是整个计划期累计应达到的水平，则应采用累计法检查计划完成情况。累计法是将整个计划期间实际完成的累计数与计划规定的累计数对比，来考核是否完成计划及完成计划的程度。其计算公式如下。

$$计划完成程度 = \frac{计划期实际完成累计数}{计划期规定应完成累计数} \times 100\%$$

采用累计法检查计划执行情况时，如果超额完成计划，还需要计算提前完成计划的时间。只要从计划期开始至某一时间止，所累计完成数达到计划数的，就是完成计划，余下的时间就是提前完成计划时间。

【工作任务一】

利通公司 3 月底接到 120 台电子设备的订单,供货期限为 3 个月。企业计划部根据订单做出生产计划:第二季度每月生产 40 台设备,6 月底生产完毕并检验合格后送入企业成品库。生产管理部接到该计划并安排了生产任务后,对生产过程进行跟踪观察,得到如表 3-5 所示的产量统计资料。生产管理部要根据记录的产量数据对电子设备生产计划的完成程度进行分析。

表 3-5　第二季度电子产品产量统计

月　份	4	5	6
产量(台)	37	44	39

操作演示

各月份的产量计划完成程度如下。

4 月份产量计划完成程度 $= \dfrac{37}{40} \times 100\% = 92.50\%$

5 月份产量计划完成程度 $= \dfrac{44}{40} \times 100\% = 110.00\%$

6 月份产量计划完成程度 $= \dfrac{39}{40} \times 100\% = 97.50\%$

各月份产量计划完成进度如下。

4 月份产量计划完成进度 $= \dfrac{37}{120} \times 100\% \approx 30.83\%$

5 月份产量计划完成进度 $= \dfrac{37+44}{120} \times 100\% = 67.50\%$

6 月份产量计划完成进度 $= \dfrac{37+44+39}{120} \times 100\% = 100.00\%$

结论:利通公司接到 120 台电子设备的订单任务,计划每月生产 40 台。实际生产过程中,4 月份生产了 37 台,只完成月度计划的 92.5%,没有完成月度生产任务,同时,还差 2.5% 没有完成生产进度计划(33.33%),即生产上没有做到任务与时间同步,这增大了后面两个月的生产压力。5 月份生产部门加大生产力度,生产了 44 台,超额完成本月计划 10%,同时也完成了生产进度的 67.5%,超额完成了 0.83%,这减轻了 6 月份的生产压力。6 月份产量 39 台,虽然只完成了月度计划的 97.5%,但由于 5 月份的超产,使得公司第二季度顺利完成了 120 台电子设备的订单任务,最终圆满完成了生产计划。

【工作任务二】

利通公司 3 月底接到 120 台电子设备的订单,这是该公司接到的第三批订单,根据公司财务部对前两批产品的成本核算、生产管理部对工人劳动能力的分析、技术部对生产过程进行技术改进,公司要求生产这批设备的单位成本要比上一批降低 5%,工人的人均产量要比上一批提高 4%。到 6 月底 120 台设备全部生产完成后,财务部核算实际的单位成本比上一批降低了 6%，车间统计分析工人的人均产量比上一批提高了 5%。生产管理部需要在财务部和生产车间的配合下将成本和人均产量的计划完成情况上报公司技术部等相关部门，以加强部门之间的沟通，满足公司成本核算的需要。

操作演示

单位成本降低计划完成程度 $= \dfrac{100\% - 6\%}{100\% - 5\%} \approx 98.95\%$

人均产量提高计划完成程度 $= \dfrac{100\% + 5\%}{100\% + 4\%} \approx 100.96\%$

结论：利通公司第二季度生产 120 台电子设备的单位成本实际比计划多降低了 1 个百分点(6%-5%)，超额完成计划 1.05%；在这批产品生产过程中，人均产量比上一批提高了 1 个百分点(5%-4%)，超额完成计划 0.96%。总体上来说，这一批产品的生产效益很好。

【工作任务三】

2013 年年初，利通公司对未来 5 年的经营发展做了规划，其中，要求公司 2017 年的销售收入达到 1 290 万元。如表 3-6 所示的是 2013—2017 年期间公司每年的实际销售收入资料，公司营销部要据此分析销售收入计划的执行情况。

表 3-6　2013—2017 年公司销售收入情况统计

单位：万元

时间	2013 年	2014 年	2015 年		2016 年				2017 年			
			上半年	下半年	一季度	二季度	三季度	四季度	一季度	二季度	三季度	四季度
销售收入	1 090	1 123	562	575	292	306	316	322	325	327	330	334

操作演示

营销部工作人员采用水平法分析公司销售收入 5 年计划的完成程度如下。

$$\text{计划完成程度} = \dfrac{\text{计划期末年实际达到的水平}}{\text{计划期末年规定应达到的水平}} \times 100\%$$

$$= \dfrac{325 + 327 + 330 + 334}{1\ 290} \approx 102.02\%$$

结论：利通公司在 2013—2017 年期间销售能力不断提升，到 2017 年达到年销售收入 1 316 万元，比计划的 1 290 万元增加了 26 万元，超额完成 5 年计划 2.02%。根据 5 年期间公司的实际销售收入数据分析，从 2016 年 7 月至 2017 年 6 月底，公司首次在一年的时间里达到了年销售收入 1 290 万元的计划水平，提前两个季度完成了销售收入 5 年计划。

【工作任务四】

2013 年年初，利通公司对未来 5 年的经营发展做了规划，其中，计划在 5 年期间投资固定资产 8 500 万元。如表 3-7 所示的是公司在 2013—2017 年期间实际的固定资产投资资料。公司财务部需要据此分析固定资产投资计划的执行情况。

表 3-7　2013—2017 年公司固定资产投资情况统计

单位：万元

时间	2013 年	2014 年	2015 年	2016 年				2017 年			
				一季度	二季度	三季度	四季度	一季度	二季度	三季度	四季度
固定资产投资额	1 900	2 000	1 600	500	400	450	500	450	300	400	300

● 操作演示

营销部工作人员采用累计法分析公司固定资产投资 5 年计划的完成情况。

根据表 3-7 的数据计算，在 2013—2017 年期间，公司固定资产投资累计达到 8 800 万元。其计划完成程度如下。

$$计划完成程度=\frac{实际累计完成数}{计划累计完成数}\times 100\%=\frac{8\,800}{8\,500}\times 100\% \approx 103.53\%$$

结论：在 2013—2017 年期间，利通公司不断有固定资产投资项目在完成，从 2013 年年初到 2017 年 9 月底，累计完成投资额 8 500 万元，提前一个季度完成 5 年计划，到 2017 年年底，超额完成固定资产投资计划 3.53%。

● 特别提示

在实际工作中，对计划完成程度好坏的评价，要根据指标的性质不同区别对待。具体有如下四种情况。

(1) 对于反映经营成果的指标，如产量、利税额、劳动生产率等越大越好的指标，计划数通常规定最低限额，因此计划完成程度大于 100% 表明超额完成计划。

(2) 对于反映生产投入、劳动消耗的指标，如单位成本、流通费用率等越小越好的指标，计划数通常规定最高限额，因此计划完成程度小于 100% 表明超额完成计划。

(3) 对于一些严格控制，既不能突破也不允许不完成的计划指标，如企业工资总额、银行贷款额等，其计划完成程度等于 100% 为完成计划，大于或小于 100% 都是没完成计划。

(4) 在评价计划完成情况的绝对效果时，一定要用实际指标减去计划指标，并保留正负号。但是，要注意在文字分析时不能带"+"或"-"号，要将其换成"增加"或"减少"等相应的文字。

当然，对每一项指标的计划完成程度的评价必须以计划任务制订得科学、合理为前提。

项目三　企业生产经营比较统计分析

任务三　企业生产经营动态比较分析

子任务一　企业经营发展速度分析

◎ 任务导入

利通公司通过分析最近 5 年的利润增长情况，为制定今后的生产管理、技术提升、市场营销策略和提高盈利能力决策提供数据参考，故要求财务部对 2012—2017 年度的销售收入和净利润情况进行动态分析。如表 3-8 所示的是财务部交给工作人员小王的资料，要求他写出分析报告并上交给公司经理。

表 3-8　2012—2017 年公司部分统计资料

年　份	2012	2013	2014	2015	2016	2017
销售收入(亿元)	16	18	22	23	25	30
净利润(亿元)	0.9	0.8	1.0	0.7	1.2	1.5
年末卧式车床数(台)	5	6	8	9	11	7
数控转塔冲床利用率(%)	47.5	48.4	46.6	46.3	49	49.3
职工年平均工资(元)	3 950	4 538	5 500	6 210	6 470	7 479

◎ 相关知识

对企业的历史数据进行不同时间的比较分析需要采用动态分析法。

动态分析法就是根据经济现象在不同时间的指标数值的对比，来分析现象的发展变化规律和趋势，是统计分析的一种重要方法。

一、动态数列的构成

要进行动态分析，就必须积累和掌握经济现象在各个时期的统计资料。将经济现象在不同时间变化发展的一系列同类统计指标数值，按时间先后顺序排列，所形成的统计数列称为时间数列，也叫动态数列，可以用来认识客观现象数量方面的发展和变化规律并预见其变化趋势。

动态数列由两个基本要素构成：一个是资料所属的时间，可以是年份、季度、月份或其他任何时间形式；另一个是不同时间对应的具体统计指标数值，根据表现形式不同，有绝对数、相对数、平均数。即时间数列由两个相互对应的数列构成：时间顺序变化数列和统计指标数值变化数列。

时间数列中以绝对数形式表示的统计指标数值习惯上称为动态数列的发展水平。发展水平是动态数列中每项指标数值用来反映经济现象在不同时期或时点上实际达到的水平，是计算各种动态分析指标的基础。发展水平在动态数列中的位置各不相同，其名称也不一样，动态数列中最早出现的发展水平称为最初水平，通常用 a_0 表示；出现最晚的发展水平称为最末水平，通常用 a_n 表示；其余的中间各项称为中间水平，分别以 a_1，a_2，a_3，…，a_{n-1} 表示。在进行动态对比分析时，人们通常将被研究时期的发展水平称为报告期水平或计算期水平，将作为对比基础时期的发展水平称为基期水平，动态分析中有时需要将基期固定在历史上某个具有特殊意义或转折意义的时间，其发展水平就叫固定基期水平；有时需要随着时间的延续逐期分析事物的发展程度，基期就是报告期的前期，其发展水平就叫前期水平。

二、动态数列的种类

动态数列按发展水平的性质不同，可分为绝对数动态数列、相对数动态数列、平均数动态数列三种。其中，绝对数动态数列是最基本的数列，相对数动态数列和平均数动态数列是派生数列。

(一)绝对数动态数列

绝对数动态数列也称总量指标动态数列，是将一系列在不同时间上的总量指标按时间先后顺序排列起来所形成的数列。它反映经济现象一段时间内达到的规模、水平和工作总量。

根据总量水平所涉及的时间状况不同，绝对数动态数列又分为时期数列和时点数列两种。

1. 时期数列

时期数列中各项指标都反映经济现象在一段时期内发展过程的累计总量。在表 3-8 中，"销售收入"数列和"净利润"数列都是时期数列。

时期数列有以下三个特点。

(1) 数列中各个指标数值可以相加，相加后表示更长时期的累计总量。

(2) 数列中每一个指标数值的大小与所属的时期长短有直接的关系，时期越长，指标数值越大。

(3) 必须经过连续不断地观察登记才能形成时期数列，即需要进行经常性调查。

2. 时点数列

时点数列中各项指标只反映经济现象在某一时点(瞬间)上所处的总量水平。时点数列可以细分为连续时点数列和间断时点数列。在表 3-8 中，"年末卧式车床数"数列就是时点数列。

时点数列有以下三个特点。

(1) 同一数列中各个指标数值没有可加性，即相加后的总量不具有实际经济意义。

(2) 数列中每一个指标数值的大小与其间隔时间的长短没有直接关系。

(3) 时点数列是间隔一段时间对经济现象进行一次性登记而取得的，即需要进行一次性调查。

(二)相对数动态数列

相对数动态数列是把一系列同类的相对指标数值按时间先后顺序排列起来而形成的动态数列。它反映经济现象对比关系的发展变化情况，说明经济现象的比例关系、内部结构、发展速度、经济实力等的发展变化过程。在相对数动态数列中，各个指标数值是不能直接相加的。在表 3-8 中,"数控转塔冲床利用率"数列就是相对数动态数列。

(三)平均数动态数列

平均数动态数列是把一系列同类的平均指标数值按时间先后顺序排列起来而形成的动态数列。它反映经济现象一般水平的发展趋势。在平均数动态数列中,各个指标数值一般来说是不能直接相加的,相加没有实际经济意义。在表 3-8 中,"职工年平均工资"数列就是平均数动态数列。

根据动态数列对经济现象的发展变化进行动态分析,需要使用一系列的动态分析指标。动态分析指标包括两大类:一类是水平分析指标,用于分析经济现象发展水平的高低,主要包括平均发展水平、增长量、平均增长量三个指标,其中的平均水平分析指标将在项目四中介绍;另一类是速度分析指标,用于分析经济现象发展速度的快慢,主要包括发展速度、增长速度、平均发展速度、平均增长速度、增长 1% 的绝对值五个指标。下面先介绍发展速度。

三、发展速度

发展速度是表明经济现象发展程度的相对指标,它是两个不同时期发展水平的比值,一般用百分数或倍数表示,不会是负值。其基本计算公式如下。

$$发展速度 = \frac{报告期水平}{基期水平} \times 100\%$$

由于采用的基期不同,发展速度有定基发展速度和环比发展速度两种。

(一)定基发展速度

定基发展速度是报告期水平与某一固定基期水平之比而得到的结果,用以反映经济现象在较长一段时期内总的发展程度,又称"总速度",用 R 表示。其计算公式如下。

$$\frac{a_1}{a_0}, \frac{a_2}{a_0}, \frac{a_3}{a_0}, \cdots, \frac{a_n}{a_0}$$

(二)环比发展速度

环比发展速度是报告期水平与前一期水平之比而得到的结果,用以反映经济现象逐期发展的程度。其计算公式如下。

$$\frac{a_1}{a_0}, \frac{a_2}{a_1}, \frac{a_3}{a_2}, \cdots, \frac{a_n}{a_{n-1}}$$

(三)定基发展速度与环比发展速度的数量关系

(1) 定基发展速度等于相应各时期内各环比发展速度的连乘积。
(2) 两个相邻时期定基发展速度的比率等于相应后一期的环比发展速度。

利用上述关系,可以根据一种发展速度去推算另一种发展速度。

四、年距发展速度

在实际工作中,有些经济现象因受季节变动的影响,每年都会出现周期性的数据波动,为真实反映经济现象的发展程度,需要计算年距发展速度,它是报告期发展水平与上年同期发展水平之比。其基本计算公式如下。

$$年距发展速度 = \frac{报告期发展水平}{上年同期发展水平} \times 100\%$$

计算年距发展速度,可以消除季节变动的影响,表明本期比相同季节的去年同期发展的相对程度。

工作任务

利通公司财务部要求工作人员小王根据表3-8的资料,分析公司2013—2017年期间销售收入和净利润的发展速度。

操作演示

利通公司财务部工作人员小王根据表3-8的资料,编制了如表3-9所示的发展速度计算表,对公司2013—2017年期间销售收入和净利润发展速度进行了详细的计算分析(以2012年为固定基期)。

表3-9 利通公司2013—2017年销售收入和净利润发展速度计算表

	年 份	2012	2013	2014	2015	2016	2017
销售收入	年销售收入(亿元)	16	18	22	23	25	30
	定基发展速度(%)	—	112.5	137.5	143.75	156.25	187.5
	环比发展速度(%)	—	112.5	122.22	104.55	108.70	120.0
净利润	年净利润(亿元)	0.9	0.8	1.0	0.7	1.2	1.5
	定基发展速度(%)	—	88.89	111.11	77.77	133.33	166.67
	环比发展速度(%)	—	88.89	125.0	70.0	171.43	125.0

结论:利通公司在2013—2017年期间销售收入和净利润发展程度各有不同。年销售收入在此期间总的发展速度是187.5%。其中,发展速度最快的是2014年,销售收入是2013年的122.22%;发展速度最慢的是2015年,与2014年相比的发展速度是104.55%。净利润在此期间总的发展速度是166.67%。其中,发展速度最快的是2016年,与2015年相比的发展速度是171.43%;发展速度最差的是2015年,其净利润不增反降,仅是2014年的70%。

特别提示

定基发展速度和环比发展速度之间可以直接换算。
(1) 定基发展速度等于环比发展速度的连乘积,即

$$\frac{a_n}{a_0} = \frac{a_1}{a_0} \times \frac{a_2}{a_1} \times \frac{a_3}{a_2} \times \cdots \times \frac{a_n}{a_{n-1}}$$

(2) 两个相邻时期的定基发展速度之比,等于后期的环比发展速度,即

$$\frac{a_n}{a_0} \div \frac{a_{n-1}}{a_0} = \frac{a_n}{a_{n-1}}$$

利用以上关系，可以进行发展速度之间的相互推算，以弥补由于各种原因而缺失的历史资料。

子任务二　企业经营增长程度分析

任务导入

利通公司财务部部长收到工作人员小王上交的销售收入和净利润发展速度分析报告后，要求小王进一步分析这两个指标的增长情况。

相关知识

一、增长速度

增长速度是表明经济现象增长程度的相对指标，它是增长量(增长量=报告期水平-基期水平)与基期水平的比值。其基本计算公式如下。

$$增长速度 = \frac{报告期水平 - 基期水平}{基期水平} = \frac{增长量}{基期水平} \times 100\%$$

增长速度通常采用百分数或倍数表示。增长速度为正值时，表明经济现象的发展是增长(正增长)的；增长速度为负值时，表明经济现象的发展是下降(负增长)的。

从公式换算可以看出：

$$增长速度 = 发展速度 - 1(或100\%)$$

可见，增长速度和发展速度既有区别又有联系。两者的区别在于计算内容的不同：增长速度表示经济现象报告期比基期增长了百分之几，而发展速度表示现象报告期是基期的百分之几。两者的联系就是数量差 1(或 100%)，即增长速度的计算不包含报告期与基期相同的水平。

由于采用的基期不同，增长速度有定基增长速度和环比增长速度两种。

(一)定基增长速度

定基增长速度是累计增长量与某一固定基期水平之比，反映经济现象在较长一段时期内总的增长程度。其计算公式如下。

$$定基增长速度 = \frac{累计增长量}{固定基期水平} = 定基发展速度 - 1(或100\%)$$

(二)环比增长速度

环比增长速度是逐期增长量与前期水平之比，表明经济现象逐期增长的程度。其计算公式如下。

$$环比增长速度 = \frac{逐期增长量}{前期水平} = 环比发展速度 - 1(或100\%)$$

二、年距增长速度

在实际工作中,对于因受季节变动影响而每年都会出现周期性波动的经济现象,为真实反映其增长程度,需要计算年距增长速度,它是年距增长量(报告期水平-去年同期水平)与去年同期发展水平之比。其基本计算公式如下。

$$年距增长速度 = \frac{年距增长量}{去年同期发展水平} \times 100\% = 年距发展速度 - 1(或100\%)$$

年距增长速度可以消除季节变动的影响,真实反映经济现象在报告期与上年同期对比的相对增长程度。

三、增长1%的绝对值

在一般情况下,根据增长速度数列考察现象的增长程度时,各期环比增长速度背后所隐藏的经济现象实际增长的绝对效果是不同的,即每增长1%相对应的绝对量是不同的。但是,由于各个增长速度的计算基数不同,使得这些绝对效果无法反映出来。由于在低水平基础上的平均增长速度与高水平基础上的平均增长速度包含着不同的经济内涵,因此对现象进行动态对比时,必须注意增长速度背后隐藏的绝对增长量。

增长1%的绝对值是逐期增长量与环比增长速度之比,用以反映经济现象报告期比基期每增长1%所包含的实际经济效果。其计算公式如下。

$$增长1\%的绝对值 = \frac{逐期增长量}{环比增长速度} \times 1\% = \frac{前期水平}{100}$$

工作任务

利通公司财务部要求工作人员小王根据表3-8的资料,分析公司2013—2017年期间销售收入和净利润的增长情况。

操作演示

利通公司财务部工作人员小王根据表3-8的资料,按照部长的要求,编制了如表3-10所示的计算表,对公司2013—2017年期间销售收入和净利润的增长情况进行了详细的分析说明(以2012年为固定基期)。

表3-10 利通公司2013—2017年销售收入和净利润增长情况计算表

年	份	2012	2013	2014	2015	2016	2017
销售收入	年销售收入(亿元)	16	18	22	23	25	30
销售收入	定基增长速度(%)	—	12.5	37.5	43.75	56.25	87.5
销售收入	环比增长速度(%)	—	12.5	22.22	4.55	8.70	20.0
销售收入	增长1%的绝对值(万元)	—	1 600	1 800	2 200	2 300	2 500
净利润	年净利润(亿元)	0.9	0.8	1.0	0.7	1.2	1.5
净利润	定基增长速度(%)	—	-11.11	11.11	-22.23	33.33	66.67
净利润	环比增长速度(%)	—	-11.11	25.0	-30.0	71.43	25.0
净利润	增长1%的绝对值(万元)	—	90	80	100	70	120

结论：利通公司在 2013—2017 年期间销售收入和净利润增长情况各有不同。

利通公司 2017 年的年销售收入比 2012 年总的增长了 87.5%。其中，速度最快的是 2014 年，比 2013 年增长了 22.22%；速度最慢的是 2015 年，比 2014 年增长了 4.55%。随着销售收入的连年增长，销售部门保持同样增长速度的难度越来越大，2013 年要增长 1%，销售收入比 2012 年多 1 600 万元即可，而到了 2017 年，要增长 1%就需要比 2016 年多 2 500 万元的销售收入；按照 2017 年的销售收入，2018 年每增长 1%，就必须再增加 3 000 万元的销售收入，销售部门的工作难度和压力可见一斑。

利通公司 2017 年的净利润比 2012 年总的增长了 66.67%。其中，速度最快的是 2016 年，比 2015 年增长了 71.43%，最需要关注的是 2015 年，其净利润不增反降，比 2014 年下降了 30%。在此期间，公司的净利润每年有多有少，其增长难度也有难有易，压力最小的是 2016 年，比 2015 年多 70 万元就能增长 1%，而 2017 年要增长 1%，就需要比 2016 年多 120 万元的净利润；根据 2017 年度的净利润 1.5 亿元，2018 年公司的净利润每增长 1%，就需要比 2017 年增加 150 万元。

特别提示

(1) 定基增长速度和环比增长速度之间不能直接换算，如要进行换算，必须先将增长速度加 1 成为发展速度，将环比发展速度连乘，所得乘积的结果再减 1，就能求得增长速度。

(2) 当报告期水平和基期水平是不同方向(如基期是亏损而报告期是盈利)的数值时，不宜计算增长速度。

(3) 计算增长 1%的绝对值没有固定基期，都是逐期计算的。

任务四 利用 Excel 进行企业信息比较分析

任务导入

东阳开发区统计局对 2017 年区内各种经济类型的产值和盈利状况进行静态统计分析，为此，工作人员收集到了如表 3-11 所示的统计资料。

表 3-11 东阳开发区 2017 年工业企业主要经济指标

经济类型	企业数（个）	总产值（亿元）	产品销售收入（亿元）	产品销售利润（亿元）
国有经济	79 731	25 301.22	22 090.41	2 876.25
集体经济	342 908	15 835.96	11 646.01	1 032.4
股份制经济	4 359	2 914.72	2 513.91	425.87
外商投资经济	12 713	3 413.67	2 916.65	344.48
港澳台投资经济	16 388	3 107.88	2 612.16	203.94
合 计	456 099	50 573.45	41 779.14	4 882.94

开发区管理委员会需要统计局提供全区 2017 年不同经济类型工业企业的企业数比重、总产值构成、产品销售率及销售利润率。

相关知识

在 Excel 软件中,有一个对数据进行合计的 SUM 函数,可以直接获得被选中区域数值的合计值。其具体操作是,在需要输入合计数值的单元格中,输入"=SUM(需要合计的数据区域)",然后按 Enter 键即可。

在 Excel 软件中,还有一个填充柄工具,用来对若干个单元格进行同样规律的操作。其具体操作是,单击已有某种操作的单元格,称为源单元格,将光标移动至源单元格的右下角,光标变为黑十字形,这时,按住鼠标左键拖动,则鼠标拖动过的单元格中,会出现与源单元格同样操作的结果。

操作演示

开发区统计局工作人员利用 Excel 软件进行统计分析,主要是使用 SUM 函数和公式输入的方法,并结合使用填充柄功能。其具体操作如下。

将表 3-11 的统计信息编列在 Excel 表中的 A、B、C、D、E 列中,如表 3-12 所示。

表 3-12 东阳开发区 2017 年工业企业主要经济指标

	A	B	C	D	E
1	经济类型	企业数(个)	总产值(亿元)	产品销售收入(亿元)	产品销售利润(亿元)
2	国有经济	79 731	25 301.22	22 090.41	2 876.25
3	集体经济	342 908	15 835.96	11 646.01	1 032.4
4	股份制经济	4 359	2 914.72	2 513.91	425.87
5	外商投资经济	12 713	3 413.67	2 916.65	344.48
6	港澳台投资经济	16 388	3 107.88	2 612.16	203.94
7	合　　计	456 099	50 573.45	41 779.14	4 882.94

首先,计算 B、C、D、E 这四列的合计值。

单击 B7 单元格,输入"=SUM(B2:B6)",按 Enter 键确认,即得到 B 列的企业数合计 456 099;或单击 B2 单元格,并按住鼠标左键向下拖动至 B6(选定 B2:B6 单元格),再单击"常用"工具栏中的 Σ 按钮,同样得到 B 列的企业数合计 456 099。然后利用填充柄功能(单击 B7 单元格,再将光标移至其右下角,使光标变成黑十字形)按住鼠标左键向右拖动至 E7 单元格,就完成了总产值、产品销售收入、产品销售利润的合计值计算。

其次,计算企业数、总产值的比重。

在 F1 单元格中输入"企业数比重(%)",在 G1 单元格中输入"产值比重(%)"。

单击 F2 单元格,输入"=B2*100/456099",按 Enter 键确认,得到国有企业比重 17.48%,然后利用填充柄功能(单击 F2 单元格并将光标移至其右下角,使光标变成黑十字形)按住鼠标左键向下拖动至 F6 单元格,松开鼠标左键,就得到其他经济类型的企业数比重。再单击"常用"工具栏中的 Σ 按钮,即得企业数比重合计。

单击 G2 单元格,输入"=C2*100/50573.45",单击 Enter 键确认,得到国有企业产值比重 17.48%,然后利用填充柄功能(单击 G2 单元格并将光标移至其右下角,使光标变成黑十字形)按住鼠标左键向下拖动至 G6 单元格,松开鼠标左键,就得到其他经济类型的产值比重。再单击"常用"工具栏中的 Σ 按钮,即得产值比重合计。

项目三 企业生产经营比较统计分析

再次,计算 H 列、I 列的比率。

单击 H2 单元格,输入"=D2*100/C2",按 Enter 键确认,得到国有企业的产品销售率 87.31%,然后利用填充柄功能拖动至 H7 单元格,得到各类企业的产品销售率和所有企业的总产品销售率 82.61%。

单击 I2 单元格,输入"=E2*100/D2",按 Enter 键确认,得到国有企业的销售利润率 13.02%,然后利用填充柄功能,用鼠标拖动至 I7 单元格,得到各类企业的销售利润率和所有企业的总销售利润率 11.69%。

当工作人员完成了以上操作后,就形成了东阳开发区 2017 年企业产值及销售情况统计表,如表 3-13 所示。

表 3-13 东阳开发区 2017 年工业企业产值及销售情况

	A	B	C	D	E	F	G	H	I
1	经济类型	企业数(个)	总产值(亿元)	产品销售收入(亿元)	产品销售利润(亿元)	企业数比重(%)	产值比重(%)	产品销售率(%)	销售利润率(%)
2	国有经济	79 731	25 301.22	22 090.41	2 876.25	17.48	50.03	87.31	13.02
3	集体经济	342 908	15 835.96	11 646.01	1 032.4	75.18	31.31	73.54	8.86
4	股份制经济	4 359	2 914.72	2 513.91	425.87	0.96	5.76	86.25	16.94
5	外商投资经济	12 713	3 413.67	2 916.65	344.48	2.79	6.75	85.44	11.81
6	港澳台投资经济	16 388	3 107.88	2 612.16	203.94	3.59	6.15	84.05	7.81
7	合　计	456 099	50 573.45	41 779.14	4 882.94	100.00	100.00	82.61	11.69

结论:东阳开发区 2017 年各种经济类型企业的基本情况如下。

(1) 国有经济企业个数比重仅占 17.84%,而产值比重却达 50%以上;集体经济企业个数比重高达 75.18%,而产值比重却只有 31.31%。这说明国有经济企业多属大中型骨干企业,而集体经济企业则以小型企业为主。

(2) 股份制经济企业个数比重不到 1%,而产值比重却接近 6%,其产品销售率仅次于国有经济企业,销售利润率竟高居首位。这说明在生产、销售和经济利益上,股份制经济都显示出其优越性。但从绝对数上来看,它在各方面还不占重要地位。

(3) 各种经济类型的产销平衡情况都不够好,产品销售率平均不到 83%,最差的集体经济企业只达 73.54%,这是不少企业处于困境的一个重要原因。

特别提示

(1) F 列(企业数比重)、G 列(产值比重)输入的公式有一个特点:虽然同列每个单元格公式的分子是某一列行号的递延,但分母都是同一个数值,因此分母一定要把这个数值输入,不能引用单元格的行列号。

(2) H 列(产品销售率)、I 列(销售利润率)输入的公式有一个特点:随着分子行号的递延,分母的行号也在同规律地递延,因此公式的分母要输入行列号,不能用数值做除数。

(3) 产品销售率=产品销售收入÷总产值×100%

(4) 销售利润率=产品销售利润÷产品销售收入×100%

项目拓展训练

【训练一】

请在下列表述后的各个选项中选出正确的答案,并将其编号填入括号内。

1. 计算结构相对指标时,总体各部分数值与总体数值对比求得的比重之和(　　)。
   A. 小于100%　　　　　　　　　B. 大于100%
   C. 等于100%　　　　　　　　　D. 小于或大于100%
2. 比例相对指标用来反映总体内部各个组成部分之间内在的(　　)。
   A. 质量关系　　　　　　　　　B. 比例关系
   C. 密度关系　　　　　　　　　D. 计划关系
3. 人口出生率是(　　)。
   A. 比例相对指标　　　　　　　B. 结构相对指标
   C. 强度相对指标　　　　　　　D. 比较相对指标
4. 相对指标数值的表现形式有(　　)。
   A. 无名数　　　　　　　　　　B. 实物单位与货币单位
   C. 有名数　　　　　　　　　　D. 无名数与有名数
5. 下列相对数中,属于不同时期对比的指标有(　　)。
   A. 结构相对数　　　　　　　　B. 动态相对数
   C. 比较相对数　　　　　　　　D. 强度相对数
6. 假设计划任务数是5年计划中规定最后1年应达到的水平,计算计划完成程度相对指标可采用(　　)。
   A. 累计法　　　　　　　　　　B. 水平法
   C. 直接对比法　　　　　　　　D. 进度考核法
7. 按照计划,今年的产量要比上年增加30%。实际上,今年的产量计划少完成了10%。那么,同上年比,今年产量实际增长程度为(　　)。
   A. 75%　　　　B. 40%　　　　C. 13%　　　　D. 17%
8. 企业5月份计划要求销售收入比上月增长8%,实际增长了12%。其超额完成计划的程度为(　　)。
   A. 3.7%　　　　B. 50%　　　　C. 150%　　　　D. 103.70%
9. 企业7月份计划要求单位成本要比上月降低3%,实际降低了5%。其成本降低计划完成程度为(　　)。
   A. 101.94%　　　B. 166.67%　　　C. 97.94%　　　D. 2%
10. 企业的总产值计划比去年提高11%,执行结果提高了13%,则总产值计划完成提高程度为(　　)。
    A. 13%-11%　　　　　　　　　B. 113%÷111%
    C. 113%÷111%-100%　　　　　D. 111%÷113%-100%

11. 根据采用的对比基期不同,发展速度可分为( )。
    A. 环比发展速度与定基发展速度　　B. 环比发展速度与环比增长速度
    C. 定基发展速度与定基增长速度　　D. 环比增长速度与定基增长速度
12. 基期为前一期水平的发展速度是( )。
    A. 定基发展速度　　　　　　　　　B. 环比发展速度
    C. 年距发展速度　　　　　　　　　D. 平均发展速度
13. 增长速度是( )。
    A. 动态数列水平之差　　　　　　　B. 动态数列水平之比
    C. 增长量与发展速度之比　　　　　D. 增长量与基期水平之比
14. 定基发展速度与环比发展速度之间的关系表现为( )。
    A. 两个相邻时期的定基发展速度之商等于相应的环比发展速度
    B. 定基发展速度等于相应的各个环比发展速度的连乘积
    C. 定基发展速度等于环比发展速度加 1
    D. 定基发展速度等于环比增长速度加 1 后的连乘积
    E. 环比发展速度的连乘积等于总速度
15. 增长速度和发展速度的关系为( )。
    A. 二者仅差一个基数
    B. 发展速度=增长速度+1
    C. 定基增长速度=各环比增长速度的连乘积
    D. 定基发展速度=定基增长速度+1
    E. 定基增长速度=各环比发展速度的连乘积-1
16. 定基增长速度等于( )。
    A. 累计增长量÷基期发展水平　　　B. 定基发展速度-1
    C. 总速度-1　　　　　　　　　　　D. 环比增长速度的连乘积
    E. 逐期增长量÷前期发展水平
17. 环比增长速度等于( )。
    A. 累计增长量÷基期发展水平　　　B. 环比发展速度-1
    C. 定基发展速度-1　　　　　　　　D. 环比增长速度的连乘积
    E. 逐期增长量÷前期发展水平
18. 动态数列中的发展水平可以是( )。
    A. 总量指标　　　　　　B. 相对指标　　　　　　C. 平均指标
    D. 变异指标　　　　　　E. 样本指标
19. 增长 1%的绝对值等于( )。
    A. 累计增长量÷定基发展速度　　　B. 逐期增长量÷环比发展速度
    C. 逐期增长量÷环比增长速度×1%　D. 累计增长量÷定基增长速度×100
    E. 固定基期水平÷100　　　　　　　F. 前期水平÷100
20. 动态数列中的发展水平包括( )。
    A. 报告期水平和基期水平　B. 中间水平　　　　　C. 最初水平
    D. 最末水平　　　　　　　E. 发展水平　　　　　F. 先进水平

21. 因受季节变动影响每年都会出现周期性波动的经济现象，为真实反映其增长程度，则要计算(　　)。

　　A. 环比增长速度　　　　　　　　B. 年距增长速度
　　C. 定基增长速度　　　　　　　　D. 发展速度

22. 某月份加工厂的工人出勤率属于(　　)。

　　A. 结构相对数　　　　　　　　　B. 比较相对数
　　C. 强度相对数　　　　　　　　　D. 计划完成相对数

23. 企业去年资金利润率为 4.6%。该指标为(　　)。

　　A. 绝对数　　　　　　　　　　　B. 结构相对数
　　C. 强度相对数　　　　　　　　　D. 比较相对数

24. 时期指标的特点是(　　)。

　　A. 时期指标的数值是经常登记得到的
　　B. 性质相同的各时期指标的数值可以相加
　　C. 指标数值的大小与时期长短没有关系
　　D. 指标数值的大小与时期长短有关系

25. 反映国民经济产业结构的相对数是(　　)。

　　A. 国民生产总值　　　　　　　　B. 第一、二、三产业产值之比
　　C. 各产业增长速度　　　　　　　D. 各产业比上年增长量
　　E. 各产业占的比重

26. 下列数列中属于时间数列的是(　　)。

　　A. 学生按学习成绩分组形成的数列
　　B. 工业企业按地区分组形成的数列
　　C. 职业按工资水平高低排列形成的数列
　　D. 出口额按时间先后顺序排列形成的数列

27. 已知各期环比增长速度为 2%、5%、8% 和 7%，则相应的定基增长速度的计算方法为(　　)。

　　A. (102%×105%×108%×107%)-100%
　　B. 102%×105%×108%×107%
　　C. 2%×5%×8%×7%
　　D. (2%×5%×8%×7%)-100%

28. 企业 2009 年工业总产值为 2 000 万元，2017 年工业总产值比 2009 年增长了 85%，则(　　)。

　　A. 工业总产值年平均增长量为 188.9 万元
　　B. 工业总产值年平均发展速度为 107.1%
　　C. 工业总产值累计增长量为 1 700 万元
　　D. 工业总产值年平均增长速度为 7.99%
　　E. 工业总产值定基增长速度为 1.85 倍

29. 已知报告期水平比基期水平翻了两番，则(　　)。

A. 定基发展速度等于 4
B. 报告期水平比基期水平增长了 300%
C. 报告期水平比基期水平增加了 75%
D. 基期水平仅为报告期水平的 25%
E. 基期水平与报告期水平之比为 1∶3

30. 用于分析现象发展水平的指标有（　　）。
   A. 平均发展速度　　　　B. 发展水平　　　　　C. 平均发展水平
   D. 增长量　　　　　　　E. 平均增长量

31. 水产公司 2013 年的产值为 2 000 万元，2017 年的产值是 2013 年的 146.41%，则下列指标中正确的有（　　）。
   A. 年平均增长速度为 10%　　　　B. 年平均增长速度为 14.72%
   C. 年平均增长量为 232.05 万元　　D. 年平均增长量为 200 万元

32. 下列指标构成的时间数列中属于时点数列的有（　　）。
   A. 全国每年大专院校毕业生人数　　B. 企业年末职工人数
   C. 商店各月月末商品库存额　　　　D. 企业职工工资总额
   E. 农场历年年末生猪存栏数

【训练二】

判断下列表述的正误，并对不当表述进行改正。

1. 企业全部职工的劳动生产率计划在去年的基础上提高 8%，计划执行结果仅提高了 4%，则劳动生产率的任务仅实现一半。
2. 环比增长速度的连乘积等于定基增长速度。
3. 增长速度的计算方法为报告期水平与基期水平之比。
4. 定基发展速度等于相应的各个环比增长速度的连乘积。
5. 要反映经济现象的分布密度或实力强弱，需要计算强度相对数。
6. 在强度相对数的计算中，正指标指的是分子和分母的比值越小，表明经济现象的分布越密，实力越强，分布越普遍。
7. 要分析经济现象的内部构成情况，只能用结构相对数，不能用比例相对数。
8. 比较相对数主要分析经济现象在不同条件或空间下的发展相对程度，可以用总量指标对比，不可以用强度相对数对比。
9. 在时间数列中，基期和报告期、基期水平和报告期水平是相对的。
10. 环比增长速度与定基增长速度之间的关系是：各期环比增长速度的连乘积等于相应的定基增长速度。
11. 若将某地区社会商品库存额按时间顺序排列起来所形成的数列是时期数列。
12. 在各种时间数列中，指标值的大小都受到所反映的时期长短的制约。
13. 若将 2012—2017 年来国有企业固定资产净值按时间先后顺序排列，则此种时间数列称为时点数列。
14. 平均增长速度不是根据各个增长速度直接求得，而是根据平均发展速度计算的。

15. 小学生入学率、全国总人口中少数民族人口所占比重、出口贸易额与进口贸易额的比率、出勤率四个指标都属于结构相对指标。

16. 按反映时间状况的不同，总量指标可分为时点指标和时期指标。

17. 同一个总体，时期指标值的大小与时期长短成正比，时点指标值的大小与时点间隔成反比。

【训练三】

训练资料：

南河机械厂生产工人人数及工资资料如表 3-14 所示。

表 3-14 南河机械厂生产工人人数及工资资料

工人类别	2015 年		2016 年	
	月工资额(元)	人数(人)	月工资额(元)	人数(人)
技术工	3 400.5	150	3 982.3	200
辅助工	1 841.8	100	2 035.9	300
合　计	2 777.02	250	2 814.46	500

训练要求：

(1) 根据数据分析南河机械厂生产工人的内部结构。

(2) 2016 年和 2015 年相比，不同类别工人的月工资额都有不同程度的提高，但工人总平均工资却下降了，请分析其原因。

【训练四】

训练资料：

2012 年，我国部分地区城镇居民的人均可支配收入资料如表 3-15 所示。

表 3-15 2012 年我国部分地区城镇居民人均可支配收入资料

单位：元

地　区	北京市	上海市	山东省	河南省	浙江省	辽宁省
人均可支配收入	36 469	36 230	25 755	20 442.62	34 550	23 223

训练要求：

对表 3-15 中六个省(市)的城镇居民人均可支配收入进行比较分析。

【训练五】

训练资料：

溧阳服装厂第三车间 2 月份产品单位成本 520 元，3 月份计划规定单位成本要在 2 月份的基础上再降低 5%。3 月底，经过核算，实际产品单位成本比 2 月份降低了 6%。

训练要求：

确定溧阳服装厂第三车间 3 月份单位成本的计划数和实际数，并分析 3 月份产品单位成本降低计划的完成程度。

项目三 企业生产经营比较统计分析

【训练六】

训练资料：

飞跃机械公司下属三个工厂，为分析总公司及各厂 2015 年和 2016 年的净产值计划完成情况，公司统计员王丽娟将收集的数据信息编制在表 3-16 中。只是由于公司改制及其他原因，有些数据遗失了。

表 3-16　飞跃机械公司各分厂净产值计划完成情况计算分析

分　厂	2015 年净产值(万元)	2016 年				计划完成%	2016 年为 2015 年的%
		计划		实际			
		净产值(万元)	比重(%)	净产值(万元)	比重(%)		
刨床加工厂	90	100		108			
车桥加工厂	130	140				100	
车床制造厂	230			239.5		95	
合　计							

训练要求：

(1) 根据数据之间的关系，帮助王丽娟将表 3-16 的数据全部填补出来。

(2) 对飞跃机械公司 2016 年的净产值计划完成情况做详细分析，以表扬先进，找出差距。

【训练七】

训练资料：

亚安机械设备有限公司 2017 年上半年进货计划及实际进货数据如表 3-17 所示。

表 3-17　亚安机械设备有限公司 2017 年上半年进货资料

材料	单位	全年进货计划	第一季度		第二季度	
			计划	实际	计划	实际
生铁	吨	2 000	500	489	600	618
钢材	吨	1 000	250	300	350	300

训练要求：

(1) 分析亚安机械设备有限公司 2017 年上半年各季度进货计划完成情况。

(2) 分析亚安机械设备有限公司 2017 年上半年计划执行进度。

【训练八】

训练资料：

上海杰克化工有限公司制订了五年发展计划，乙二醇产品在该五年计划的最后一年生产量应达到 740 万吨，该产品在五年期间每月实际产量如表 3-18 所示。

表 3-18　上海杰克化工有限公司乙二醇产品连续五年的产量资料

单位：万吨

月份 年度	1	2	3	4	5	6	7	8	9	10	11	12
第1年	16	16	16	17	17	18	19	20	22	22	23	24
第2年	25	26	26	27	28	29	29	29	31	31	32	32
第3年	32	35	35	36	36	38	39	42	43	46	48	49
第4年	49	50	51	51	52	52	55	55	57	58	58	59
第5年	60	60	61	61	62	63	65	66	67	67	69	69

训练要求：

根据表 3-18 中的资料计算上海杰克化工有限公司乙二醇产品产量提前多长时间完成五年计划。

【训练九】

训练资料：

2013 年年初，环宇电子公司对未来五年的经营发展做了规划。其中，五年期间计划投资固定资产 410 万元。表 3-19 是公司在 2013—2017 年期间固定资产实际投资资料。

表 3-19　2013—2017 年固定资产投资情况统计

单位：万元

时间	2013年	2014年	2015年	2016年	2017年			
					一季度	二季度	三季度	四季度
固定资产投资额	68	83	95	105	29	30	28	30

训练要求：

分析环宇电子公司固定资产投资计划的执行情况。

【训练十】

训练资料：

宏通公司 2016 年和 2017 年部分财务统计资料如表 3-20 所示。

表 3-20　宏通公司 2016—2017 年部分财务指标

指标	2016年	2017年	指标	2016年	2017年
年末资产总额	304 536.70	402 626.58			
其中：货币资金	65 342.00	77 627.80	营业收入	495 630.25	629 933.35
应收账款余额	16 543.00	12 554.81	营业成本	359 346.38	596 819.21
存货	55 634.70	65 634.15	净利润	19 825.40	24 835.60
负债	127 030.00	207 520.36			
股东权益	177 506.70	195 106.22			

训练要求:

(1) 计算公司 2017 年存货周转率。
(2) 计算公司 2017 年应收账款周转率。
(3) 计算公司 2017 年流动资产周转率。
(4) 计算公司 2017 年总资产周转率。
(5) 计算公司 2017 年总资产净利率。
(6) 计算公司 2017 年净资产利润率。
(7) 计算公司 2017 年年末产权比率。
(8) 计算公司 2017 年年末资产负债率。

【训练十一】

训练资料:

我国 2005 年和"十一五"期间各年社会消费品零售总额数据如表 3-21 所示。

表 3-21 我国部分年份社会消费品零售总额资料

单位:亿元

年 份	2005	2006	2007	2008	2009	2010
消费品零售额	67 177	76 410	89 210	108 488	125 343	156 998

训练要求:

(1) 计算我国"十一五"期间各年社会消费品零售总额的环比发展速度和定基发展速度(以 2005 年为固定基期)。

(2) 计算我国"十一五"期间各年社会消费品零售总额的环比增长速度和定基增长速度(以 2005 年为固定基期)。

(3) 计算我国"十一五"期间各年社会消费品零售总额的增长 1%绝对值,并说明 2011 年的环比增长速度要达到 8%,需要比 2010 年增加多少消费品零售总额。

项目四 企业经营一般水平分析

【技能目标】

- 能够运用平均指标计算人均生产能力。
- 能够运用平均指标计算企业原材料采购一般价格。
- 能够运用平均指标分析企业一般仓储能力。
- 能够运用平均指标分析企业平均发展速度。

【知识目标】

- 了解平均指标的基础知识。
- 掌握算术平均数的基本理论和计算方法。
- 掌握调和平均数的基本理论和计算方法。
- 掌握几何平均数的基本理论和计算方法。

在企业生产经营过程中，很多经济指标在客观上存在一定的差异，其具体数值有大有小、有高有低，参差不齐，这是由于经营过程中各种偶然因素的影响造成的。利用统计的一般水平分析可以消除偶然因素对经济指标的影响，使其数量差异互相抵消，反映出企业生产经营的一般水平。我们对企业生产经营一般水平的分析既包括对统计指标在不同空间进行静态分析，也包括对统计指标在不同时间进行动态分析。

企业经营一般水平分析采用平均指标进行，统计平均指标的计算方法很多，在企业常用的是算术平均数、调和平均数和几何平均数。

任务一　认识平均指标

任务导入

学生迟明在企业生产管理部实习，今天开始实习的内容是在企业指导老师刘先生的指导下，根据已整理好的企业生产经营的各种数据，利用平均分析知识完成企业经营过程中的一般水平分析。因此，他需要了解和掌握有关平均指标的基础知识。

相关知识

一、平均指标

(一)平均指标的含义

平均指标是表明同类社会经济现象一般水平的统计指标，其数值表现为平均数，因此平均指标又称为统计平均数。如以单位成本代表产品生产消耗的一般水平，以人均产量代表工人生产能力的一般水平等。平均指标的计算方法如下。

$$平均指标 = \frac{总体标志总量}{总体单位总量}$$

(二)平均指标的特点

平均指标具有以下三个特点。

(1) 平均指标是一个代表值，可以代表总体的一般水平。

(2) 平均指标是个抽象化的数值，它是将每个变量值的差异加以抽象概括而得到的。

(3) 平均指标反映了总体分布的集中趋势。就多数社会经济变量数列的分布情况来看，通常是接近平均数的标志值次数较多，数量差异较小；而远离平均数的标志值次数较少，数量差异较大。即与平均数离差愈小的标志值的次数愈多，而离差愈大的标志值的次数愈少，整个变量数列以平均数为中心分布。所以平均数反映了总体分布的集中趋势，它是总体分布的重要特征值。

(三)平均指标的作用

(1) 平均指标的最基本作用是作为总体各单位标志值的一般水平和代表值，能够代表总体进行各种经济比较和分析。

(2) 利用平均指标可以对同类现象的水平在不同空间进行静态比较分析，可用于评价工作质量的好坏和经济效益的高低。

(3) 利用平均指标可以对同一总体在不同时间一般水平的变动进行动态对比分析，可用于研究事物发展变化的规律和趋势。

(4) 利用平均指标可以分析现象之间的依存关系。

二、平均指标的种类

(一)按计算的方式不同，平均指标分为数值平均数和位置平均数两种

数值平均数是根据总体各单位所有标志值来计算的平均数，包括算术平均数、调和平均数和几何平均数。例如，职工平均工资、产品单位成本一般采用算术平均数计算，企业生产发展速度一般采用几何平均数计算。

位置平均数是根据标志值在变量数列中所处的特殊位置来确定的平均数，包括中位数和众数。例如，服装厂在确定加工服装的尺码时，常常以市场上同款服装销量最大的尺码(众数)为重要参考。

(二)按反映的时间状态不同，平均指标分为静态平均数和动态平均数两种

静态平均数是反映总体各单位在同一时间某数量标志一般水平的平均数，又称一般平均数，如企业职工的人均工资。

动态平均数是反映某经济现象在不同时间一般水平的平均数，又称序时平均数，如车间上季度的日均产量。

任务二 企业经营一般水平分析详述

子任务一 人均生产能力统计分析

◎ 任务导入

烟台佳利塑胶玩具厂生产管理部收到卡通公仔生产车间 4 月份的工人产量数据，根据企业生产管理分析的要求，需要对工人的人均工作能力进行分析。实习生迟明根据要求将卡通公仔生产车间工人 4 月份的产量数据整理成如表 4-1 所示的资料，企业指导老师刘先生要求他计算卡通公仔生产车间 4 月份的人均产量。

表 4-1 卡通公仔生产车间工人 4 月份按月产量分组资料

按月产量分组(个)	185	195	204	208	210	215	220	236	合计
工人人数(人)	1	4	1	2	4	2	3	3	20

◎ 相关知识

算术平均数的基本计算方法是总体标志总量与总体单位总数的比值，是最符合平均指

标基本含义的一种计算方法，因此，也是应用最广泛的一种平均数。在实际工作中，有一些平均水平可以直接根据企业各部门提供的总体标志总量和总体单位数相除而求得，如产品单位成本直接使用总成本除以总产量。但是，大量的平均指标在计算时不具有现成的总体标志总量和总体单位数，这就需要根据掌握资料的不同，采用不同的计算形式进行计算。具体来说包括简单算术平均数、加权算术平均数两种，加权算术平均数又有以绝对权数加权和以相对权数加权两种方法。

简单算术平均数是将各单位的变量值直接相加再除以单位数的计算方法，所使用的资料是原始数据，不需要统计分组。如果资料已经分组形成了变量数列，计算平均指标需要采用加权算术平均数。权数可以是各组实际单位数，即绝对权数，也可以是各组的单位数比重，即相对权数。其计算公式如下。

使用绝对权数加权的算术平均数：

$$\bar{x} = \frac{\sum xf}{\sum f}$$

式中，x 代表被平均的变量值，f 代表变量值出现的次数。

使用相对权数加权的算术平均数：

$$\bar{x} = \sum x \frac{f}{\sum f}$$

【工作任务一】

学生迟明根据表 4-1 的资料，计算卡通公仔生产车间 4 月份的人均产量。

● 操作演示

依据表 4-1 的信息，根据"人均产量=总产量÷总人数"的计算要求，迟明编制了如表 4-2 所示的人均产量计算表，并做人均产量分析如下。

表 4-2　卡通公仔生产车间 4 月份人均产量计算表

按月产量分组(个)x	工人人数(人)f	总产量(个)xf
(1)	(2)	(3)=(1)×(2)
185	1	185
195	4	780
204	1	204
208	2	416
210	4	840
215	2	430
220	3	660
236	3	708
合　计	20	4 223

根据人均产量 = $\frac{总产量}{总人数}$，4 月份的人均月产量如下。

$$\bar{x} = \frac{\sum xf}{\sum f} = \frac{4\,223}{20} = 211.15(个)$$

结论：烟台佳利塑胶玩具厂卡通公仔生产车间4月份平均每人生产211.15个卡通公仔。

● **特别提示**

> 人均产量受两个因素影响，一个是各组产量，另一个是各组人数。而各组人数的多少，在各组产量对总人均产量的影响上，起着权衡轻重的作用，因此也称权数。权数可以是各组实际单位数(绝对数权数)，也可以是各组比重(相对数权数)。

【工作任务二】

烟台佳利塑胶玩具厂卡通公仔生产车间统计员李潇根据本车间5月份的工人产量台账，将工人按产量分组整理成如表4-3所示的资料，并上交给生产管理部。生产管理部经济分析师刘先生要求实习生迟明根据这份资料分析卡通公仔生产车间5月份的人均生产能力。

表4-3 卡通公仔生产车间工人5月份按产量分组资料

月产量(个)	180~190	190~200	200~210	210~220	220~230	230~240	240以上	合计
人数比重(%)	4.00	12.00	20.00	32.00	16.00	12.00	4.00	100.00

● **操作演示**

迟明根据表4-3的资料编制了如表4-4所示的人均生产能力计算表，并做人均产量分析如下。

表4-4 卡通公仔生产车间人均生产能力计算表

月产量(个)	180~190	190~200	200~210	210~220	220~230	230~240	240以上	合计
产量水平(个)x	185	195	205	215	225	235	245	—
人数比重(%) $\frac{f}{\sum f}$	4.00	12.00	20.00	32.00	16.00	12.00	4.00	100.00
$x\frac{f}{\sum f}$	7.40	23.40	41.00	68.80	36.00	28.20	9.80	214.60

根据总人均产量=$\sum$(各组产量水平×各组人数比重)，5月份的人均月产量水平如下。

$$\bar{x} = \sum x \frac{f}{\sum f} = 214.6(个)$$

结论：烟台佳利塑胶玩具厂卡通公仔生产车间5月份平均每人生产214.6个卡通公仔，比4月份平均每人多生产了3.45个。

特别提示

(1) 计算加权算术平均数进行一般水平分析时应注意以下有关权数的问题。

① 权数的引入。平均指标的大小受两个因素的影响,一个是各组一般水平的影响,另一个是权数的影响。

② 权数的性质。在各组变量值不变的情况下,各组权数对总平均数的大小起着权衡轻重的作用。谁的权数最大,谁对平均数的影响力也最大。

③ 权数的实质。权数对平均数的影响,本质上并不取决于各组次数(绝对数权数)本身的数值大小,而取决于各组的比重(相对数权数)的大小。比重最大的组,其变量值对总体平均数的影响也最大。

④ 权数的选择。选择权数的原则是,各组的标志值和权数的乘积之和等于总体标志总量,并具有实际经济意义。在分配数列条件下,一般来说,次数就是权数,但有时次数做权数是不合适的,这在缺少标志总量或根据各组相对数计算总体平均相对数、或者根据各组平均数计算总体平均数时会经常遇到。

(2) 根据同一份资料计算加权算术平均数时,权数采用绝对数形式或采用相对数形式,其计算结果是一致的。

(3) 在组距数列中,要以各组组中值作为各组水平代表值。

(4) 当各组的单位数都相等时,各组单位数所占的比重也相等,权数也就失去了权衡轻重的作用,此时,加权算术平均数就等于简单算术平均数,所以,简单算术平均数是加权算术平均数在权数相等条件下的一种特例。

(5) 算术平均数是总体标志总量和总体单位总数的比值,其分子、分母属于同一总体,作为分子的标志总量必须是分母各单位数量标志值的总和。或者说,分子中的每一个标志值都由分母的一个总体单位来承担,双方有一一对应关系。在这一点上,平均指标不同于强度相对数,强度相对数虽然也是两个总量指标的对比,但其分子、分母常常从属于不同的总体,或者在经济内容上不存在从属关系,如人均粮食产量、人均钢产量等都是强度相对数。

子任务二 企业原材料采购一般价格统计

任务导入

6月份,烟台婴儿乐集团有限公司生产管理部收到了集团下设的婴儿乐食品有限公司、华大食品工业有限公司、海岳食品有限公司采购部送来的采购面粉的相关数据。根据企业生产管理分析的要求,实习生王静将相关数据整理成如表4-5所示的资料,企业指导老师李女士要求她计算6月份三个分公司面粉的总平均采购价格。

表4-5　各分公司6月份面粉采购资料

分公司名称	采购单价(元)	采购总金额(元)
婴儿乐食品有限公司	2.5	37 500
华大食品工业有限公司	2.4	48 000
海岳食品有限公司	2.1	84 000

项目四　企业经营一般水平分析

◉ **相关知识**

调和平均数是总体各单位标志值倒数的算术平均数的倒数，也叫倒数平均数。其计算公式如下。

$$\bar{x} = \frac{\sum m}{\sum \frac{1}{x} m}$$

式中，x 为标志值；m 为调和平均数的权数，常常表现为标志总量。

◉ **工作任务**

实习生王静根据表 4-5 的资料，计算三个分公司 6 月份面粉的总平均采购价格。

◉ **操作演示**

王静根据"价格=总价值÷总数量"的经济理论，将表 4-5 中的采购金额用 m 表示，面粉单价用 x 表示，计算面粉的总平均价格如下。

$$\bar{x} = \frac{\sum m}{\sum \frac{1}{x} m} = \frac{37\ 500 + 48\ 000 + 84\ 000}{\frac{1}{2.5} \times 37\ 500 + \frac{1}{2.4} \times 48\ 000 + \frac{1}{2.1} \times 84\ 000} = 2.26(元)$$

结论：烟台婴儿乐集团有限公司下设的三个分公司 6 月份面粉的总平均采购价格为 2.26 元。

◉ **特别提示**

在社会经济统计中，调和平均数和算术平均数要遵循同样的基本计算前提，即平均指标等于总体标志总量除以总体单位总量。只是，在因缺乏分母资料不能直接采用算术平均数计算时，就常常用调和平均数的形式计算出总平均指标。

子任务三　企业仓储一般能力统计分析

◉ **任务导入**

产成品仓储是连接企业生产和销售的中间环节，企业仓储管理是否规范、仓储能力是否满足产成品存储的需要，对于企业生产经营管理来说是很重要的。所以，仓储部门对于企业是重要部门，企业往往设置专职的管理人员进行产成品仓储管理。仓储能力分析也是企业统计分析不可或缺的一个方面。

烟台佳利塑胶玩具厂生产管理部指导老师刘先生要求实习生迟明根据本企业生产经营管理分析的要求，配合仓储部门对企业的玩具产成品仓储一般能力进行分析。

◉ **相关知识**

企业产成品仓储量属于时点指标，仓储量时间数列就属于时点数列。在实际工作中，对仓储量的记录操作有不同的做法。有的仓库管理员每天都登记各种产成品的储量，即使储量没有变动也认真书写实际储量，这样登记形成的是连续简单排列的时点数列；有的仓库管理员每天都查看仓储量，如果某种产品储量没有变动，就不进行重复登记，只在储量发生变动的时候才进行记录，这种记录形成的数列也是连续时点数列，但形式上是按仓储量对登记时点进行了分组，形成了分组排列的连续时点数列；还有的仓库管理员不是每天查看储量，而是隔一段时间查看一次，有的间隔相同的时间定期查看并登记，有的间隔不同的时间进行不定期登记。

可见，时点数列分为两大类四小类。两大类分别是连续时点数列和间断时点数列，前者分为简单排列和分组排列两种形式，后者分为等间隔排列和不等间隔排列两种形式。根据不同的时点数列计算序时平均数的具体方法也各不相同。

一、在连续时点数列中计算序时平均数

(1) 在连续简单排列的时点数列中采用简单算术平均法，计算公式如下。

$$\bar{a} = \frac{\sum a}{n}$$

式中，a 为每日指标数值。

(2) 在连续分组排列的时点数列中采用加权算术平均法，计算公式如下。

$$\bar{a} = \frac{\sum af}{\sum f}$$

式中，f 为时点指标出现的时点数，即天数。

二、在间断时点数列中计算序时平均数

在间断时点数列中计算序时平均数需要分两步操作完成，第一步计算各间隔期的平均水平，第二步以间隔期长度为权数计算总平均水平。

(1) 在等间隔时点数列中计算序时平均数，计算公式如下。

$$\bar{a} = \frac{\dfrac{a_0 + a_1}{2} + \dfrac{a_1 + a_2}{2} + \dfrac{a_2 + a_3}{2} + \cdots + \dfrac{a_{n-1} + a_n}{2}}{n}$$

式中，a_0 为最初水平；a_n 为最末水平。

即

$$\bar{a} = \frac{\dfrac{a_0}{2} + a_1 + a_2 + a_3 + \cdots + a_{n-1} + \dfrac{a_n}{2}}{n}$$

根据计算公式的特点，这种方法称为"首末折半法"。

(2) 在不等间隔时点数列中计算序时平均数，计算公式如下。

$$\bar{a} = \frac{\dfrac{a_0 + a_1}{2}f_1 + \dfrac{a_1 + a_2}{2}f_2 + \dfrac{a_2 + a_3}{2}f_3 + \cdots + \dfrac{a_{n-1} + a_n}{2}f_n}{f_1 + f_2 + f_3 + \cdots + f_n}$$

也可以压缩为

$$\bar{a} = \frac{\sum_{i=1}^{n} \dfrac{a_{i-1} + a_i}{2} f_i}{\sum_{i=1}^{n} f_i}$$

式中，f 为相邻两个时点之间的间隔期长度。

【工作任务一】

烟台佳利塑胶玩具厂实习生迟明拿到了仓库管理员交来的企业 4 月份的卡通公仔库存数据，如表 4-6 所示。生产管理部要求他计算卡通公仔的平均库存量。

表 4-6 4 月份卡通公仔库存量资料

单位：个

日期	1	2	3	4	5	6	7	8	9	10
库存量	5 260	4 820	5 020	4 956	3 600	4 200	5 800	4 850	7 600	2 548
日期	11	12	13	14	15	16	17	18	19	20
库存量	3 859	4 625	2 860	1 560	2 847	1 896	3 500	1 200	3 621	3 265
日期	21	22	23	24	25	26	27	28	29	30
库存量	1 930	1 241	1 080	890	1 532	650	758	1 030	1 325	562

操作演示

根据"平均库存量=每日库存量之和÷天数"，迟明将表 4-6 中 30 天的卡通公仔库存量连续相加，得到 4 月份卡通公仔玩具每天库存量的总和为 88 885 个，则平均库存量计算如下。

$$\bar{a} = \frac{\sum a}{n} = \frac{88\,885}{30} = 2\,962.83(个)$$

结论：烟台佳利塑胶玩具厂 4 月份卡通公仔玩具的平均库存量为 2 962.83 个。

【工作任务二】

烟台佳利塑胶玩具厂实习生迟明将仓库管理员交来的喜羊羊玩具库存量数据整理成如表 4-7 所示的资料。指导老师赵先生要求他计算喜羊羊玩具的平均库存量。

表 4-7 4 月份喜羊羊玩具库存量资料

单位：个

统计时间	1—5 日	6—8 日	9—16 日	17—21 日	22—28 日	29—30 日
每日库存量	323	389	286	190	362	276

操作演示

根据"平均库存量=每日库存量之和÷天数"，迟明编制了如表 4-8 所示的平均库存量计算表，并做以下计算分析。

$$\bar{a} = \frac{\sum af}{\sum f} = \frac{9\,106}{30} = 303.53(个)$$

表 4-8　4 月份喜羊羊玩具库存量计算表

统计时间	1—5 日	6—8 日	9—16 日	17—21 日	22—28 日	29—30 日	合　计
每日库存量(个)a	323	389	286	190	362	276	—
天数(天)f	5	3	8	5	7	2	30
库存量总和(个)af	1 615	1 167	2 288	950	2 534	552	9 106

结论：烟台佳利塑胶玩具厂 4 月份喜羊羊玩具的平均库存量为 303.53 个。

【工作任务三】

烟台佳利塑胶玩具厂仓库管理员将表 4-9 的毛绒熊玩具库存量登记数据交给了生产管理部。指导老师赵先生要求实习生迟明据以计算毛绒熊玩具的平均库存量。

表 4-9　毛绒熊玩具库存量资料

单位：个

登记日期	3 月 31 日	4 月 5 日	4 月 10 日	4 月 15 日	4 月 20 日	4 月 25 日	4 月 30 日
库存量	4 230	4 387	3 289	2 856	1 890	2 362	1 876

操作演示

根据表 4-9 的资料，迟明判断毛绒熊玩具的库存量数列是等间隔的时点数列，应采用首末折半法计算平均库存量。

$$\bar{a} = \frac{\dfrac{a_0}{2} + a_1 + a_2 + a_3 + \cdots + a_{n-1} + \dfrac{a_n}{2}}{n}$$

$$= \frac{\dfrac{4\,230}{2} + 4\,387 + 3\,289 + 2\,856 + 1\,890 + 2\,362 + \dfrac{1\,876}{2}}{6}$$

=2 972.83(个)

结论：烟台佳利塑胶玩具厂 4 月份毛绒熊玩具的平均库存量为 2 972.83 个。

【工作任务四】

烟台佳利塑胶玩具厂仓库管理员将如表 4-10 所示的电动客车玩具库存量登记数据交给了生产管理部。指导老师赵先生要求实习生迟明据以计算电动客车玩具的全年平均库存量。

表 4-10　电动客车玩具库存量资料

单位：辆

登记日期	1 月 1 日	2 月 1 日	4 月 1 日	7 月 1 日	9 月 1 日	10 月 1 日	12 月 31 日
库存量	1 236	2 469	2 131	1 976	982	768	876

操作演示

根据表 4-10 的资料，迟明判断电动客车玩具的库存量数列是不等间隔的时点数列，应采用加权平均数计算平均库存量。

$$\bar{a} = \frac{\sum_{i=1}^{n} \frac{a_{i-1}+a_i f_i}{2}}{\sum_{i=1}^{n} f_i}$$

$$= \frac{\frac{1\,236+2\,469}{2}+\frac{2\,469+2\,131}{2}\times 2+\frac{2\,131+1\,976}{2}\times 3+\frac{1\,976+982}{2}\times 2+\frac{982+768}{2}+\frac{768+876}{2}\times 3}{1+2+3+2+1+3}$$

=1 576(辆)

结论：烟台佳利塑胶玩具厂电动客车玩具的全年平均库存量为 1 576 辆。

● 特别提示

在时间数列中计算序时平均数，必须先分辨时间数列的种类，然后才能对症下药采用相应的方法进行计算分析。

子任务四　企业 GDP 平均发展速度分析

● 任务导入

烟台婴儿乐集团有限公司生产管理部将企业自 2005—2017 年各年度的总产值进行收集，实习生王静将收集汇总的数据整理成如表 4-11 所示的资料。企业指导老师李女士要求她计算公司自 2006—2017 年的年平均发展速度，从而了解和掌握公司在这段时期内发展变化的方向和程度，以便于进一步对企业发展变化规律进行分析研究。

表 4-11　2005—2017 年集团公司各年度发展速度资料

年　度	各年度总产值(万元)	各年度环比发展速度(%)
2005	825	—
2006	1 045	126.7
2007	1 356	129.8
2008	1 587	117.0
2009	2 135	134.5
2010	2 560	119.9
2011	3 840	150.0
2012	4 256	110.8
2013	4 391	103.2
2014	5 800	132.1
2015	6 149	106.0
2016	7 826	127.3
2017	8 349	106.7

相关知识

计算平均发展速度需要采用几何平均数。几何平均数是总体各单位标志值的连乘积开项数次方根而求得的平均数，它是平均指标的另一种计算形式。当某些指标数值存在"总比率等于各阶段比率的连乘积"这种关系时，就需要采用几何平均法计算总体平均数。几何平均数作为一种较为特殊的平均数，适用于平均比率和平均速度指标的计算。

由于掌握资料的不同，几何平均数的计算公式有以下三个。

$$G = \sqrt[n]{x_1 x_2 x_3 \cdots x_n} = \sqrt[n]{\prod x}$$

式中，G 为几何平均数；$\prod$ 为连乘符号，x 为各期比率或环比发展速度；n 为时期数。

$$G = \sqrt[n]{\frac{a_n}{a_0}}$$

式中，a_n 为计算期发展水平，a_0 为固定基期发展水平。

$$G = \sqrt[n]{R}$$

式中，R 为总速度，即定基发展速度。

【工作任务一】

实习生王静根据表 4-11 中的各年度环比发展速度资料，计算烟台婴儿乐集团有限公司 2006—2017 年连续 12 年的平均发展速度。

操作演示

王静掌握了各年的环比发展速度，由于环比发展速度的连乘积=定基发展速度，因此，可以直接将所有发展速度连乘再开 12 次方就可以了(观察期为 12 年)，即：

$$G = \sqrt[n]{\prod x}$$
$$= \sqrt[12]{126.7\% \times 129.8\% \times 117\% \times 134.5\% \times 119.9\% \times 150\% \times 110.8\% \times 103.2\% \times 132.1\% \times 106\% \times 127.3\% \times 106.7\%}$$
$$\approx 121.27\%$$

结论：烟台婴儿乐集团有限公司 2006—2017 年期间平均发展速度为 121.27%，年递增 21.27%。

特别提示

(1) 当企业各年度发展速度出现连续几年相同时，可以用年数做权数，采用加权几何平均数计算平均发展速度。其计算公式如下。

$$G = \sqrt[f_1+f_2+f_3+\cdots+f_n]{x_1^{f_1} x_2^{f_2} x_3^{f_3} \cdots x_n^{f_n}} = \sqrt[\sum f]{\prod x^f}$$

式中，$x_i (i=1, 2, 3, \cdots, n)$ 为每年环比发展速度；$f_i (i=1, 2, 3, \cdots, n)$ 为环比发展速度出现的年数。

(2) 企业平均发展速度的计算应该是单方向的计算。具体来说，就是增长期计算增长期的平均速度，下降期计算下降期的平均速度，不要将增长速度和下降速度混在一起计算。

项目四 企业经营一般水平分析

【工作任务二】

实习生王静根据表 4-11 中的各年度总产值资料，计算烟台婴儿乐集团有限公司 2006—2017 年连续 12 年的平均发展速度。

操作演示

由于掌握了各年的总产值，特别是掌握了发展基础年份 2005 年的总产值 825 万元，和观察期末年 2017 年的总产值 8 349 万元，因此王静可以采用最末水平除以最初水平再开 12 次方的方法计算平均发展速度。

$$G = \sqrt[n]{\frac{a_n}{a_0}} = \sqrt[12]{\frac{8\,349}{825}} \approx 121.273\%$$

结论：烟台婴儿乐集团有限公司 2006—2017 年期间平均发展速度为 121.273%，年递增 21.273%。

【工作任务三】

烤果厂连续几年紧抓产品成本控制，产品成本连年下降。其中，带壳花生单位成本自 2014 年以来连续三年下降，到 2017 年总的下降了 8.7%。财务处长要求计算带壳花生单位成本年递减率，为制定成本控制决策提供依据。

操作演示

带壳花生单位成本在 2014 年的基础上，经过三年控制，到 2017 年下降了 8.7%，说明 2017 年带壳花生的单位成本是 2014 年的 91.3%，这是总速度。可以对这个总速度开 3 次方来计算年平均发展速度。

$$G = \sqrt[n]{R} = \sqrt[3]{91.3\%} \approx 97.012\%$$

97.012%-1=-2.988%

结论：烤果厂带壳花生单位成本在 2014 年的基础上，经过三年控制，到 2017 年下降了 8.7%，年递减率 2.988%。

【工作任务四】

烤果厂连续几年紧抓产品成本控制，带壳花生单位成本在 2014 年 578 元的基础上连续三年持续下降，年递减率 2.988%。财务处长要求会计王旭分析，照此速度控制下去，2018 年带壳花生单位成本会是多少？

操作演示

在掌握了单位成本最初水平 a_0=578 元，平均发展速度为 97.012%(1-2.988%)，观察期年数为 4 年的基础上，根据 $G = \sqrt[n]{\frac{a_n}{a_0}}$，王旭做了如下计算分析。

$$a_n = a_0 \times G^n = 578 \times 0.970\,12^4 = 511.952\,5(元)$$

结论：烤果厂带壳花生单位成本在 2014 年 578 元的基础上，按照年递减率 2.988%控制下去，到 2018 年预计会降低到 511.952 5 元。

【工作任务五】

烤果厂带壳花生的单位成本在 2014 年 578 元的基础上持续下降，年递减率 2.988%，到 2018 年下降到 511.952 5 元。财务处长要求会计王旭分析，照此速度控制下去，带壳花生单位成本要降低到 500 元需要多长时间？

◎ 操作演示

在掌握了单位成本最初水平 a_0=578 元，平均发展速度为 97.012%(1-2.988%)，最末水平为 500 元的基础上，根据 $G = \sqrt[n]{\dfrac{a_n}{a_0}}$，王旭做了如下计算分析。

$$n = \frac{\lg a_n - \lg a_0}{\lg G} = \frac{2.698\,97 - 2.761\,93}{-0.013\,17} = 4.778\,7(年)$$

结论：烤果厂带壳花生的单位成本在 2014 年 578 元的基础上，按年递减率 2.988%继续控制，要降低到 500 元需要 4.778 7 年，即在 2019 年可将带壳花生的单位成本控制到 500 元以内。

◎ 特别提示

需要注意的是，根据平均发展速度推算发展水平时，被推算的时间要尽量在观察期以内(内推)。因为推算所依据的平均速度是根据经济现象在观察期内的发展数据计算出来的，在观察期内是有效的。离开观察期，特别是在观察期的未来时间里，经济现象的发展条件或环境有可能发生变化，那么，平均发展速度也就会改变，再根据观察期内的发展速度去推算未来的发展水平(外推)，推算出来的数据就会失真。如果一定要进行外推，那么，被推算的时间最好不要太远。在上面的工作任务五的分析中，推算的 2019 年单位成本控制在 500 元就不能在制定成本控制决策中完全依靠，因为单位成本控制到一定程度后，下降的空间会越来越小。

任务三　利用 Excel 分析企业经营一般水平

子任务一　使用 AVERAGE 分析工人一般生产能力

◎ 任务导入

纺织厂对新招收的 50 名纺织工人进行操作技术培训，在新工人正式上岗前要对他们的工作能力进行分析。2017 年 8 月 21 日，生产管理部对 50 名工人的试运行纺织产量(米)进行了记录。

项目四 企业经营一般水平分析

18	18	21	20	21	21	19	18	19	19	19	20	21	18	17	19	19
19	17	19	19	19	21	20	20	18	18	19	19	19	20	19	19	18
20	20	19	20	19	19	18	19	19	18	18	21	19	19	19	18	

分管生产的厂长要求生产管理部分析 50 名参加培训的工人的一般生产能力,以决定是否需要继续集中进行培训。

相关知识

分析企业工人一般生产能力最常用的方法就是算术平均数,而在 Excel 中将算术平均数称为"均值"。对未分组资料求均值,可以使用 AVERAGE 函数。AVERAGE 函数是一种常用的统计函数。

操作演示

生产管理部工作人员将 50 名新工人的纺织产量数据输入到 Excel 表中的 A1:A50 单元格中,然后进行以下操作。

单击任一空单元格(用于放置计算好的平均数)后,在"插入函数"对话框的"或选择类别"下拉列表框中选择"统计"选项,然后在下方的"选择函数"列表框中选择 AVERAGE 函数,如图 4-1 所示。

图 4-1 "插入函数"对话框

单击"确定"按钮,弹出 AVERAGE 对话框,如图 4-2 所示。

图 4-2 AVERAGE 对话框

在 AVERAGE 对话框中的 Number1 输入框中输入"A1:A50",单击"确定"按钮即得到平均数 19.1。

● **特别提示**

(1) 更快的计算算术平均数的方法是直接输入带函数的公式,操作过程是:单击任一空单元格,输入"=AVERAGE(A1:A50)",按 Enter 键确认,即得到人均纺织产量 19.1(米)。此法比打开对话框操作更简便快捷。

(2) 有时,所有数据没有输入在 Excel 中的同一列,而是输入在若干列,如将 50 名工人的纺织产量分别输入在 A、B、C、D、E 这 5 列的 1 到 10 行,这时,只需要在 AVERAGE 对话框中的 Number1 输入框中,输入数据区域 A1:E10,再单击"确定"按钮,即得到人均纺织产量 19.1 米。

(3) 如果 Excel 中的数据输入在若干列,且各列的数据数量(行数)不同,这时,可以将各列数据的起止行列号输入到 AVERAGE 对话框的 Number1、Number2、Number3……中,同样可以一次得出总平均数。

子任务二 使用公式输入法分析一般水平

● **任务导入**

为扶持农村经济发展,贯彻央行关于开展农村小额贷款的政策,南岭区农村信用社对在本社有贷款业务的 100 名农村贷款人进行了详细的调查分析。工作人员对所有贷款人按贷款金额分组整理成如表 4-12 所示的统计资料。

表 4-12 小额贷款农户贷款金额分组资料

贷款额(万元)	0～10	10～20	20～30	30～40	40～50	合 计
贷款人数(人)	20	10	22	34	14	100

信用社工作人员需要分析贷款人的一般贷款额度,为信用社制定贷款决策、开展贷款业务、调整贷款额度等提供依据。

● **相关知识**

利用 Excel 软件对已经分组整理的统计资料计算一般水平,需要通过输入加权算术平均数计算公式,并结合填充柄功能来完成。

● **操作演示**

信用社工作人员根据表 4-12 的资料,将表中的贷款额分组数据输入到 Excel 表中的 A1:A6 单元格中,将贷款人数分布数据输入到 Excel 表中的 C1:C7 单元格中,如表 4-13 所示。

项目四 企业经营一般水平分析

表 4-13 企业贷款情况

	A	B	C	D
1	贷款额(万元)	组中值	贷款人数(人)	总贷款额(万元)
2	0~10	5	20	100
3	10~20	15	10	150
4	20~30	25	22	550
5	30~40	35	34	1 190
6	40~50	45	14	630
7	合　计	—	100	2 620
8	26.2			

然后，进一步分析如下。

第一步，计算各贷款额度组的组中值。

这里不能使用填充柄功能，需要输入公式。例如，单击 B2 单元格，输入"=(0+10)/2"，再按 Enter 键确认，得出 B2 组中值 5，其他各组的组中值进行同样的操作。

第二步，计算各组贷款额和总贷款额。

单击 D2 单元格，输入"=B2*C2"，再按 Enter 键确认，然后利用填充柄功能拖动计算出其他各组的贷款额，并单击"常用"工具栏中的"Σ"按钮计算合计值，得到 D7 的总贷款额 2 620 万元。

第三步，计算总人均贷款额。

单击 A8 单元格(用于放置计算好的人均贷款额)，输入"=D7/C7"，再按 Enter 键确认，即得到人均贷款额 26.2 万元。

◉ **特别提示**

B 列组中值的计算，虽然分母都是 2，但其分子的同行 A 列数值的表现形式是文本型的，不是一个具体的数值，因此不能使用填充柄。如果表的行数较多，组中值的计算量较大，可以将 A 列的分组信息换一种输入，如所有下限都输入到 A 列，所有上限都输入到同行 B 列，C 列是组中值，这样，就可以单击 C2 单元格，输入"=(A2+B2)/2"，然后就可以使用填充柄一次性拖动计算出其他各组的组中值了。

子任务三　使用 HARMEAN 函数分析原材料一般价格

◉ **任务导入**

为防止停工待料，烤果厂今年 3 月份发动采购人员紧急下乡采购带壳花生。由于货源紧张，5 名采购人员分别从 5 个地区各采购了一万元的带壳花生，各地价格也各不相同。3 月份带壳花生采购的区域和价格资料如表 4-14 所示。

表4-14 带壳花生采购区域与价格统计资料

采购区域	岭南	朝阳沟	西峰	平阳	红坡	合计
采购额(万元)	1	1	1	1	1	5
采购价格(万元/吨)	0.57	0.61	0.49	0.71	0.52	—

会计人员王晓需要根据表 4-14 的资料，计算今年 3 月份所采购花生的总平均价格，为下一步核算花生制品的成本准备好相关的价格资料。

◉ **相关知识**

在采购额相等的前提下，分析原材料的一般价格需要计算调和平均数。在 Excel 中，根据未分组资料求调和平均数，需要使用 HARMEAN 函数。HARMEAN 函数是一种常用的统计函数。

◉ **操作演示**

会计人员王晓将表 4-14 中的采购价格数据输入到 Excel 表中的 A1:A5 单元格中。

单击任一空单元格(如 A6，用来放置计算好的平均价格)，输入"=HARMEAN(0.57，0.61，0.49，0.71，0.52)"，按 Enter 键确认，即得到 5 个采购价格的调和平均数 0.570 38 元。

◉ **特别提示**

(1) 如果数据比较多，数据区域分布在 Excel 中的不同列内，则需要选择"插入函数"对话框中"统计"类别中的 HARMEAN 函数，在 HARMEAN 对话框中，将各列数据的起止行列号输入到 Number1、Number2、Number3……中，同样可以一次得出总平均价格。

(2) 如果在各地的采购总金额各不相同，意味着需要根据分组资料计算调和平均数，在将数据输入到 Excel 表中各列以后，需要使用公式输入和填充柄功能进行操作。其操作方法可参考根据分组资料计算算术平均数的操作方法(本任务的子任务二)。

子任务四 使用 GEOMEAN 函数分析产品一般合格率

◉ **任务导入**

烤果厂带壳花生的加工过程需要 4 道工序，2017 年 6 月份第二批花生加工的各工序合格率分别是 98%、97%、90%、95%。车间统计员需要计算这批花生的总合格率和各工序平均合格率，以分析花生原料的总利用率和各工序一般利用率。

◉ **相关知识**

花生的加工分 4 道工序，每一道工序的合格品就是下一道工序的原料，这样，4 道工序的合格率连乘积就是一批花生加工的总合格率。在这种关系下，计算平均水平需要几何平均数。

在 Excel 中，几何平均数函数是 GEOMEAN。GEOMEAN 函数是一种常用的统计函数。

项目四 企业经营一般水平分析

● 操作演示

车间统计员将 4 道工序的合格率输入到 Excel 表中的 A1:A4 单元格中。然后，单击任一空单元格(如 B2，用来放置计算好的平均合格率)，在"插入函数"对话框中选择"统计"类别中的 GEOMEAN 函数，单击"确定"按钮。弹出 GEOMEAN 对话框，在 Number1 输入框中输入"A1:A4"，即显示平均合格率为 0.949 5，单击"确定"按钮，该平均数就填入到选定的空单元格(如 B2)。或者直接在某一空单元格(如 B1)中输入"=GEOMEAN(0.98,0.97,0.90,0.95)"，按 Enter 键确认，得到 4 道工序中每道工序的平均合格率为 0.949 5，即 94.95%，这种直接输入公式的方法适用于原始数据比较少的资料。

花生加工的总合格率就是 4 道工序合格率的连乘积。在 Excel 中操作，可以采用公式输入法：单击任一空单元格(如 B1，用来放置计算好的总合格率)，输入"(=A1*A2*A3*A4)"，或者输入"=(0.98*0.97*0.90*0.95)"，按 Enter 键确认，得到花生加工的总合格率为 0.812 8，即 81.28%。

● 特别提示

如果需要计算几何平均数的数据较多，且输入在不同的行、列中，则在 GEOMEAN 对话框中，将各列数据的起止行列号输入到 Number1、Number2、Number3……中，同样可以一次得出总平均价格。

子任务五　使用 LOG10 函数分析企业一般速度

● 任务导入

烤果厂 2014 年产品混合产量 658 万吨，2017 年产品混合产量达到 783 万吨。企业统计员需要计算这三年产品混合产量的平均发展速度，为企业制定未来发展决策提供依据。

● 相关知识

如果掌握的资料是各年的环比发展速度，计算总平均发展速度需要使用 GEOMEAN 函数，其操作与子任务四相同。

如果根据各年的发展水平计算总平均发展速度，则不能直接使用 GEOMEAN 函数，而需要使用数学函数 LOG10，即对数函数。

● 操作演示

企业统计员使用 Excel 中的对数函数计算烤果厂连续三年混合产量的平均发展速度。

首先，单击任一空单元格(如 A1)，输入"=LOG10(783)"，按 Enter 键得到其对数 2.893 761 8，再用同样的方法在另一空单元格(如 A2)求得 658 的对数 2.818 225 9，然后单击任一空单元格(如 A3)，输入"=(2.8937618-2.8182259)/3"，或"=(A1-A2)/3"，按 Enter 键确认，得出结果 0.025 178 6；最后查反对数表或用科学型计算器求得其真数为 1.059 689(≈105.97%)，就是所求烤果厂连续三年混合产量的平均发展速度，即年递增 5.97%。

> **特别提示**
>
> LOG10 函数在函数类别中不属于统计，而属于数学与三角函数。

> **项目拓展训练**

【训练一】

请在下列表述后的各个选项中选出正确的答案，并将其编号填入括号内。

1. 权数的最根本作用体现在(　　)的变动上。
   A. 次数　　　　　B. 标志值　　　　C. 次数比重或频率　　D. 标志值和次数
2. 按反映的时间状态不同，平均指标分为(　　)。
   A. 静态平均数　　B. 静止平均数　　C. 动态平均数　　　　D. 序时平均数
3. 在掌握了各分厂单位成本和各分厂产量资料时，计算总厂平均单位成本应采用(　　)计算。
   A. 算术平均数　　B. 调和平均数　　C. 几何平均数　　　　D. 序时平均数
4. 烤果厂财务人员收到了带壳花生在各个地区的收购额和收购价格资料，要计算其总平均价格需使用(　　)。
   A. 几何平均数　　B. 调和平均数　　C. 算术平均数　　　　D. 序时平均数
5. 变量数列中各组标志值都增加 2 倍，每组次数都减少 1/2，则其算术平均数(　　)。
   A. 不变　　　　　B. 增加 2 倍　　　C. 减少 1/2　　　　　D. 无法确定
6. 黎明机械厂 2017 年技术工人数占 50%，2018 年 3 月初新招收了一批学徒工，使学徒工的比重增加了 10%，其他员工人数均无变化。目前全厂各级员工的工资水平与 2017 年保持不变，那么，2018 年职工总平均工资将(　　)。
   A. 提高　　　　　B. 下降　　　　　C. 不变　　　　　　　D. 因条件不够，无法判断
7. 黎明机械厂二级工月工资为 1 600 元，工资总额为 80 000 元；一级工月工资为 1 900 元，工资总额为 66 500 元，则两级工的平均工资为(　　)。
   A. 1 750 元　　　B. 1 325.36 元　　C. 1 723.53 元　　　　D. 1 865.27 元
8. 宏泰商贸公司下属三个部门实际销售额分别为 10 万元、20 万元、17 万元，它们超额完成计划的程度分别为 2%、1%、5%，则该公司平均完成销售额计划的(　　)。
   A. 102.67%　　　B. 104.17%　　　C. 103.33%　　　　　D. 102.63%
9. 平均指标的特点包括(　　)。
   A. 将某一数量标志在总体单位之间的数量差异抽象化
   B. 是总体各单位某一数量标志的代表值
   C. 将总体内各单位的品质标志差异抽象化
   D. 将异质总体的各单位标志值的差异抽象化
10. 当遇到"标志值的总和等于标志总量"时，适合计算(　　)。
    A. 算术平均数　　　　　　B. 调和平均数　　　　　C. 几何平均数
    D. 中位数　　　　　　　　E. 众数
11. 下列属于平均指标的有(　　)。

A. 朝阳区人均耕地面积为 2.01 亩
B. 衬衫厂人均工资为 2 426.8 元
C. 富阳区人均国民收入为 6 800.98 元
D. 长东县公民平均年龄为 64.8 岁
E. 衬衫厂成年男士衬衫单位成本为 86.4 元
F. 25#女童布鞋单位售价为 45.9 元

12. 小王是公司的人事科干事，由于该公司人员不常变动，所以，他只在每年的 6 月 1 日进行一次人员数量统计。根据小王统计的人员数量排列的时间数列应该是(　　)。

A. 时期数列　　　　　　　　B. 时点数列
C. 分组排列的连续时点数列　　D. 不等间隔时点数列
E. 等间隔时点数列　　　　　　F. 连续时点数列

13. 对等间隔时点数列计算序时平均数，其计算公式的分母是(　　)。

A. 时间数列项数-1　　　　　　B. 时间数列项数
C. 时间数列项数+1　　　　　　D. 指标数值项数

14. 采用几何平均数方法可以计算下列的(　　)。

A. 商品平均价格　　　　　　　B. 银行平均利率
C. 企业平均速度　　　　　　　D. 产品平均成本

15. 下列属于序时平均数的有(　　)。

A. 2017 年 10 月 13 日第三车间人均日产量
B. 2017 年烟台市人均年消费额
C. 2018 年第一季度企业平均月产量
D. "十二五"期间山东省经济平均发展速度
E. 烟台市"十二五"期间国内生产总值递增率为 16.71%

【训练二】

判断下列表述的正误，并对不当表述进行改正。
1. 调和平均数与算术平均数是本质上完全不同的两种平均数。
2. 权数的作用归根到底体现在各组的次数比重上。
3. 在变量数列中，平均数总是接近比重最大一组的变量值。
4. 总体单位数与其算术平均数的乘积等于总体标志总量。
5. 按人口平均的粮食产量是个平均数。
6. 由间断时点数列计算序时平均数，需要假定现象的动态变化过程为均匀变动。

【训练三】

训练资料：

三车间第二生产小组 9 名工人今年 2 月份的产量分别是 256 千克、298 千克、245 千克、216 千克、305 千克、299 千克、271 千克、283 千克、289 千克。

训练要求：

请计算三车间第二生产小组 2 月份的人均产量。

【训练四】

训练资料：

三车间 100 名工人今年 2 月份的产量分布是：产量 216 千克的有 2 人、产量 245 千克的有 5 人、产量 256 千克的有 9 人、产量 271 千克的有 16 人、产量 283 千克的有 28 人、产量 289 千克的有 21 人、产量 298 千克的有 12 人、产量 299 千克的有 6 人、产量 305 千克的有 1 人。

训练要求：

请计算三车间 2 月份的人均产量。

【训练五】

训练资料：

宏泰商贸公司所有营业员的销售量资料如表 4-15 所示。

表 4-15　公司营业员销售量资料

销售量(百件)	10～15	15～20	20～25	25～30	30～35	35～40	40 以上
人数(人)	3	5	18	35	24	11	4

训练要求：

请分析宏泰商贸公司营业员的人均销售能力。

【训练六】

训练资料：

喜登制鞋厂去年 10 月份男童布鞋总成本为 27 000 元，其第四季度的成本和产量资料如表 4-16 所示。

表 4-16　产品成本及产量比重资料

月　份	10 月	11 月	12 月	合　计
单位成本(元/双)	36	20	15	—
产量比重(%)	15	40	45	100

训练要求：

(1) 计算喜登制鞋厂第四季度平均单位成本。

(2) 计算喜登制鞋厂第四季度的总产量和各月份的产量。

【训练七】

训练资料：

曼联商贸集团下属四个分公司的商品流转额和流动资金周转次数资料如表 4-17 所示。

表 4-17　各分公司商品流转额及流动资金周转次数资料

公司名称	亚光公司	新旭公司	中宏公司	友谊公司
商品销售收入(万元)	30	26.4	31.4	30.6
流动资金周转次数(次)	1.2	1.4	1.6	1.3

训练要求：

(1) 计算曼联商贸集团的流动资金周转次数。

(2) 若将资料中的"商品销售收入"改为"流动资金平均占用额"，则又如何计算该集团的流动资金周转次数？

【训练八】

训练资料：

隶属于五环锁业集团有限公司的两个分公司生产同一种挂锁，其单位成本和产量比重资料如表 4-18 所示。

表 4-18　两个分公司的单位成本和产量比重资料

批　号	五环金匙锁具有限公司		五环金梁锁具有限公司	
	单位成本(元)	产量比重(%)	单位成本(元)	产量比重(%)
NO.1	11.0	10	11.0	35
NO.2	12.1	20	12.1	25
NO.3	14.2	70	14.2	40

训练要求：

(1) 分别计算两个分公司的挂锁单位成本。

(2) 比较哪个公司的单位成本高，并解释为什么每一批的单位成本都一样，总平均单位成本却不同。

【训练九】

训练资料：

泰隆兴商贸公司连续 8 年的营业额增长速度分别是 2.6%、3.1%、3.3%、3.5%、4.2%、4.7%、5.3%、5.7%。

训练要求：

计算泰隆兴商贸公司这 8 年的年均增长速度。

【训练十】

训练资料：

烤果厂对花生的加工过程需要 5 道工序，根据各车间统计员提供的数据，在对新收购的 500 吨花生进行加工的过程中，第一道工序的成品率为 98.1%，以后 4 道工序的成品率分别为 96.3%、92.6%、98.4%、99.7%。

训练要求：

计算平均每道工序成品率和整个加工过程的总成品率。

【训练十一】

训练资料：

信用社连续 10 年的贷款年利率分别为：第 1~3 年为 5.49%，第 4~5 年为 5.58%，第 6~

8年为5.76%，第9年为5.65%，第10年为5.79%。

训练要求：

分别计算信用社这10年在单利和复利条件下的平均年利率。

【训练十二】

训练资料：

宏泰商贸公司2017年9月末有职工250人，10月上旬职工人数变动情况是：10月4日增加新就业大学生12人，6日有4名老职工退休离厂，8日有4名青年应征入伍，同日又有2名职工调离本厂，9日由其他单位调入职工7人。

训练要求：

计算宏泰商贸公司10月上旬平均在岗职工人数。

【训练十三】

训练资料：

宏泰商贸公司2016年年末流动资金为320万元。2017年流动资金占用额的统计资料如表4-19所示。

表4-19　流动资金占有额统计资料

单位：万元

月　份	1	2	3	4	5	6	10	12
月末流动资金占用额	298	300	354	311	280	290	330	368

训练要求：

(1) 计算2017年宏泰商贸公司流动资金上半年平均占用额。

(2) 计算2017年宏泰商贸公司流动资金下半年平均占用额。

(3) 计算2017年宏泰商贸公司流动资金全年平均占用额。

【训练十四】

训练资料：

免税区货场的焦炭库存量资料如表4-20所示。

表4-20　产品库存量资料

单位：吨

登记日期	1月1日	3月1日	6月1日	8月1日	10月1日	12月31日
库存量	165	158	139	159	176	148

训练要求：

计算免税区货场全年焦炭平均库存量。

项目五 企业生产经营差异分析

【技能目标】

- 能够对工人的生产能力进行整体分布分析。
- 能够对企业最佳流水线进行选择分析。

【知识目标】

- 了解总体分布的两大趋势。
- 理解极差、标准差、标准差系数的基本含义和应用条件。
- 掌握标准差、标准差系数的计算方法。

对企业生产经营状况进行分析，除了要分析一般水平之外，还要分析生产经营过程中的各种差异。例如，人们都希望企业产品的生产过程保持稳定，表现为所有时间单位的产量都等于或约等于平均产量，如果不同时间的产量数据出现大起大落的现象，意味着生产过程极其不稳定，就需要分析生产的不稳定程度对企业正常经营的影响了。再如，对于产品单位成本，人们总希望每件(批)产品的成本都一样，实际上，由于生产过程中设备运行不稳定、工人操作技术水平不统一、原材料材质有差异及其他偶然因素的影响，每件(批)产品的单位成本是不可能完全相同的，出于成本核算管理的需要必须分析单位成本的变动程度，如此种种都需要运用统计的差异分析方法。

统计的差异分析方法很多，在企业常用的主要有极差分析、标准差分析和标准差系数分析。本项目将详细讲解这三种方法。

任务一　认识标志变异指标

◉ 任务导入

常昊在生产管理部实习，今天开始的实习内容是在各位工作人员的带领和指导下，整理企业相关的生产分析资料，并在高级统计师赵先生的指导下进行企业生产过程中的各种差异分析。在进行差异分析之前，他需要了解有关差异分析的基础知识。

◉ 相关知识

企业经营管理的统计分析常常是需要全面进行的，从个体来看，既要看最好的，也要看最差的、居中的；从整体来看，既要看到生产管理的一般水平，也要看到生产管理中还存在的不足，有哪些差异表现。也就是说，企业各种生产经营的数据分布同时存在两个趋势，一个是集中趋势，表现为同类数据以总平均数为中心分布，越靠近平均数，数据数量越多，数据之间差异越小，越远离平均数，数据数量越少，是一种向平均数集中靠拢的趋势；另一个是离散趋势，表现为数据并不都完全集中在平均数身上，而是相互之间有差异，互不相同，且差异有大有小，是一种从平均数向外扩散分布的状态。

对于集中趋势分析，就是分析生产经营的一般水平，采用平均指标进行分析；而对于离散趋势分析，就是分析生产经营过程的变动程度或不稳定性，就需要采用标志变异指标进行分析了。

标志变异指标是一套用来测定变量值变动程度的统计分析指标，主要有极差(也称全距)、异众比率、平均差、标准差、变异系数等。企业经济分析时常用的是极差、标准差和标准差系数。

极差是最大值与最小值之差，主要用来测定数据变动的范围。同等数量的数据，极差越大，变动范围越大，数据之间的差异就越大。

标准差是个平均离差，反映各变量值与总平均数之间的差异大小。标准差不像极差只反映极端数值的差异，它是对每一个数据都进行差异计算，用所有数据的平均差异水平来反映生产经营过程的稳定性。标准差越小，说明数据之间的差异越小，分布越集中，过程越稳定。

标准差系数是测定变量值差异程度的相对数。它比标准差更进一步的优点是不受总体水平和计量单位的影响，单纯只反映总体数据分布的差异程度，应用领域最广。

标志变异指标在企业的经营管理分析中具有很重要的作用，主要表现在以下几个方面。

(1) 能够测定生产经营过程的变动程度。

(2) 能够评价生产经营一般水平的代表性，使我们在使用平均指标的时候更加有把握。标志变异指标越大，平均指标代表性越小。

(3) 能够衡量生产过程的稳定性，评价经营管理工作的节奏性。

任务二　企业生产经营差异分析详述

子任务一　产品质检极差分析

◎ 任务导入

张良臣和李铁是北极星钟表公司生产车间的两名工人，专门生产机械落地钟的侧板。2018年3月9日，车间对他们的产品质量进行了抽查，每人抽查5块侧板，表5-1所示的是抽查数据中侧板的高度数据资料。按照公司的质量要求，当天他们生产的侧板高度应为1.5米，高度偏差不得超过1毫米。车间统计员兼质检员赵晨需要对他们生产的侧板高度进行分析评价。

表 5-1　落地钟侧板高度数据资料

单位：毫米

姓　名	第一块	第二块	第三块	第四块	第五块
张良臣	1 500.2	1 499.8	1 501.1	1 500.2	1 498.7
李铁	1 500.1	1 499.8	1 500.2	1 499.9	1 500.0

◎ 相关知识

极差又称全距，是所有变量值中两个极端数值之差，常用 R 表示。其计算公式如下。

$$极差(R)=最大变量值-最小变量值$$

极差越大，表明同等数量的变量值分布范围越广，变量值之间的差异越大。

◎ 工作任务

赵晨需根据表 5-1 中的资料分析评价生产车间两名工人生产的侧板的平均高度。

◎ 操作演示

首先，根据表 5-1 提供的数据，统计员兼质检员赵晨要计算两名工人生产的侧板的平均高度。

$$张良臣生产侧板的平均高度 = \frac{1\,500.2+1\,499.8+1\,501.1+1\,500.2+1\,498.7}{5}$$

$$=1\,500(毫米)$$

李铁生产侧板的平均高度 = $\dfrac{1\,500.1+1\,499.8+1\,500.2+1\,499.9+1\,500}{5}$

=1 500(毫米)

然后，计算两名工人生产侧板的高度极差。

张良臣生产侧板的高度极差=1 501.1-1 498.7=2.4(毫米)

李铁生产侧板的高度极差=1 500.2-1 499.8=0.4(毫米)

结论：两名工人生产的侧板的平均高度都是 1 500 毫米，符合高度一般水平的质量要求。但是，张良臣生产侧板的高度极差是李铁的 6 倍(2.4÷0.4)，说明他生产 5 块侧板的高度数据差异太大，不如李铁的生产技术发挥稳定。特别是，张良臣生产的 5 块侧板中，有两块侧板高度数据超出了偏差不超过 1 毫米的质量要求，明显高度检验不过关。因此，李铁的产品质量过关，而张良臣的产品最高的一块需要返工重修，最短的一块需要报废。

◉ 特别提示

(1) 采用极差进行差异分析的前提条件是：同类经济现象(计量单位因此而相同)，总体单位数相等，且总体平均数相等。

(2) 极差的计算简便，但其数值大小只受极端变量值的影响，不能全面反映所有变量值的分布差异程度。

(3) 在组距数列中，极差的近似值为最大组的上限与最小组的下限之差，它比实际极差要大些。特别是最大(小)组是开口组的时候，根据借用的邻组组距计算的虚拟上(下)限与实际最大值和最小值往往差异较大，这时候的极差也与实际极差有不小的差异。

(4) 在实际工作中，人们也常采用全距图来形象地表现质检结果。如图 5-1 所示是根据表 5-1 绘制的质检结果全距图。

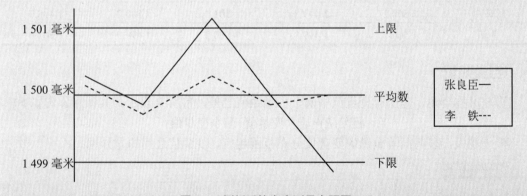

图 5-1 侧板质检高度测量全距图

图 5-1 表明，张良臣生产侧板的平均高度虽然符合质检标准，但他的侧板高度具体数据既超出了质检标准上限，也超出了质检标准的下限，明显不符合高度标准要求。

子任务二　工人生产能力差异分析

任务导入

北极星钟表公司生产管理部收到了各车间的工人产量数据，根据企业生产管理分析的要求，需要他们对工人的工作能力进行全面的计算分析，从而评价工人一般工作能力的高低，分析工人之间生产能力的差异性。常昊收到了包装车间第一生产小组工人产量原始数据(见表 5-2)和第二生产小组工人按产量分组的变量数列资料(见表 5-3)，高级统计师赵先生要求他计算各组的人均日产量、日产量标准差，并比较分析其产量分布。

表 5-2　包装车间第一生产小组工人手表包装量资料

单位：只

姓　名	李旭亮	张小兰	邵斌	付立堂	王耀	邓黎明	王杰	杜猛	李丽	谭瑶
包装量	120	195	136	141	172	159	178	159	146	152
姓　名	张思亮	宫山	胡晓	王曙光	章晓	孙倩	刘兰婷	邢宝廷	林磊	
包装量	163	151	179	186	168	203	176	135	121	

表 5-3　包装车间第二生产小组工人手表包装量资料

工人按包装量分组(只)	50～100	100～150	150～200	200 以上	合　计
人数(人)	1	6	11	2	20

相关知识

在企业经济分析中，经常用来反映工人之间产量差异的统计分析指标是标准差(σ)。标准差的平方称为方差(σ^2)。

标准差是标志值与其算术平均数的平均离差，用来代表标志值之间差异的一般水平。根据整理的资料不同，标准差有两种计算方法：简单标准差和加权标准差。

简单标准差是对未分组的资料计算标准差时使用，计算公式如下。

$$\sigma = \sqrt{\frac{\sum (x - \bar{x})^2}{n}}$$

$$\sigma^2 = \frac{\sum (x - \bar{x})^2}{n}$$

式中，x 为各单位标志值，$\bar{x}$ 为标志值的平均数，n 为单位数。

加权标准差是对分组后的资料计算标准差时使用，计算公式如下。

$$\sigma = \sqrt{\frac{\sum (x - \bar{x})^2 f}{\sum f}}$$

$$\sigma^2 = \frac{\sum (x - \bar{x})^2 f}{\sum f}$$

式中，f 代表各标志值出现的次数。

【工作任务一】

常昊需要根据表 5-2 中的资料计算第一生产小组的工人产量标准差。

操作演示

常昊根据简单标准差计算分析的需要，编制了如表 5-4 所示的计算分析表。

表 5-4　第一生产小组工人手表包装量标准差计算表

姓名	产量(只) x	离差 $x-\bar{x}$	离差平方 $(x-\bar{x})^2$	姓名	产量(只) x	离差 $x-\bar{x}$	离差平方 $(x-\bar{x})^2$	姓名	产量(只) x	离差 $x-\bar{x}$	离差平方 $(x-\bar{x})^2$
李旭亮	120	-40	1 600.00	杜猛	159	-1	1.00	章晓	168	8	64.00
张小兰	195	35	1 225.00	李丽	146	-14	196.00	孙倩	203	43	1 849.00
邵斌	136	-24	576.00	谭瑶	152	-8	64.00	刘兰婷	176	16	256.00
付立堂	141	-19	361.00	张思亮	163	3	9.00	邢宝廷	135	-25	625.00
王耀	172	12	144.00	宫山	151	-9	81.00	林磊	121	-39	1 521.00
邓黎明	159	-1	1.00	胡晓	179	19	361.00	合计	3 040	0	9 934.00
王杰	178	18	324.00	王曙光	186	26	676.00				

$$人均包装量 = \frac{包装总量}{总人数} = \frac{3\,040}{19} = 160(只)$$

$$包装量标准差\ \sigma = \sqrt{\frac{\sum(x-\bar{x})^2}{n}} = \sqrt{\frac{9\,934}{19}} \approx 22.87(只)$$

结论：包装车间第一生产小组人均包装量为 160 只手表。其中，孙倩的包装量最多，为 203 只手表，李旭亮的包装量最少，为 120 只手表。全组每人实际包装量与人均包装量之间的平均离差是 22.87 只。

特别提示

简单标准差计算中，每个离差对标准差的影响力是一样的，但是，当遇到异常的极大值或极小值时，其离差也异常的大，这时需要注意它们对标准差的影响。

【工作任务二】

常昊根据表 5-3 中的资料计算第二生产小组的工人产量标准差，并分析工人包装量差异的一般水平。

操作演示

根据加权标准差计算分析的需要，常昊编制了如表 5-5 所示的计算分析表。

表 5-5　第二生产小组工人手表包装量标准差计算表

工人按包装量分组(只)	组中值 x	人数(人) f	总产量(只) xf	离差 $x-\bar{x}$	离差平方 $(x-\bar{x})^2$	离差平方乘人数 $(x-\bar{x})^2 f$
50～100	75	1	75	−85	7 225	7 225
100～150	125	6	750	−35	1 225	7 350
150～200	175	11	1 925	15	225	2 475
200 以上	225	2	450	65	4 225	8 450
合　计	—	20	3 200	—	—	25 500

人均包装量 $\bar{x}=\dfrac{\sum xf}{\sum f}=\dfrac{3\,200}{20}=160(只)$

包装量标准差 $\sigma=\sqrt{\dfrac{\sum(x-\bar{x})^2 f}{\sum f}}=\sqrt{\dfrac{25\,500}{20}}\approx 35.71(只)$

结论：对第一、第二生产小组工人的工作量分布进行比较分析，需要从集中趋势和离散趋势两方面进行。从上面的计算可以发现，两个生产小组的人均包装量都是 160 只，说明这两个生产小组的工人包装量分布的集中趋势是一样的，也就是说工人整体的一般生产能力相同，但由于第一生产小组包装量标准差 22.87 只小于第二生产小组标准差 35.71 只，说明两组工人的工作量离散程度不同，第一生产小组工人的工作能力更集中，相互之间差异更小，而第二生产小组工人的工作能力差异较大，能力分布更分散。

● 特别提示

(1) 加权标准差的计算中，次数最大的离差对标准差的影响最大，但极大值和极小值的离差也会对标准差产生异常的影响，实际运用时需要注意。
(2) 根据组距分组资料计算的标准差是实际标准差的近似值。
(3) 标准差是抽样推断不可缺少的指标，在抽样误差分析中发挥极大的作用。
(4) 标准差的数值大小受三个因素影响：一是总体各单位标志值的差异程度，标志值差异越大，标准差数值就越大；二是总体一般水平的高低，如上面包装车间的工人平均包装量如果扩大一倍，则同样的标准差数值就显得小很多，似乎工人生产能力之间的差异就不是那么大了；三是计量单位，如采用千克做计量单位就比采用吨做计量单位的数值要大 1 000 倍。因此，要单纯利用标准差来比较工人工作能力的差异程度，必须以总体一般水平和计量单位都相同为前提。

子任务三　企业生产稳定性分析

● 任务导入

企业从国外引进了一套生产流水线，由生产管理部负责对其进行技术改造，使其符合本企业的产品生产工艺和员工的技术操作能力。经过专家与技术人员的共同努力，在研发出的六条流水线中，最终确定了两条生产流水线，在车间分别进行试运行测试。实习生常昊在高级统计师赵先生的指导下全程参与了试运行过程，详细记录了试运行的测试数据，并将数据整理成表 5-6 所示的资料。赵先生要求常昊计算每条流水线的平均产量和产量标准差系数，然后协助技术人员分析流水线的运行稳定性，并为生产部门提出最佳流水线的选择建议。

表 5-6　流水线试运行测试数据资料

试运行次序	1#生产流水线		2#生产流水线	
	总运行时间(分)	总产量(千克)	总运行时间(分)	总产量(千克)
第一次	30	762	30	660
第二次	40	912	40	959
第三次	50	1 230	50	1 210
第四次	60	1 416	60	1 428
第五次	70	1 680	70	1 596

相关知识

标准差系数(V_σ)是同一总体的标准差与其算术平均数的比值，用来测定标志值的相对差异程度。其计算公式如下。

$$V_\sigma = \frac{\sigma}{\bar{x}} \times 100\%$$

式中，σ 为同一总体的标准差；$\bar{x}$ 为算术平均数。

标准差系数消除了计量单位不同和平均水平高低对标准差的影响，只单纯反映标志值离散程度，具有广泛的可比性，在实际经济分析中被广泛采用。

操作演示

实习生常昊根据计算分析的需要，依据表 5-6 的数据，编制了如表 5-7 和表 5-8 所示的计算分析表，并对两条流水线的试运行数据进行计算分析。

表 5-7　1#流水线试运行数据分析计算表

试运行次序	总运行时间(分) f	总产量(千克) xf	每分钟产量(千克/分) x	$x - \bar{x}$	$(x - \bar{x})^2$	$(x - \bar{x})^2 f$
第一次	30	762	25.40	1.4	1.96	58.80
第二次	40	912	22.80	−1.2	1.44	57.60
第三次	50	1 230	24.60	0.6	0.36	18.00
第四次	60	1 416	23.60	−0.4	0.16	9.60
第五次	70	1 680	24.00	0.0	0.00	0.00
合　计	250	6 000	24.00	—	—	144.00

1#流水线单位时间产量 $\bar{x} = \dfrac{\sum xf}{\sum f} = \dfrac{6\,000}{250} \approx 24(千克/分)$

1#流水线产量标准差 $\sigma = \sqrt{\dfrac{\sum (x-\bar{x})^2 f}{\sum f}} = \sqrt{\dfrac{144}{250}} \approx 0.758\,9(千克/分)$

1#流水线产量标准差系数 $V_\sigma = \dfrac{\sigma}{\bar{x}} \times 100\% = \dfrac{0.758\,9}{24} \times 100\% \approx 3.162\%$

表 5-8 2#流水线试运行数据分析计算表

试运行次序	总运行时间(分) f	总产量(千克) xf	每分钟产量(千克/分) x	$x-\bar{x}$	$(x-\bar{x})^2$	$(x-\bar{x})^2 f$
第一次	30	660	22	−1.412	1.993 744	59.812 32
第二次	40	959	23.975	0.563	0.316 969	12.678 76
第三次	50	1 210	24.2	0.788	0.620 944	31.047 20
第四次	60	1 428	23.8	0.388	0.150 544	9.032 64
第五次	70	1 596	22.8	−0.612	0.374 544	26.218 08
合 计	250	5 853	23.412	—	—	138.789

2#流水线单位时间产量 $\bar{x} = \dfrac{\sum xf}{\sum f} = \dfrac{5\,853}{250} = 23.412(千克/分)$

2#流水线产量标准差 $\sigma = \sqrt{\dfrac{\sum (x-\bar{x})^2 f}{\sum f}} = \sqrt{\dfrac{138.789}{250}} \approx 0.745\,1(千克/分)$

2#流水线产量标准差系数 $V_\sigma = \dfrac{\sigma}{\bar{x}} \times 100\% = \dfrac{0.745\,1}{23.412} \times 100\% \approx 3.182\,6\%$

结论：在保证产品质量的前提下，最佳流水线应具备两个条件，一是单位时间产量高，二是生产过程稳定。从上面的计算分析可以看出，1#流水线的单位时间产量为 24 千克/分，高于 2#流水线的 23.412 千克/分，而且，1#流水线的产量标准差系数 3.162% 也小于 2#流水线的 3.182 6%，说明 1#流水线不仅单位时间产量高，而且生产过程中产量差异较小，没有大起大落的现象，呈现出稳定的运行状态。因此，建议生产部门采用 1#流水线进行产品生产。

特别提示

标准差系数一般用百分数表示，是一个无量纲指标，它消除了总体一般水平和计量单位对其数值大小的影响，只单纯反映标志值之间的差异程度，其应用范围很广，当总体一般水平不同或不同领域的经济现象要比较差异程度时，适合采用标准差系数。

子任务四　产品合格率差异分析

任务导入

在企业对产品的质量要求中,包装重量要求不得低于 8 千克。高级统计师赵先生将一批产品的质量检验数据交给实习生常昊,如表 5-9 所示。要求他分析产品的合格程度,并对合格率差异程度进行计算分析。

表 5-9　产品质检数据

包装重量(千克)	5～8	8～11	11～14	14～17	17～20
产品数量(件)	745	4 875	11 629	6 517	3 917

相关知识

在对经济现象进行分析时,经常把某种经济现象的全部单位划分为具有某种属性和不具有某种属性两组,即"是"与"非"两组。例如,将人口按性别划分为"男性"和"女性"两组,将产品按质量划分为"合格"与"不合格"两组,将参加职业资格考试的人员分为"过关"和"不过关"两组。这些分组标志都是品质标志,且只有"是"与"非"两种表现,所以称为是非标志,有时也称为交替标志。在进行抽样推断时,是非标志的标准差有着重要的意义。

一、成数

成数是总体中具有某种性质或属性的单位数占全部单位数的比重,反映总体中单位数"是"与"非"的构成,并代表该种性质或属性反复出现的程度,即频率。

若用 N 表示总体单位数,N_1 表示具有某种属性的单位数,N_0 表示不具有这种属性的单位数,则成数可表示如下:

$$P = \frac{N_1}{N} \qquad Q = \frac{N_0}{N}$$

式中,P、Q 分别表示具有和不具有某种属性或性质的成数。

$$P+Q=1$$

二、成数的平均数

是非标志表现了现象质的差别,因此计算其平均数首先要把是非标志的标志表现进行量化处理。一般以 1 表示具有某种标志表现,以 0 表示不具有某种标志表现,则

根据 $\bar{x} = \dfrac{\sum xf}{\sum f}$,得 $\bar{x} = \dfrac{\sum xf}{\sum f} = \dfrac{1 \times N_1 + 0 \times N_0}{N_1 + N_0} = \dfrac{N_1}{N} = P$

由此可见,成数的平均数就是具有某种属性的单位数占总体单位总数的比重,即成数 P 本身。

三、成数标准差

根据标准差的计算方法，得到：

$$\sigma_p = \sqrt{\frac{\sum(x-\bar{x})^2 f}{\sum f}} = \sqrt{\frac{(1-P)^2 N_1 + (0-P)^2 N_0}{N_1 + N_0}} = \sqrt{(1-P)^2 \frac{N_1}{N} + P^2 \frac{N_0}{N}}$$

$$= \sqrt{(1-P)^2 P + P^2(1-P)} = \sqrt{P(1-P)}$$

所以

$$\sigma_p = \sqrt{P(1-P)}$$

● 工作任务

实习生常昊需根据表 5-9 的资料分析产品的合格程度。

● 操作演示

根据本企业产品的质量要求，包装重量不得低于 8 千克。常昊根据赵先生交给他的质量检验资料(见表 5-9)进行计算，发现本批产品共有 27 683 件，其中，合格品有 26 938 件。常昊继续做以下计算分析。

$$合格率 = \frac{合格品数量}{产品总数量} = \frac{26\,938}{27\,683} \approx 97.31\%$$

$$合格率标准差 = \sqrt{97.32\% \times (1-97.31\%)} \approx 16.18\%$$

结论：该批产品的合格率为 97.31%，合格率标准差为 16.18%。

● 特别提示

(1) 单独计算一个合格率标准差是不能说明什么问题的，需要几批产品进行比较才能得出结论。很明显，合格率越接近 1，其标准差越小，说明产品质量差异越小。

(2) 具有"是"和"非"属性的标准差是相等的。

(3) 当 $P = 0.5$ 时，是非标志的标准差为 0.5，是最大值。

(4) 更多情况下，是非标志标准差使用在抽样调查的抽样估计过程中。当要根据样本的比重推断总体比重时，必须使用是非标志的标准差。

任务三　利用 Excel 进行企业生产差异分析

● 任务导入

北极星钟表公司生产管理部实习生常昊根据要求将包装车间第一生产小组的工人产量数据整理成表 5-2 的资料，并计算日产量标准差，以分析其产量分布。

● 相关知识

在 Excel 中有个 STDEVP 函数，用来计算总体各单位标志值的平均离差，即标准差。

STDEVP 函数属于统计函数。

● 操作演示

实习生常昊将表 5-2 中 19 名工人的日产量数据输入到 Excel 表中的 A1:A19 单元格中，然后单击任一空白单元格(如 B1，用来放置计算好的标准差)，输入"=STDEVP(A1:A19)"，按 Enter 键确认，即得到 19 名工人日产量标准差 22.87(只)。

● 特别提示

(1) 如果数据较多，且没有分组，将数据输入到 Excel 表的不同列中，则需要单击任一空白单元格，用于放置计算好的标准差。然后选择"插入"菜单中的"函数"命令，选择其中"统计"类别的 STDEVP 函数，将 Excel 表中的数据区域输入到 STDEVP 函数的参数输入框中，单击"确定"按钮即可。

(2) 如果数据较多，且已经分组整理好，则需要在 Excel 表中使用公式输入法，并结合填充柄功能，利用标准差的计算公式来计算相应的标准差。如果需要进一步计算标准差系数，需要在计算出标准差后，采用公式输入法，利用标准差系数的公式来计算标准差系数。

● 项目拓展训练

【训练一】

请在下列表述后的各个选项中选出正确的答案，并将其编号填入括号内。
1. 要分析总体分布的离散程度，反映企业经营管理的均衡性、稳定性，需要使用(　　)。
    A. 相对指标　　　　B. 标志变异指标　　　　C. 平均指标　　　　D. 总量指标
2. 只反映总体数据分布范围大小的变异指标是(　　)。
    A. 极差　　　　B. 标准差　　　　C. 全距　　　　D. 标准差系数
3. 极差指标的应用前提包括(　　)。
    A. 必须是同一个总体　　　　B. 必须是同类总体
    C. 总体单位数必须相等　　　　D. 总体单位数可以不等
    E. 指标计量单位必须一致　　　　F. 指标计量单位可以不一致
4. 在抽样推断中应用比较广泛的变异指标是(　　)。
    A. 全距　　　　B. 标准差　　　　C. 标准差系数　　　　D. 极差
5. 服装厂对裁剪工和缝纫工的工作能力进行离散程度比较时，应使用(　　)。
    A. 全距　　　　B. 标准差　　　　C. 标准差系数　　　　D. 极差
6. 对极差产生影响的因素有(　　)。
    A. 每一个变量值　　B. 最大值　　C. 最小值　　　　D. 平均值
7. 影响标准差数值大小的因素有(　　)。
    A. 总体一般水平　　　　B. 变量值之间的差异程度
    C. 计量单位　　　　D. 总体单位数
8. 标准差系数反映总体分布的(　　)。
    A. 集中程度　　　　B. 离散程度
    C. 一般水平高低　　　　D. 总体规模大小

9. 注册会计师考试过关率为 10%,则过关率标准差为( )。
   A. 10%　　　　　B. 20%　　　　　C. 30%　　　　　D. 40%

【训练二】

判断下列表述的正误,并对不当表述进行改正。
1. 服装厂裁剪车间 5 名工人与缝纫车间 58 名工人的人均日工时都是 7.6 小时,其极差都是 2.4 小时,这说明裁剪工人和缝纫工人的工作能力分布是一样的。
2. 成数标准差的最大值是 0.25。
3. 工人产量标准差系数越大,说明工人的平均产量代表性越大。
4. 销售人员的销售量标准差越小,说明销售人员的销售能力差异越小。
5. 同一批产品的合格率标准差与不合格率标准差是相等的。
6. 只要两个总体的标志变异指标是相等的,就说明两个总体分布的离散程度是一样的。
7. 任何情况下都可以使用极差来评价总体分布的离散程度。
8. 根据分组资料计算标准差时,各组的权数大小对标准差的计算结果有很大影响。
9. 要比较翻砂车间和总装车间工人的工作能力差异程度,计算各车间的产量标准差并比较其数值大小即可。

【训练三】

训练资料:

产品包装车间两个包装班组各 5 名工人,2017 年 8 月 19 日的包装工作量资料如表 5-10 所示。

表 5-10　包装工作量资料

组　别	一组					二组				
成　员	李继	赵阳	王晓	张岚	夏阳	王亮	张政	王辰	李兵	于涛
包装数量/件	482	491	498	512	517	459	482	485	501	573

训练要求:
(1) 计算各组的人均包装量和包装量极差。
(2) 两个班组的整体包装能力完全一样吗?为什么?
(3) 在车间生产和管理上,你认为一组比二组有什么优势?二组比一组又有什么优势?
(4) 分析全距的应用条件。

【训练四】

训练资料:

纺织厂两个车间安装了同型号的纺织机,生产同材质的棉布。产品质检结果表明,两个车间生产的布匹质量都是合格品。如表 5-11 所示是两个车间工人看管纺织机数量的资料。

表 5-11　纺织工人看管纺织机台数资料

看管台数(台)	2	3	4	5	6	7	8	9	10	11
第一车间人数(人)	1	1	6	11	20	12	5	4	3	2
第二车间人数(人)	3	4	8	12	12	13	8	8	6	1

训练要求：

分别计算各车间的人均看管设备台数及看管设备台数标准差，分析两个车间工人的整体工作能力是否完全一致。

【训练五】

训练资料：

南京春曦种子研究中心研制出两个不同的玉米品种宁玉507和宁玉666，分别在昆明(海拔1 890米)和重庆(海拔260米)的5个田块上试种，播种密度相同，根据去年和前年的收获数据，两个玉米品种的产量在两个地区都是增长的。去年的产量资料如表5-12所示。

表5-12 宁玉507和宁玉666两个玉米品种在昆明和重庆的种植资料

序号	昆 明				序号	重 庆			
	宁玉507		宁玉666			宁玉507		宁玉666	
	田块面积(亩)	产量(千克)	田块面积(亩)	产量(千克)		田块面积(亩)	产量(千克)	田块面积(亩)	产量(千克)
1	2.1	1 535.1	1.5	766.5	1	2.3	1 060.3	2.6	1 627.6
2	2.3	1 465.1	1.4	821.8	2	2.6	1 274.0	1.9	1 182.0
3	1.9	1 121.0	1.9	1 153.3	3	2.1	1 077.3	2.1	1 451.1
4	2.5	1 342.5	2.1	1 493.1	4	2.8	1 710.8	1.8	1 267.2
5	1.5	922.5	2.5	1 292.5	5	2.4	1 660.8	2.2	1 641.2

训练要求：

(1) 分别计算昆明两个品种玉米的总平均亩产量、亩产量标准差、亩产量标准差系数。

(2) 分别计算重庆两个品种玉米的总平均亩产量、亩产量标准差、亩产量标准差系数

(3) 对两个地区不同品种玉米的产量情况进行比较分析，指出各有什么优缺点，然后对不同品种在两个地区的推广工作提出合理化的建议。

项目六 企业抽样调查统计分析

【技能目标】

- 学会在企业产品质量调查中抽取样本。
- 能够对产品质量抽样误差进行分析。
- 能够对产品质量抽查的精确度与保证概率程度进行分析。
- 能够确定最基本的抽检产品数量。
- 能够与团队协作完成企业产品质量抽样估计。

【知识目标】

- 了解抽样调查的相关概念。
- 理解样本单位的抽取方法。
- 了解各种抽样组织形式。
- 理解抽样平均误差、抽样极限误差和概率度的基本含义及其相互计算关系。
- 掌握抽样估计的方法。
- 掌握最基本样本容量的确定方法。

在现实经济生活中,许多经济现象的数量特征往往是未知的或无法预先知道的,也有许多经济现象的数据在理论上可以通过全面调查获得,但在实际工作中获得数据的过程对现象具有一定的破坏或损耗作用,如灯泡的使用寿命调查、炮弹的杀伤力调查等。对企业产品的质检过程如果属于这种情况,通常是采用抽样调查的方法来进行。例如,沈阳合达节能灯具厂与中东一进口商签订了一份出口 100 万只节能灯管的合同,中国商品检验局要在交货时对节能灯管进行品质检查,检查合格才能出具品质合格证书。质量检查员从 10 000 箱(100 只/箱)中随机抽取 50 箱打开,在每箱中随机抽取 2 只灯管,对所抽取的 100 只灯管进行品质检查,据此推断整批灯管的质量。这种调查方法就属于抽样调查的方法。本项目将详细讲解这种方法。

任务一 认识抽样调查

任务导入

实习生常昊在北极星钟表公司质检部实习,实习内容是在质检工作人员的带领和指导下,对企业生产的钟表电子元件的耐磨程度和合格率进行质量抽检。由于质检过程对电子元件具有破坏性,所以需采用抽样调查的方法。为了提高样本的代表性,北极星钟表公司根据产品的特点,在对生产过程进行全过程控制的基础上,采用不重复抽样方法在生产线上共抽取了 120 件产品进行调查登记。

相关知识

一、抽样调查的含义、特点及作用

(一)抽样调查的含义

抽样调查是按照随机原则,从研究对象的全部单位中抽取一部分单位组成样本进行调查,并用调查所得的数据资料推断总体数量特征的一种非全面调查方式。抽样调查的目的不在于了解样本本身的数量特征,而在于借助样本的数量特征,估计和检验总体的数量特征。

(二)抽样调查的特点

1. 按随机原则抽取调查单位

抽样调查必须遵循随机原则抽取调查单位,这是它与其他非全面调查方式的主要区别之一。所谓抽样的随机原则,是指在抽取调查单位时完全排除调查者的主观判断,各个总体单位都有同等的被抽中或不被抽中的机会,故也称同等可能性原则。

2. 用抽样指标推断总体的数量特征

根据对抽中单位调查所得的资料,整理计算样本指标,再据以推算总体的指标数值,这是抽样调查既区别于其他非全面调查,也区别于全面调查的一个重要特点。

3. 可以计算和控制抽样误差

抽样调查是根据对抽中单位调查所取得的资料来推断总体指标数值的，推断结果不可避免地会有误差。对于抽样误差，抽样调查既可以在推断之前事先估计出来，也可以根据调查目的和任务的要求，采取一定的措施加以控制，以保证推断的准确性和可靠性。

(三) 抽样调查的作用

抽样调查是一种科学、灵活、实用的调查推断方法，在宏观和微观经济领域都有广泛的应用。其作用主要有以下几点。

1. 抽样调查能完成其他调查方式不能完成的调查任务

如果需要掌握总体的全面资料，但在实际中又不可能或不必要进行全面调查，则可采用抽样法来推断总体的全面资料。例如，在工业生产中要对产品进行质量检查，有的检查是带有破坏性的，像罐装食品的质量、汽车轮胎的耐磨程度等的检验；有的检查在实际操作中不易得到全面资料，如了解森林木材的积蓄量、城乡居民的家庭生活情况等。采用抽样调查方式既能达到调查的目的，又能节省人力、财力、物力和时间。

2. 利用抽样调查结果对已取得的全面调查资料进行检验和修正

全面调查是获取大量的、全面的统计资料的一种重要形式，但因其调查范围广、汇总层次多、调查人员多，很容易产生登记性或计算性误差，使统计资料的准确性受到影响。而抽样调查的范围小、工作量小、参与人员少并具备专业知识和能力，较少发生登记性误差，故可据以对全面调查的结果进行检验和修正。例如，我国历次人口普查，都同时组织人口抽样复查，根据复查结果计算差错率，据以检查和修正普查数字。

3. 利用抽样调查原理和结果进行假设检验，以对事物做出正确的判断认识

在实际工作中，由于一些偶然因素的影响，有时我们观察到的数据并非现象总体的真实面目，为防止分析结果有失偏颇，需要对分析结果进行假设检验。例如，公司进口一批大米，规格为每袋大米 10 千克，重量标准差为 0.6 千克。随机抽取 100 袋大米调查的结果表明，每袋大米的平均重量为 9.8 千克，这是否意味着整批大米的重量不足而应拒收呢？根据抽检结果及有关数据，运用抽样原理进行假设检验，根据其显著性差异程度，就可做出判断。

4. 利用抽样调查方法对工业生产过程进行质量控制

在成批或大量连续生产的过程中，可以运用抽样调查法检验生产过程是否正常，及时提供信息，进行质量控制，避免成批出现不合格产品。

二、抽样调查中的基本概念

(一) 全及总体和样本总体

全及总体就是统计总体，又称母体，简称总体，是由调查对象范围内的全部个体单位所组成的整体。其总体单位数通常用 N 表示。全及总体是抽样调查中唯一确定的总体。

样本总体又称抽样总体、子样，简称样本，是从全及总体中随机抽取的一部分单位的集合体。样本总体中的各个个别单位称为样本单位，样本单位的总数量称为样本容量，通常用 n 表示。一般情况下，$n \geq 30$ 为大样本，$n < 30$ 为小样本。

一个全及总体中有很多样本配合，也称可能样本。可能样本的数目多少，既与样本容量有关，又与抽样的方式、方法有关，通常用 M 表示。可见样本总体是随机的、可变的。

(二) 参数和统计量

1. 参数

参数也称全及指标或总体指标，是反映全及总体数量特征的综合指标。参数主要包括以下几种。

(1) 总体平均数，用 $\overline{X}$ 表示。

(2) 总体成数，用 P 表示。

(3) 总体数量标志的标准差或方差，分别用 $\sigma_{\overline{x}}$ 和 $\sigma_{\overline{x}}^2$ 表示。

(4) 总体是非标志的标准差或方差，分别用 σ_P 和 σ_P^2 表示。

在抽样调查中，上述指标是唯一确定的不变量，是需要根据样本指标进行推断估计的未知数值，其真实值是无法直接计算的。

2. 统计量

统计量又称抽样指标或样本指标，是反映样本总体数量特征的综合指标。统计量是用来推断总体参数值的主要资料依据。由于一个全及总体有很多可能样本，而抽到不同的样本就会得到不同的样本指标，因此样本指标是随机变量。与总体指标相对应，常用的统计量主要有以下几种。

(1) 样本平均数是样本总体各单位标志值的平均数，用 $\bar{x}$ 表示。其计算方法采用算术平均法，即

$$\bar{x} = \frac{\sum x}{n} \quad \text{或} \quad \bar{x} = \frac{\sum xf}{\sum f} \quad \text{或} \quad \bar{x} = \sum x \frac{f}{\sum f}$$

(2) 样本成数是指抽样总体中具有某种标志表现的单位数 (n_1) 占样本总体单位总数 (n) 的比重，用 p 表示，即

$$p = \frac{n_1}{n}$$

(3) 样本数量标志的标准差 ($S_{\bar{x}}$) 或方差 ($S_{\bar{x}}^2$)。

根据未分组资料计算：$S_{\bar{x}} = \sqrt{\dfrac{\sum(x-\bar{x})^2}{n}}$ $\qquad S_{\bar{x}}^2 = \dfrac{\sum(x-\bar{x})^2}{n}$

根据分组资料计算：$S_{\bar{x}} = \sqrt{\dfrac{\sum(x-\bar{x})^2 f}{\sum f}}$ $\qquad S_{\bar{x}}^2 = \dfrac{\sum(x-\bar{x})^2 f}{\sum f}$

(4) 样本是非标志的标准差 (S_P) 或方差 (S_P^2)。

$$S_P = \sqrt{p(1-p)} \qquad S_P^2 = p(1-p)$$

三、抽样方法

抽取样本单位的具体方法有重复抽样与不重复抽样两种，在实际工作中应根据调查对象的特点和研究目的而选择应用。在抽样实践中，不重复抽样的应用较多。

(一)重复抽样

重复抽样又称重置抽样，是指每次从总体中随机抽取一个样本单位，经观察登记其有关标志表现后再放回原总体，使其与其他单位具有同等的机会参加下一次抽取，如此进行 n 次，就可以得到容量为 n 的样本总体。这样，在每次抽选过程中，总体单位数目 N 始终不变，每一个单位都有可能被多次重复抽选。

重复抽样有两个特点。

(1) 每个总体单位都有被重复抽中的可能。

(2) 每次都是从全部总体单位中抽取一个样本单位，因此各个单位被抽中的可能性前后相等。

假如全及总体由甲、乙、丙、丁 4 个单位构成，从中随机抽取两个单位构成一个样本，若采取重复抽样的方法，有可能抽取多少个可能样本呢？具体的配合如下。

$$甲\begin{cases}甲\\乙\\丙\\丁\end{cases} \quad 乙\begin{cases}甲\\乙\\丙\\丁\end{cases} \quad 丙\begin{cases}甲\\乙\\丙\\丁\end{cases} \quad 丁\begin{cases}甲\\乙\\丙\\丁\end{cases}$$

这样，每一个样本单位都有 4 种配合，两个单位构成一个可能样本，则重复抽样的可能样本数为：$4×4=4^2=16(个)$。如此说来，从总体 N 个单位中，随机重复抽取 n 个单位构成一个样本，共可抽取 $M=N×N×N×\cdots×N=N^n$ 个可能样本。

(二)不重复抽样

不重复抽样也称不重置抽样，是指每次从总体中随机抽取一个样本单位，登记其有关资料后，不再放回原总体，而是从剩余单位中进行下一个样本单位的抽取，直至抽足预定的样本单位数为止。

不重复抽样有三个特点。

(1) 每个总体单位一旦被抽中，就不会再有被抽中的可能性，即不可能重复中选。

(2) 可以一次抽足预定的样本单位数。

(3) 随着总体单位数在抽选过程中逐渐减少，剩余的总体单位被抽中的可能性越来越大。

假如全及总体由甲、乙、丙、丁 4 个单位组成，从中随机抽取两个单位构成一个样本，采用不重复抽样方法，第一次抽取样本有 4 种可能，第二次抽取有 3 种可能，那么，可供选择的可能样本的配合如下。

$$甲\begin{cases}乙\\丙\\丁\end{cases} \quad 乙\begin{cases}甲\\丙\\丁\end{cases} \quad 丙\begin{cases}甲\\乙\\丁\end{cases} \quad 丁\begin{cases}甲\\乙\\丙\end{cases}$$

每一个总体单位有3种配合组成可能样本。从4个总体单位中抽取两个单位组成的可能样本数为：4×3=12(个)。如果样本是由3个单位构成，那么不重复抽样的可能样本数就有4×3×2=24(个)。如此说来，从总体 N 个单位中，随机不重复抽取容量为 n 个单位的样本，则可抽取的可能样本数目为 $M=N\times(N-1)\times(N-2)\times(N-3)\times\cdots\times(N-n+1)$，其计算公式如下。

$$M = P_N^n = \frac{N!}{(N-n)!}$$

四、抽样组织形式

由于实际工作中的经济现象各具特点，所以，抽取样本单位的组织形式也各不相同，主要有如下五种。

(一)简单随机抽样

简单随机抽样又称纯随机抽样，这种抽样方式是不对总体单位做任何处理，直接按随机原则从总体中抽取样本单位。常用的方法有抽签法、随机数字表法等。这种方式最能体现抽样的随机原则，所以，抽样误差的计算方法是以此种方式为基础的，其他组织形式的误差大小也是以此种方式为比较基础的。

(二)类型抽样

类型抽样又称分类抽样，它是将所有总体单位先按某一主要标志分成若干类(或组)，使组内各单位标志表现比较接近，组与组之间的标志表现差异较大，然后从各类中随机抽取一部分单位，共同组成样本。由于类型抽样是按照与调查目的有关的主要标志对总体进行分组处理，这样就使影响抽样误差的组内标志变动度减小，所以，其抽样误差要小于纯随机抽样的误差。

类型抽样的特点是把分组法与贯彻随机原则结合起来。在总体单位标志值差异较大时，采用类型抽样较为适宜。

(三)等距抽样

等距抽样又称机械抽样，它是先将总体各单位按某一标志进行排队，根据既定的抽样比例确定抽样间距，然后按一定顺序等间隔地抽取样本单位。这种抽样方式的随机性主要体现在第一个样本单位的抽选上，因此一定要保证第一个样本单位抽取的随机性。

等距抽样具体有两种方法。一是按无关标志排队等距抽样，即按与调查目的无关的标志对总体单位进行排队。此种方式类似于纯随机抽样，其抽样误差大小一般认为与纯随机抽样等同。二是按有关标志排队等距抽样，即按与调查目的有关的标志对总体单位进行排队。此种方式类似于类型抽样，或者说是分组更细的类型抽样，故可按照类型抽样方式计算抽样误差。

(四)整群抽样

整群抽样是先将总体划分为若干个群(组)，每一群内包含若干个单位，然后随机抽取一部分群作为样本群，对样本群中的所有总体单位进行全面调查的调查方式。这种方式不同于前面三种的一个一个地抽取调查单位，而是成群地抽取。由于其影响抽样误差的群间标志变动度通常较大，因此其抽样误差往往较大，大于纯随机抽样。要保证推断的准确性和可靠性，一方面在组群时应尽量扩大群内方差，缩小群间方差；另一方面在抽样时应尽量多抽取样本群。

(五)多阶段抽样

前面四种抽样方式都属于单阶段抽样，即经过一次抽选就可以直接确定样本。在调查范围小、调查单位比较集中时，采用单阶段抽样比较适宜。

多阶段抽样是把抽取样本单位的过程分成两个或更多个阶段进行。先从统计总体中抽取若干大的样本单位，也称第一阶段单位，再从第一阶段单位中抽取较小的样本单位，也称第二阶段单位，以此类推，直到最后阶段抽出最终的样本单位，即需要登记其特征的单位。若第二阶段单位是最终样本单位，就是两阶段抽样；若第三阶段单位是最终样本单位，就是三阶段抽样。在调查范围很大、总体单位太多的情况下，可采用多阶段抽样进行抽样调查。

> **特别提示**
>
> 抽样调查，从其内涵来说，包括抽样调查和抽样推断两部分。前者重在抽取样本、观察登记和计算，后者重在推断和分析。而样本数据的代表性是推断准确性的前提，因此，抽样调查必须按随机原则从全部总体单位中抽取一部分单位进行调查，以提高样本数据的代表性。

任务二　产品质量抽样调查分析

子任务一　产品质量抽样误差分析

任务导入

北极星钟表公司为了解 5 月份生产的 10 000 件钟表电子元件的质量情况，质检科对 5 月份生产的电子元件在生产线上采用纯随机不重复抽样方法，抽取 120 件组成样本进行耐磨程度检查，检查结果整理如表 6-1 所示。公司质检科的技术标准规定，电子元件耐磨程度低于 1 000 小时为不合格品。

表 6-1　5 月份电子元件耐磨时数调查结果

时数(小时)	800 以下	800～1 000	1 000～1 200	1 200～1 400	1 400～1 600	1 600 以上	合计
元件数(件)	2	4	28	46	32	8	120

实习生常昊需要在质检科工作人员的指导下，对本批钟表元件的耐磨程度进行抽样误差分析。

相关知识

一、抽样误差的含义及其产生原因

在实际工作中，由于种种原因，统计调查的结果与现象实际数值之间往往存在一定的差异，称之为统计误差。按照误差产生的原因不同，统计误差分为登记性误差和代表性误差两类。

登记性误差也称工作性误差，是指在统计调查过程中，由于调查者工作中的差错，如重复登记、遗漏、汇总计算错误及有意地弄虚作假等行为而引起的误差。所有统计调查，包括全面调查都可能会发生登记性误差。理论上，登记性误差是可以避免的。

代表性误差是指在抽样调查中，由于样本不足以代表总体而产生的误差，按其产生的原因不同，又分为两类：①系统性误差，它是指由于违反抽样的随机原则而使样本不足以代表总体而产生的误差，系统性误差在理论上是可以避免的；②随机误差，它是指完全遵循随机原则抽样，由于随机抽样本身一般会使样本内部结构与总体结构不完全一致而产生的误差，随机误差在抽样调查中是不可避免的。

我们所说的抽样误差，既不是登记性误差，也不是系统性误差，而是随机误差。只要进行随机抽样，就必然会产生这种随机性的抽样误差。抽样误差是客观存在的，除非进行全面调查，否则不可能用主观的办法来消除它。

二、抽样平均误差

(一)抽样平均误差的含义

抽样平均误差是所有可能样本的样本指标与总体的全及指标之间的平均离差，它反映所有可能样本的抽样误差的一般水平。抽样平均误差一般用 μ 表示，是抽样调查中唯一确定的、不变的误差。

(二)抽样平均误差的计算公式

这里只介绍在简单随机抽样方式下的抽样平均误差的计算方法。

在实际工作中，在简单随机抽样方式下，抽样平均误差的计算公式如下。

1. 平均数的抽样平均误差

重复抽样条件下：

$$\mu_{\bar{x}} = \sqrt{\frac{\sigma_{\bar{X}}^2}{n}} = \frac{\sigma_{\bar{X}}}{\sqrt{n}}$$

不重复抽样条件下：

$$\mu_{\bar{x}} = \sqrt{\frac{\sigma_{\bar{X}}^2}{n} \times \left(1 - \frac{n}{N}\right)}$$

2. 成数的抽样平均误差

重复抽样条件下：

$$\mu_P = \sqrt{\frac{P(1-P)}{n}} = \frac{\sigma_P}{\sqrt{n}}$$

不重复抽样条件下：

$$\mu_P = \sqrt{\frac{P(1-P)}{n} \times \left(1 - \frac{n}{N}\right)} = \sqrt{\frac{\sigma_P^2}{n} \times \left(1 - \frac{n}{N}\right)}$$

● **特别提示**

关于上述抽样平均误差的实际计算公式，在应用时要注意以下两方面的问题。

(1) 不重复抽样公式中的校正系数问题。

不重复抽样的抽样平均误差公式中的 $1-\frac{n}{N}$ 称为校正系数。由于样本容量 n 大于 1 而小于 N，所以该系数小于 1。因此，在其他条件不变时，不重复抽样的平均误差小于重复抽样的平均误差。

校正系数中的 $\frac{n}{N}$ 称为抽样比例。在实际工作中，由于总体单位数一般相当大，所以抽样比例一般很小，因此为减轻计算工作量，实际工作中即使采用不重复抽样也常近似地按重复抽样公式计算抽样平均误差。

(2) 总体方差资料的替代问题。

在抽样平均误差的实际计算公式中，都含有总体方差(或标准差)。但是，总体方差的实际值在抽样推断中是不可知的，所以，只有采用有关资料替代它。通常有三种替代方式：①采用样本的方差 S^2 来代替。②用过去已进行过的全面调查(或抽样调查)的方差，即用历史方差替代。如果有若干个历史方差，一般情况下会选择最近的方差代替，但有时也会因为现象的标志变动度太大而选择历史上最大的方差代替，而在现象的标志变动度没有异常时会采用历史方差的平均值来代替。③用实验性调查所获得的方差资料代替。成数方差也可用 0.25 代替。

(三)影响抽样平均误差的因素

抽样误差的影响因素主要有以下四个方面。

1. 样本单位数目，即样本容量

在其他条件不变的情况下，抽取的样本单位数量越多，样本结构就越接近总体结构，则样本对总体的代表性就越高，抽样误差也越小。二者呈反方向变化。

2. 总体各单位之间的标志变异程度，即总体标志变动度

如果其他条件不变，总体各单位标志值之间的差别程度越大，样本内部结构就越难以接近总体结构，则样本对总体的代表性就越差，抽样误差就越大。二者呈正方向变化。

3. 抽样的组织形式

一般情况下，类型抽样、等距抽样的误差要比整群抽样、多阶段抽样的误差小。

4. 抽样方法

在样本容量一定的前提下，采用不重复抽样的方法抽样，会使样本结构更接近于总体结构,即样本对总体的代表性更高。因此,不重复抽样的抽样误差要小于重复抽样的抽样误差。

可见,通过适当地扩大样本容量,或者对总体进行分组、排队等恰当的处理等,都可以达到减小和控制抽样误差的目的。

工作任务

实习生常昊需要在质检科工作人员的指导下,根据表6-1的资料对本批钟表元件进行抽样误差分析。

操作演示

根据表6-1的数据,常昊编制了如表6-2所示的计算表,并在质检科指导老师的引导下进行了如下计算分析。

表6-2　5月份样本钟表元件耐磨时数标准差计算表

时数(小时)	组中值 x	频数(件)f	xf	$x-\bar{x}$	$(x-\bar{x})^2$	$(x-\bar{x})^2 f$
800 以下	700	2	1 400	−610	372 100	744 200
800～1 000	900	4	3 600	−410	168 100	672 400
1 000～1 200	1 100	28	30 800	−210	44 100	1 234 800
1 200～1 400	1 300	46	59 800	−10	100	4 600
1 400～1 600	1 500	32	48 000	190	36 100	1 155 200
1 600 以上	1 700	8	13 600	390	152 100	1 216 800
合　计	—	120	157 200	—	—	5 028 000

(1) 电子元件耐磨时数的抽样平均误差如下。

样本平均耐磨时数: $\bar{x} = \dfrac{\sum xf}{\sum f} = \dfrac{157\,200}{120} = 1\,310(小时)$

样本耐磨时数方差: $S_{\bar{x}}^2 = \dfrac{\sum (x-\bar{x})^2 f}{\sum f} = \dfrac{5\,028\,000}{120} = 41\,900$

耐磨时数抽样平均误差:

$$\mu_{\bar{x}} = \sqrt{\dfrac{\sigma_{\bar{x}}^2}{n}\left(1 - \dfrac{n}{N}\right)} = \sqrt{\dfrac{41\,900}{120} \times \left(1 - \dfrac{120}{10\,000}\right)} \approx 18.57(小时)$$

(2) 电子元件耐磨合格率抽样平均误差如下。

样本耐磨合格率: $P = \dfrac{114}{120} = 95\%$

合格率抽样平均误差:

$$\mu_P = \sqrt{\dfrac{P(1-P)}{n} \times \left(1 - \dfrac{n}{N}\right)} = \sqrt{\dfrac{95\% \times (1-95\%)}{120} \times \left(1 - \dfrac{120}{10\,000}\right)} \approx 1.98\%$$

结论:对北极星钟表公司5月份生产的10 000件电子元件抽取120件做样本的抽样误

差分析，电子元件耐磨时数的抽样平均误差为 18.57 小时，合格率抽样平均误差为 1.98%。

⊙ 特别提示

抽样误差是抽样调查所特有的误差。凡进行抽样调查就一定会产生抽样误差，这种误差虽然是不可避免的，但可以事先计算出来，并加以控制。一般可以通过选择抽样方法、抽样组织形式及合理确定样本容量来加以控制。

子任务二 产品质量抽查精确度与保证概率分析

⊙ 任务导入

实习生常昊在师傅的指导下完成了对钟表元件质量抽样误差的计算分析，在对产品质量进行抽样推断之前，需要考虑两个问题，一个是推断的精确度，另一个是推断的可靠性。而要想达到既精确又可靠的推断，就必须学会计算抽样极限误差和抽样误差的概率度。

⊙ 相关知识

一、抽样极限误差

抽样极限误差又称允许误差，是调查者根据抽样推断结果的精确度及可靠性要求所确定的样本指标与总体指标之间产生误差的最大允许值，一般用 Δ 表示。

平均数的允许误差：

$$\Delta_{\bar{x}} \geqslant |\bar{x} - \bar{X}|$$

成数的允许误差：

$$\Delta_P \geqslant |p - P|$$

在实际工作中，人们不是利用上面的不等式计算极限误差，而是将其变换为如下不等式。

$$\bar{x} - \Delta_{\bar{x}} \leqslant \bar{X} \leqslant \bar{x} + \Delta_{\bar{x}}$$
$$p - \Delta_P \leqslant P \leqslant p + \Delta_P$$

可见，确定极限误差 Δ，实际上是希望以样本指标($\bar{x}$ 或 p)为中心，长度为 2Δ 的区间能够包含总体指标($\bar{X}$ 或 P)。只要总体指标被包含在该区间内，样本指标与总体指标之间的误差就不会超过极限误差 Δ，抽样推断就符合既定的精确度要求。这个区间被称为抽样推断的估计区间，也称置信区间。

二、抽样误差的概率度

抽样极限误差的实际意义是期望总体指标被包含在以样本指标为中心，长度为 2Δ 的区间内。不过，并没有百分之百的把握肯定该区间一定能包含总体指标。总体指标包含在该区间的把握程度问题，实质上就是一定的极限误差对应的概率保证程度问题。

抽样极限误差与抽样平均误差之比，称为抽样误差的概率度，用 t 表示。其计算公式如下。

$$t = \frac{\Delta}{\mu}$$

上式可以变换为 $\Delta = t\mu$，由于抽样平均误差是唯一不变的误差，是不变量，因此抽样极限误差与抽样平均误差的比值大小就决定了估计区间的宽窄，标志着总体指标出现在该区间的概率保证程度的高低，故称概率度。

数理统计学家证明，在标准正态分布条件下，概率保证程度 $F(t)$ 是概率度 t 的函数，t 值一定，$F(t)$ 也随之确定；t 值越大，$F(t)$ 也越大，其值一一对应(见本书附录正态概率表)。正态分布概率简表如表 6-3 所示。

表 6-3　正态分布概率简表

t	$F(t)$
1	0.682 7
1.96	0.950 0
2	0.954 5
3	0.997 3

● 工作任务

针对实习生常昊根据表 6-2 的计算结果，指导老师要求常昊分别在 95.45%和 99.73%的概率保证下分析 5 月份生产的电子元件耐磨时数和合格率的允许误差，并估计全部电子元件合格率在 98%~100%的保证概率是多少。

● 操作演示

根据资料表 6-1、表 6-2 的数据，实习生常昊分析出电子元件耐磨时数的抽样平均误差为 18.57 小时，合格率抽样平均误差为 1.98%。对指导老师提出的新要求，他做了如下分析。

(1) 在 95.45%的概率保证程度下，平均耐磨时数及合格率的最大允许误差。

概率保证程度为 95.45%时，$t=2$

平均耐磨时数的极限误差：$\Delta_{\bar{x}} = t\mu_{\bar{x}} = 2 \times 18.57 = 37.14$(小时)

合格率的极限误差：$\Delta_P = t\mu_P = 2 \times 1.98\% = 3.96\%$

(2) 在概率保证程度提高到 99.73%时，平均耐磨时数及合格率的极限误差。

概率保证程度为 99.73%时，$t=3$

平均耐磨时数的极限误差：$\Delta_{\bar{x}} = t\mu_{\bar{x}} = 3 \times 18.57 = 55.71$(小时)

合格率的极限误差：$\Delta_P = t\mu_P = 3 \times 1.98\% = 5.94\%$

(3) 全部电子元件合格率在 98%~100%的保证概率。

$2\Delta_P = 100\% - 98\% = 2\%$，$\Delta_P = 1\%$，前面已计算出 $\mu_P = 1.98\%$

所以，概率度 $t = \dfrac{\Delta_P}{\mu_P} = \dfrac{1\%}{1.98\%} \approx 0.505$

查表得：$F(t) = 38.99\%$

结论：在 95.45%的概率保证下分析，北极星钟表公司 5 月份生产的电子元件耐磨时数的误差不超过 37.14 小时，合格率的误差不超过 3.96%；在 99.73%的概率保证下分析，5 月份生产的钟表电子元件耐磨时数的误差不超过 55.71 小时，合格率的误差不超过 5.94%。若要保证全部电子元件合格率在 98%～100%，其保证概率为 38.99%。

● 特别提示

基于数理统计理论的要求，抽样极限误差通常需要以抽样平均误差为标准单位来衡量，把极限误差除以抽样平均误差，得到一个相对数 t，t 表示误差范围为抽样平均误差的倍数，这一变换称为概率的标准化过程。

子任务三　产品质量抽样估计

● 任务导入

实习生常昊配合质检人员对北极星钟表公司生产的电子元件进行了抽样质检，得出样本元件的平均耐磨时数为 1 310 小时，样本合格率为 95%。但是公司质检科最终目标是要知道整批 10 000 件电子元件的质量情况，因此还要进行抽样估计。实习生常昊需要在质检科工作人员的指导下，在 95.45%的概率保证下对本批钟表元件进行抽样估计，以得出整批电子元件的耐磨时数及合格率情况。

● 相关知识

抽样估计是利用实际调查的样本指标数值来估计相应的总体指标数值的方法。由于总体指标是表明总体数量特征的参数，因此，抽样估计也称参数估计。参数估计有点估计和区间估计两种方法。

一、参数的点估计

点估计是不考虑抽样误差，直接用样本指标作为总体指标估计值的参数估计，常表现为以实际计算的样本平均数作为相应总体平均数的估计值，以实际计算的样本成数作为相应总体成数的估计值。设以样本平均数 $\bar{x}$ 作为总体平均数 $\bar{X}$ 的估计值，样本成数 p 作为总体成数 P 的估计值，则有：$\bar{x}=\bar{X}$，$p=P$。我国多次人口普查中，对全国人口数进行修正时，都是采用与普查同时进行的抽样调查的样本人口数差错率作为全国人口数差错率来直接修正全国人口总数的。

二、参数的区间估计

区间估计就是把样本指标和抽样误差结合起来推算总体指标的可能范围，并给出总体指标落在这个区间的概率保证程度。区间估计是抽样估计的主要方法。

区间估计的具体方法，就是在样本指标($\bar{x}$ 或 p)的基础上，加减若干倍的抽样平均误差(μ)，作为估计区间(置信区间)，以此来推断总体指标所在的可能范围。

总体平均数的估计区间：

$$\overline{x} - t\mu_{\overline{x}} \leqslant \overline{X} \leqslant \overline{x} + t\mu_{\overline{x}}$$

总体成数的估计区间：

$$p - t\mu_P \leqslant P \leqslant p + t\mu_P$$

抽样指标减若干倍的抽样平均误差是估计区间的下限，抽样指标加若干倍的抽样平均误差是估计区间的上限，上限、下限的数值称为区间估计的置信界限。决定置信界限或置信区间大小的因素有三个：一是抽样指标，即 $\overline{x}$ 或 p；二是抽样平均误差，即 $\mu_{\overline{x}}$ 或 μ_P；三是抽样平均误差的倍数，即概率度 t。

【工作任务一】

北极星钟表公司要求实习生常昊根据本任务的导入资料，在质检科指导老师的指导下估计 5 月份生产的全部电子元件的耐磨时数和合格率。

操作演示

根据前面的计算结果，常昊做了如下的分析。

(1) 已经计算出耐磨时数的抽样平均误差：$\mu_{\overline{x}} = 18.57$ 小时

因为 $F(t)=95.45\%$

查正态概率表得：$t=2$

所以 $\Delta = t\mu = 2 \times 18.57 = 37.14$(小时)

则 5 月份生产的电子元件耐磨时数的置信区间如下。

上限：$\overline{x} + \Delta = 1\ 310 + 37.14 = 1\ 347.14$(小时)

下限：$\overline{x} - \Delta = 1\ 310 - 37.14 = 1\ 272.86$(小时)

即：$1\ 272.86$ 小时 $\leqslant \overline{X} \leqslant 1\ 347.14$ 小时

(2) 已经计算出合格率平均误差为 1.98%，且已查出 $t=2$

所以 $\Delta_P = t\mu_P = 2 \times 1.98\% = 3.96\%$

则 5 月份生产的电子元件合格率置信区间如下。

上限：$p + \Delta_P = 95\% + 3.96\% = 98.96\%$

下限：$p - \Delta_P = 95\% - 3.96\% = 91.04\%$

即：$91.02\% \leqslant P \leqslant 98.98\%$

结论：在 95.45% 的概率保证程度下估计，北极星钟表公司 5 月份生产的 10 000 件钟表电子元件耐磨时数在 1 272.86 小时到 1 347.14 小时之间，耐磨时数超过 1 000 小时的产品所占比重在 91.04% 到 98.96% 之间。

【工作任务二】

北极星钟表公司为了解本公司工人的生产能力，由生产管理部组织调查小组，从 1 500 名职员中按纯随机不重复抽样抽取 100 名职员进行调查，登记每人的月产量资料，调查数据整理如表 6-4 所示。对本次调查，公司要求人均月产量的抽样误差不超过 45.7 件，月产量不足 1 000 件的职员所占比重的抽样误差不超过 8.68%，要求调查小组提前分析出本次调查的概率保证程度。

项目六　企业抽样调查统计分析

表 6-4　抽中工人按月产量分组的人数分布资料

产量(件)	800 以下	800~1 000	1 000~1 200	1 200~1 400	1 400 以上	合　计
人数(人)	10	20	25	30	15	100

● 操作演示

调查小组根据表 6-4 的人数分布资料，按照样本指标计算的需要，编制了如表 6-5 所示的工人产量标准差计算表，并计算样本相关指标，继而进行抽样推断。

(1) 全部工人平均月产量的估计。

样本人均产量：$\bar{x} = \dfrac{\sum xf}{\sum f} = \dfrac{114\,000}{100} = 1\,140(件)$

表 6-5　100 名工人产量标准差计算表

按月产量分组(件)	组中值 x	频数(人) f	xf	$x-\bar{x}$	$(x-\bar{x})^2$	$(x-\bar{x})^2 f$
800 以下	700	10	7 000	-440	193 600	1 936 000
800~1 000	900	20	18 000	-240	57 600	1 152 000
1 000~1 200	1 100	25	27 500	-40	1 600	40 000
1 200~1 400	1 300	30	39 000	160	25 600	768 000
1 400 以上	1 500	15	22 500	360	129 600	1 944 000
合　计	—	100	114 000	—	—	5 840 000

样本人均月产量方差：$S_{\bar{x}}^{2} = \dfrac{\sum(x-\bar{x})^2 f}{\sum f} = \dfrac{5\,840\,000}{100} = 58\,400$

月产量抽样平均误差：$\mu_{\bar{x}} = \sqrt{\dfrac{\sigma_{\bar{x}}^{2}}{n}\left(1-\dfrac{n}{N}\right)} = \sqrt{\dfrac{58\,400}{100}\times\left(1-\dfrac{100}{1500}\right)} \approx 23.35(件)$

全部职员的人均月产量的估计区间如下。

上限：$\bar{x} + \Delta = 1\,140 + 45.7 = 1\,185.7(件)$

下限：$\bar{x} - \Delta = 1\,140 - 45.7 = 1\,094.3(件)$

即：$1\,094.3\,件 \leqslant \bar{X} \leqslant 1\,185.7\,件$

概率度 $t = \dfrac{\Delta_{\bar{x}}}{\mu_{\bar{x}}} = \dfrac{45.7}{23.35} = 1.96$

查正态概率表得：$F(t) = 95\%$

(2) 月产量不足 1 000 件的工人所占比重的估计。

样本成数：$P = \dfrac{10+20}{100} = 30\%$

成数抽样平均误差：$\mu_P = \sqrt{\dfrac{P(1-P)}{n}\left(1-\dfrac{n}{N}\right)} = \sqrt{\dfrac{0.3\times 0.7}{100}\left(1-\dfrac{100}{1500}\right)} \approx 4.43\%$

全部职员中月产量不足 1 000 件的职员所占比重的区间估计如下。
上限：$P+\Delta_P$=30%+8.68%=38.68%
下限：$P-\Delta_P$=30%-8.68%=21.32%
即：21.32%≤P≤38.68%
概率度 $t=\dfrac{\Delta_P}{\mu_P}=\dfrac{8.68\%}{4.43\%}\approx 1.96$

查正态概率表得：$F(t)$=95%

结论：北极星钟表公司要求工人平均月产量的抽样误差不超过 45.7 件时，估计全部工人的人均月产量在 1 094.3 件至 1 185.7 件之间，该估计区间发生的概率保证程度为 95%。公司要求月产量不足 1 000 件的工人所占比重的抽样误差不超过 8.68%时，估计有 21.32%至 38.68%的工人月产量不足 1 000 件，该区间发生的概率保证程度为 95%。

● 特别提示

(1) 抽样推断有点估计和区间估计两种方法，虽然点估计简单易行，但是由于区间估计既考虑到推断的精确度，又考虑到推断结果的可靠性，因此，应用更为广泛。

(2) 区间估计的推断结论至少要包括两方面信息，一方面是推断的总体指标的可能范围，另一方面是估计区间发生的概率保证程度。

子任务四　产品抽检数量分析

● 任务导入

实习生常昊在进行抽样估计的过程中认识到，要保证抽样估计结果的精确度和可靠性，合理的样本容量至关重要，因为样本容量过大，会增加调查的工作量，造成人力、财力、物力和时间的浪费；样本容量过小，则样本对总体缺乏足够的代表性，从而难以保证推算结果的精确度和可靠性。所以，样本容量确定得科学合理，一方面，可以在既定的调查费用下，使抽样误差尽可能小，以保证推算的精确度和可靠性；另一方面，可以在既定的精确度和可靠性下，使调查费用尽可能少，以保证抽样调查的最大效果。

那么，如何确定恰当的样本容量？为什么抽样之前指导老师没有带领自己先学习样本容量的确定？带着疑问常昊向指导老师学习样本容量的确定方法。

● 相关知识

一、必要样本容量的确定公式

确定样本容量，需要具备一定的抽样专业知识，特别是抽样误差和抽样调查的概率保证程度的相关知识，所以，只有真正了解了抽样推断之后，才能真正理解样本容量确定的方法。

由于样本容量是抽样极限误差 $\left(\Delta=t\mu=t\sqrt{\dfrac{\sigma^2}{n}}\right)$ 的组成部分，因此可以根据抽样推断精确度的要求，利用抽样极限误差公式推导出样本容量。在简单随机抽样条件下，推断总体指标所必需的、最基本的样本容量公式如下。

(一)平均数推断的样本容量

(1) 重复抽样条件下：

$$n_{\bar{x}} = \frac{t^2 \sigma_{\bar{x}}^2}{\Delta_{\bar{x}}^2}$$

(2) 不重复抽样条件下：

$$n_{\bar{x}} = \frac{N t^2 \sigma_{\bar{x}}^2}{N \Delta_{\bar{x}}^2 + t^2 \sigma_{\bar{x}}^2}$$

(二)成数推断的样本容量

(1) 重复抽样条件下：

$$n_P = \frac{t^2 \sigma_P^2}{\Delta_P^2} = \frac{t^2 P(1-P)}{\Delta_P^2}$$

(2) 不重复抽样条件下：

$$n_P = \frac{N t^2 \sigma_P^2}{N \Delta_P^2 + t^2 \sigma_P^2} = \frac{N t^2 P(1-P)}{N \Delta_P^2 + t^2 P(1-P)}$$

● **特别提示**

根据计算公式确定必要样本容量应注意以下三个问题。

(1) 计算公式中的总体方差可以用历史方差或实验性调查所得方差代替。若用历史方差，可以是最近的方差、历史上最大的方差或历史方差的平均值。

(2) 同一次调查中，进行成数推断与进行平均数推断的样本容量一般不相等。为满足两种推断的共同需要，应选择其中数值较大者。

(3) 在实际工作中确定的样本容量应略多于计算结果，以保证推断的精确度和可靠性。

二、影响样本容量的主要因素

样本容量的影响因素主要有以下四个方面。

(1) 总体标志变动度。在其他条件不变的前提下，总体标志变动度越大，则抽样误差就越大，因此，样本容量应大些；反之，总体标志变动度越小，抽样误差就越小，则样本容量就可小些。二者呈正方向变化。

(2) 抽样推断的精确度要求，即抽样极限误差。若其他条件不变，抽样估计的精确度要求越高，即抽样极限误差越小，样本容量就应越大；精确度要求越低，即抽样极限误差越大，样本容量应越小。二者呈反方向变化。

(3) 概率保证程度。在其他条件不变的前提下，抽样估计所要求的概率保证程度越高，样本容量应越大；概率保证程度越低，样本容量应越小。二者呈正方向变化。

(4) 抽样方式和方法。不同的抽样组织形式会有不同的抽样误差，因此，样本容量也应有所不同。至于抽样方法，由于不重复抽样的误差小于重复抽样的误差，因此，不重复抽样的样本容量可以比重复抽样小一些。

可以通过上面这些因素来调整样本容量的大小，继而控制抽样误差，提高抽样推断的精确度。

【工作任务一】

去年，灯具厂在对生产的灯具进行使用寿命及合格情况分析中，得到灯具的使用寿命标准差为 12.48 小时，产品合格率为 96%。今年，公司要对生产的 3 490 件灯具的使用寿命和合格率进行抽样调查，并提出使用寿命的误差最大不超过 2 小时，合格率的极限误差为 3%，概率保证程度为 95%。在抽样工作开始之前，指导老师要求实习生常昊确定出不重复抽样方法下需要抽查多少件产品做样本。

操作演示

由于 $\sigma_{\bar{x}}$=12.48 小时；t=1.96(概率保证程度为 95%)；$\Delta_{\bar{x}}$=2 小时；N=3 490 件。

因此平均使用寿命推断的样本容量如下。

$$n_{\bar{x}} = \frac{Nt^2\sigma_{\bar{x}}^2}{N\Delta_{\bar{x}}^2 + t^2\Delta_{\bar{x}}^2} = \frac{3\,490 \times 1.96^2 \times 12.48^2}{3\,490 \times 2^2 + 1.96^2 \times 12.48^2} \approx 143.44(件)$$

由于 P=96%；t=1.96；Δ_P=3%；N=3 490 件。

因此合格率推断的样本容量如下。

$$n_P = \frac{Nt^2P(1-P)}{N\Delta_P^2 + t^2P(1-P)} = \frac{3\,490 \times 1.96^2 \times 0.96 \times (1-0.96)}{3\,490 \times 0.03^2 + 1.96^2 \times 0.96 \times (1-0.96)} \approx 156.56(件)$$

结论：今年，灯具厂对灯具的使用寿命和合格率进行抽样调查时，为满足平均使用寿命和产品合格率两种推断对样本容量的共同需要，至少要在 3 490 件产品中抽取 157 件产品做样本。

【工作任务二】

钟表公司要对生产的 10 000 件电子元件进行一级品率抽样调查。根据以往的调查分析，公司的电子元件中一级品占 60%。公司本次调查要求一级品率的抽样误差不超过 4%，概率保证程度为 95.45%。指导老师要求实习生常昊确定出在重复抽样和不重复抽样下各需抽取多少电子元件来检验。

操作演示

根据公司的资料可知：

N=10 000 件；Δ_P=4%；p=0.6；t = 2 (概率保证为 95.45%)

重复抽样时：$n_P = \dfrac{t^2P(1-P)}{\Delta_P^2} = \dfrac{2^2 \times 0.6 \times 0.4}{0.04^2} = 600(件)$

不重复抽样时：$n_P = \dfrac{Nt^2P(1-P)}{N\Delta_P^2 + t^2P(1-P)} = \dfrac{10\,000 \times 2^2 \times 0.6 \times 0.4}{10\,000 \times 0.04^2 + 2^2 \times 0.6 \times 0.4} \approx 566.04 \approx 567(件)$

结论：如果本次抽样调查一级品率误差不超过 4%，概率保证程度为 95.45%，则钟表公司采用重复抽样需要至少抽取 600 件电子元件,而采用不重复抽样需要至少抽取 567 件电子元件进行检验。

◎ **特别提示**

通过公式计算得到的样本容量是最基本的、最少的。在实际工作中,一般都要根据总体单位的标志变异程度和调查工作条件来适当地增加样本容量,以保证抽样推断的精确度和可靠程度。

任务三 利用 Excel 进行抽样估计

子任务一 用 STDEV 函数计算样本的标准差及方差

◎ **任务导入**

溧阳贸易有限公司出口一批 10 000 件的面粉,为分析这批面粉的包装重量,现随机抽取了 40 件进行检验,检验结果为(单位:千克)。

100 100 90 93 85 90 89 89 90 92 91 98 95 90 91 89 88 85
97 93 93 82 96 90 88 90 92 92 90 89 88 90 95 91 92 88
89 97 85 97

溧阳贸易有限公司质检分析员邵峰需要根据抽检的数据,计算样本的重量标准差、方差,并计算样本重量的抽样平均误差。

◎ **相关知识**

在 Excel 中有两个求标准差的函数:一个是求样本标准差的函数 STDEV;另一个是求总体标准差的函数 STDEVP。STDEVP 函数的应用已经在项目五企业生产经营差异分析中演示过了。

STDEV 函数和 STDEVP 函数的不同之处是:其根号下分式的母项不是用 N 而是用 $n-1$ 计算的,这是为了用样本指标推断总体指标时可以得到无偏估计。当利用已知的平均数计算其他数值时,能自由变动的变量只有 $n-1$ 个,必有一个因受平均数和其他变量的制约不能变动,故称 $n-1$ 为自由度。此外,还有两个对包含逻辑值和字符串的数列计算样本标准差和总体标准差的函数 STDEVA 和 STDEVPA。

在 Excel 中有两个求方差的函数:一个是求样本方差的函数 VAR;另一个是求总体方差的函数 VARP。前者是按自由度 $n-1$ 计算的,后者是按变量值个数 N 计算的。另外,也有两个对包含逻辑值和字符串的数列计算样本方差和总体方差的函数 VARA 和 VARPA。

将每个样本单位的观测值输入到 Excel 中后,利用其函数工具计算样本的标准差或方差。得出样本或总体的标准差或方差后,用输入公式的方法,在 Excel 中计算出抽样平均误差。

操作演示

溧阳贸易有限公司质检分析员邵峰将 40 件面粉的重量数据输入到 Excel 表中的 A1:A40 单元格中，然后单击任一单元格，如 C1 单元格(用于放置标准差数值)，然后单击"插入"工具栏中的 fx 按钮，即选择函数工具，从弹出的对话框中选择"统计"类别中的 STDEV 函数，按 Enter 键进入如图 6-1 所示的对话框。

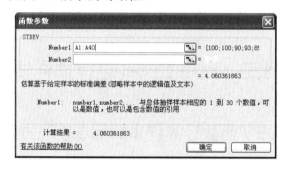

图 6-1　重量标准差的计算

在 Number1 输入框中输入数据区域"A1:A40"，单击"确定"按钮或按 Enter 键，即得到 40 件面粉的重量标准差约为 4.06 千克。

单击任一单元格，如 C2 单元格(用于放置方差数值)，选择"插入"菜单中的"函数"命令，在弹出的对话框中选择"统计"类别中的 VAR 函数，然后按 Enter 键进入如图 6-2 所示的对话框。

图 6-2　重量方差的计算

在 Number1 输入框中输入数据区域"A1:A40"，单击"确定"按钮或按 Enter 键，即得到 40 件面粉的重量方差约为 16.4865。

抽样平均误差的数值需要采用公式输入的方法获得。单击任一单元格，如 C3 单元格(用于放置计算好的抽样平均误差)，输入"=SQRT(C3/40)"或输入"=SQRT(16.4865/40)"，然后按 Enter 键，即得到被抽中的 40 件面粉重量的抽样平均误差约为 0.642 千克。

特别提示

在 Excel 中，函数 SQRT 属于数学与三角函数，而不属于统计函数。因此如果采用插入函数的方式计算平方根，需要在"插入函数"对话框中的"数学与三角函数"类别中查找。

子任务二 用 CONFIDENCE 函数完成总体均值的区间估计

任务导入

机械厂 3#轴承的长度数据服从正态分布，现从刚生产的一批 3#轴承中随机抽取 9 件，测得其平均长度为 21.4 毫米，根据历史记录，轴承的长度标准差为 0.15 毫米。厂长要求按保证概率 0.95 的要求，估计该批轴承平均长度的估计区间。

相关知识

在已知样本指标的前提下，要估计总体指标的可能区间，关键是计算抽样极限误差(可允许误差)。

在 Excel 软件中，有一个统计函数 CONFIDENCE，用来直接计算抽样估计中的极限误差。其查找途径是：选择"插入"菜单中的"函数"命令，在弹出的对话框中选择"统计"类别，在统计类函数中选择 CONFIDENCE 函数。

操作演示

首先，计算极限误差(可允许误差)。

单击"插入"工具栏中的"函数"按钮，从弹出的对话框中选择"统计"类别中的 CONFIDENCE 函数(总体均值置信区间函数)，然后按 Enter 键进入如图 6-3 所示的对话框。

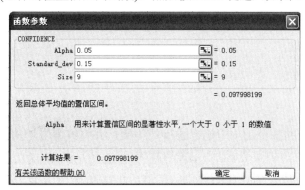

图 6-3 计算极限误差

在图 6-3 所示对话框中，完成以下操作。

(1) 在 Alpha 输入框中输入设定置信概率的显著水平 0.05(1-0.95)；在 Standard_dev 输入框中输入总体标准差 0.15；在 Size 输入框中输入样本容量 9。

(2) 完成以上操作后，即在对话框底部给出允许误差计算结果约 0.098。若事先选定了放置数据的单元格，则按 Enter 键确认就可以将 0.098 放入选定的单元格中。

(3) 进行整批轴承平均长度的区间估计。将样本均值 21.4 毫米加上 0.098 得 21.498 毫米，将 21.4 毫米减去 0.098 得 21.302 毫米，这表明有 95%的把握推断该批零件的平均长度为 21.302～21.498 毫米，这就是整批轴承平均长度的估计区间。

◉ **特别提示**

(1) 以上操作还可以用输入函数公式的方法完成。其方法是：单击任一空单元格，输入"=CONFIDENCE(0.05,0.15,9)"，按 Enter 键确认，即可得出同样的结果。

(2) 非正态分布的总体如果样本容量大于 30，也可以使用 CONFIDENCE 函数对总体的均值进行区间估计。

(3) 在 Excel 中，有个 TINV 函数，为给定自由度和双尾概率的学生氏 t-分布的区间点。使用 TINV 函数可以代替查 t 分布表，所得结果比查表更准确。在本案例中，单击任一空单元格，输入"=TINV(0.05,8)"，按 Enter 键确认，就得到保证概率为 95%，样本容量为 9 件(自由度为 8)的概率度为 2.306。

(4) 如果是正态分布但总体方差未知，可用样本方差代替总体方差，用自由度为 $n-1$ 的 t 统计量对总体进行均值的区间估计。其方法是：先单击任一空单元格，输入"=TINV(1-概率保证程度,自由度)*SQRT(样本方差/样本容量)"，按 Enter 键确认，得出允许误差。然后，将样本均值分别加上允许误差和减去允许误差，即得到总体长度均值的估计区间。SQRT 为平方根函数。

(5) 总体比率(成数)的区间估计一般是采用上述同样的方法，按给定的概率保证程度查表得到概率度 t 值，然后采用输入公式法，估计总体比率的可能范围。

(6) 在 Excel 中确定样本容量，主要使用输入公式的方法。根据已经掌握的概率度、总体方差、抽样误差，将数据代入计算样本容量的公式中并输入到表中的任一空单元格，按 Enter 键确认就能得到所需要的样本容量。

◉ **项目拓展训练**

【训练一】

请在下列表述后的各个选项中选出正确的答案，并将其编号填入括号内。

1. 在抽样推断中，必须遵循(　　)抽取样本。
   A. 随意原则　　　B. 随机原则　　　C. 可比原则　　　D. 对等原则

2. 抽样调查的主要目的在于(　　)。
   A. 计算和控制抽样误差　　　B. 了解全及总体单位的情况
   C. 用样本指标来推断总体指标　　　D. 对调查单位做深入的研究

3. 置信区间的大小表达了区间估计的(　　)。
   A. 可靠性　　　B. 精确性　　　C. 显著性　　　D. 及时性

4. 抽样推断中的概率保证程度表达了区间估计的(　　)。
   A. 显著性　　　B. 精确性　　　C. 可靠性　　　D. 规律性

5. 计算必要抽样单位数目时，若总体方差未知，应从几个可供选择的历史方差中挑选出数值(　　)。
   A. 最小的　　　B. 任意的　　　C. 最大的　　　D. 适中的

6. 在一次抽样调查中，满足平均数推断精确度要求的样本容量为 145.6 件，满足成数推断精确度要求的样本容量为 155.06 件，则这次抽样调查应抽取的样本单位数目至少为( )件。
   A. 145　　　　　B. 146　　　　　C. 155　　　　　D. 156　　　　　E. 151

7. 抽样调查的随机性误差是( )的。
   A. 可以避免，也可以控制　　　　B. 可以避免，但不可以控制
   C. 不可避免，但能控制　　　　　D. 不能避免，也不能控制

8. 第三车间抽查 100 个零件，算得废品率为 5%，若以 85%的概率保证(t=1.44)推断，全部产品的废品率区间为( )。
   A. 4.5%≤P≤5.6%　　　　　　　B. 6.2%≤P≤3.8%
   C. 1.86%≤P≤8.14%　　　　　　D. 4.5%≤P≤5.5%

9. 样本指标( )
   A. 都是随机变量　　　　　　　　B. 都不是随机变量
   C. 有些是随机变量有些不是随机变量　D. 既是随机变量又是非随机变量

10. 能够事先加以计算和控制的误差是( )
    A. 登记性误差　B. 代表性误差　C. 系统性误差　D. 抽样误差

11. 抽样误差是指( )
    A. 调查中所产生的登记性误差　　B. 调查中所产生的系统性误差
    C. 随机性的代表性误差　　　　　D. 计算过程中产生的误差

12. 抽样误差( )
    A. 既可以避免，也可以控制　　　B. 既不可以避免，也不可以控制
    C. 可以避免，但不可以控制　　　D. 不能避免，但可以控制

13. 重复抽样条件下的抽样平均误差与不重复抽样条件下的相比( )
    A. 前者总是大于后者　　　　　　B. 前者总是小于后者
    C. 两者总是相等　　　　　　　　D. 不能确定大小

14. 全及总体是唯一确定的，样本( )
    A. 也唯一　　B. 有无数个　　C. 不唯一　　D. 有有限个

15. 抽样调查中，无法消除的误差是( )
    A. 随机误差　B. 责任性误差　C. 登记性误差　D. 系统性误差

16. 在抽样调查中，下列说法正确的是( )。
    A. 样本指标是随机变量　　　　　B. 总体指标是随机变量
    C. 样本指标是唯一确定的　　　　D. 总体指标是唯一确定的

17. 当抽样的误差范围扩大时( )。
    A. 抽样推断的把握程度随之提高　B. 抽样推断的把握程度随之降低
    C. 抽样推断的精确度提高　　　　D. 抽样推断的精确度降低
    E. 抽样推断的把握程度和精确度均保持不变

18. 下列调查适宜采用抽样调查的有( )。
    A. 海水养殖鱼苗数量调查　　　　B. 工业产品产量调查
    C. 全国耕地面积调查　　　　　　D. 公民生活消费基本情况调查

E．化肥厂产品质量调查　　　　F．农产品产量调查
19．影响抽样误差大小的因素主要有(　　)。
　　A．总体单位标志变动度的大小　B．抽取样本单位的方法
　　C．样本容量的大小　　　　　　D．抽取样本单位的组织方式
20．在计算抽样平均误差时，若总体方差未知，一般可取而代之的有(　　)。
　　A．样本方差　　　　　　　　　B．历史上同类方差的最大者
　　C．调查前的实验性方差　　　　D．历史上最近的同类方差
　　E．历史上同类方差的平均值　　F．历史上同类方差的最小者
21．影响必要样本容量的因素主要有(　　)。
　　A．总体标志变动度的大小　　　B．抽样极限误差的大小
　　C．抽样推断的可靠程度　　　　D．抽取样本单位的方法
　　E．抽样调查的组织形式

【训练二】

判断下列表述的正误，并对不当表述进行改正。
1．抽样调查的着眼点就在于对样本数量特征的认识。
2．总体指标是随机变量，样本指标也是随机变量，因此两者之间会产生误差。
3．缩小抽样误差范围，则抽样调查的精确度就会提高。
4．重复抽样的抽样误差一定大于不重复抽样的抽样误差。
5．抽样误差在抽样调查中是不可避免但可控制的。
6．抽样调查也会产生登记性误差，这与全面调查一样。
7．极限误差就是最大的抽样误差，因此，总体指标必然落在样本指标与极限误差共同构成的区间之内。
8．随机抽样就是随意抽样。
9．不管实际情况如何变化，按照计算公式计算出来的样本容量足以满足抽样调查的精确度要求。
10．要缩小抽样估计区间的范围，就必须扩大样本容量。
11．由于总体指标是唯一的，所以样本指标也是唯一的。
12．抽样误差是抽样法本身所固有的，但可以尽量控制。
13．有意选择样本单位所造成的误差不是抽样误差。
14．随机原则并不排除人的主观意识的作用。
15．重复简单随机抽样的抽样平均误差小于不重复简单随机抽样的抽样平均误差。
16．抽样误差的产生是由于破坏了抽样的随机原则而造成的。
17．抽样极限误差可能小于、大于或等于抽样平均误差。
18．点估计是用样本的统计量直接估计和代表总体参数。

【训练三】

训练资料：
长城外贸公司出口一批小包装名茶，与外商签订的合同规定每包茶叶的平均重量不能

低于 150 克,样本资料如表 6-6 所示。

表 6-6　长城外贸公司出口名茶抽样检查结果

每包茶叶重量(克)	数量(包)
148~149	10
149~150	20
150~151	50
151~152	20
合　计	100

训练要求:
(1) 计算茶叶重量的抽样平均误差。
(2) 以 99.73%的把握程度推断这批茶叶是否符合合同规定的要求。

【训练四】

训练资料:

连锁超市有 4 800 个零售店分布于世界各地。每年年底,都要从这些零售店中随机抽取 35 个组成样本,对其存货进行实地盘查。最近一年的抽样调查表明,样本平均存货为 3 500 万元,样本标准差为 800 万元。

训练要求:

以 95.45%的概率保证程度推断总公司最近一年的存货总量。

【训练五】

训练资料:

得域农场要提前估计所有小麦的生长情况,就对播种的 1 500 亩小麦按不重复抽样方法随机抽查了 100 亩,测得平均亩产量为 455 千克,亩产量标准差为 45 千克。

训练要求:
(1) 计算小麦亩产量的抽样平均误差。
(2) 概率为 0.954 5 条件下推断所有小麦平均亩产量的可能范围。
(3) 概率为 0.95 条件下推断所有小麦总产量的可能范围。

【训练六】

训练资料:

副食品加工厂采取简单随机不重复抽样方法,从入库产品中抽取 10%共 100 箱食品进行质量检查,得到如表 6-7 的资料。

表 6-7　某副食品加工厂质量检查资料

废品率(%)	1~2	2~3	3~4	合　计
箱数(箱)	60	30	10	100

训练要求：

(1) 计算废品率的抽样平均误差。

(2) 试以 0.682 7 的概率保证估计全部入库产品的废品率范围。

【训练七】

训练资料：

在对商业银行的活期储蓄进行抽样调查中，各储蓄所年终将活期储蓄的储户按姓名排列，每隔 5 户等距抽样，得到如表 6-8 的资料。

表 6-8 储蓄所储户抽样资料

活期储蓄存款(元)	500 以下	500～1 000	1 000～1 500	1 500～2 000	2 000 以上	合 计
户数(户)	58	150	200	62	30	500

训练要求：

(1) 以 0.954 5 的概率保证估计商业银行平均每户活期存款金额。

(2) 以 0.954 5 的概率保证估计活期存款在 1 000 元以上的户数所占比重。

【训练八】

训练资料：

化肥厂生产的尿素用自动包装机包装，现从一批尿素中随机抽取 100 包称重，测得重量数据整理如表 6-9 所示。

表 6-9 抽查尿素包装重量资料

每包重量(千克)	98	99	100	101	102	103	合 计
包数(包)	5	10	65	10	6	4	100

训练要求：

(1) 计算被抽中尿素的平均包装重量。

(2) 计算包装重量的抽样平均误差。

(3) 在 99.73% 的概率保证下，估计这批尿素平均重量的可能范围。

【训练九】

训练资料：

公司要对一批 40 000 件的产品进行质量检验，根据以往资料，该产品的重量标准差为 0.5 千克，合格率为 90%。现要在 95.45% 的概率保证下，要求抽样平均重量的极限误差不超过 0.05 千克，抽样合格率的极限误差不超过 3%。

训练要求：

确定本次调查必要的样本容量。

【训练十】

训练资料：

晓阳辅导部为了解大学英语四级考试的情况，从参加考试的 1 000 名学生中随机抽取 100 名进行调查，并将调查结果整理成如表 6-10 所示的资料。

表 6-10 大学英语四级考试成绩分布

成绩(分)	60 以下	60～70	70～80	80～90	90～100
人数(人)	10	20	22	40	8

训练要求：

(1) 若要求考试成绩误差不超过 3 分，请推断全部参加考试学生的平均成绩估计区间及其概率保证程度。

(2) 若要求 90 分以上的学生所占比重的误差不超过 4%，请推断全部参加考试学生中，90 分以上的学生比重的估计区间及其概率保证程度。

项目七 企业生产成本相关与回归分析

【技能目标】

- 能够判断现象之间是否存在相关关系。
- 能够判断产品成本与主要影响因素相关的方向和程度。
- 能够建立产品成本依主要影响因素的回归方程。
- 能够对产品成本变动进行内推预测。

【知识目标】

- 了解相关与回归分析的内容。
- 理解相关系数的含义及相关关系密切程度的判断标准。
- 掌握回归方程的配合方法。
- 理解回归方程参数的含义。
- 掌握回归预测的方法。

在企业生产经营管理活动中，人们总是希望管理工作能具有前瞻性，能够掌握生产经营工作的主动权，而不是被动地让材料供应、订单任务乃至市场牵着鼻子走。在统计上，通过研究事物之间的相互联系，这种愿望是可以采用一定的分析预测方法来辅助完成的。

许多事物都是相互联系、相互依存的，它们的运动或变化会与周围的其他事物保持一定的影响或被影响关系。这种影响或被影响关系能通过一定的数量变动反映出来。例如，钢管半径与钢板用量之间、钢液含碳量与冶炼时间之间、产品单位成本与产量之间、工人劳动生产率与收入之间、企业投入与产出之间、社会消费品需求量与居民收入水平之间、私人消费需求与商品价格之间等，都存在着一定的数量依存关系，这些依存关系的重要形式之一就是相关关系。

对各种相关关系进行统计分析的方法就是相关与回归分析，其研究对象是相关关系。

任务一　认识相关与回归分析

任务导入

美雅服装厂加强内部管理，采用新工艺，主抓成本控制，在降低原材料和能源消耗上狠下功夫。同时加强提升员工操作技术，劳动生产率明显提高，单位成本逐渐下降，基本扭转了亏损局面。但是各月单位成本差异却很大，有的月份盈利多，有的月份盈利少，有的月份甚至亏损。为了保持生产与销售的基本稳定，有利于今后的生产经营，使企业能良性持续发展，该厂统计部门开始着手进行产品成本分析。

统计员收集了 2017 年 12 个月服装生产有关成本及其相关资料，如表 7-1 所示。统计员需要根据表中的数据，来分析企业单位成本的变动是否存在影响因素。如果该影响因素存在，那又是如何影响了单位成本的变动？能否根据二者的这种影响关系对成本进行控制？

表 7-1　服装产量及单位成本、出厂价格资料

月　份	产量(套)	单位成本(元/套)	出厂价格(元/套)
1	920	460	580
2	780	490	580
3	790	480	580
4	760	540	580
5	840	460	580
6	890	450	560
7	710	580	560
8	880	460	560
9	900	430	560
10	750	530	550
11	900	450	550
12	930	430	550

相关知识

一、相关关系的含义

相关关系是指经济现象之间客观存在的在数量上非确定性的依存关系。

经济现象之间的相互依存关系按依存程度的不同分为两种，一种是函数关系，另一种是相关关系。

函数关系是经济现象之间客观存在的确定性的量变依存关系，当一个变量发生变化时，另一个变量就有一个精确的值和它对应。例如，商品销售额=价格×销售量，在价格已知的情况下，给定一个销售量，就可以精确地计算销售额，销售额的数值是确定的。在价格一定的条件下，销售量与销售额之间存在函数关系。

变量间的相关关系与函数关系有所不同。

相关关系是经济现象之间客观存在的不确定的量变依存关系，其主要特征是某一现象发生一定数量的变动，另一现象的数量也会发生变动，但变动的数量不是确定的也不是严格的，常常一个现象数量变动，另一现象可能会有若干数值相对应。这些若干数值的出现带有随机的性质，虽然表现出一定的波动性，但又总是围绕着它们的平均数波动并遵循一定的变动规律。

函数关系与相关关系在理论上是两种不同的量变依存关系，但是在客观现实中，它们之间并无严格的界限。

由于事物自身发展的不规则性、观察测量时的误差等原因，函数关系在实际中往往会表现为相关关系；反之，当人们对事物的内部规律了解得更深刻的时候，相关关系又可能转化为函数关系或通过函数关系的形式表示。因此，人们在研究不确定的相关关系时，总是会采用最接近的函数关系来近似地表现相关关系。

二、相关关系的种类

从数量上研究现象间的相关关系时，一般把作为影响因素的变量叫作自变量，用 x 表示；把被影响的变量叫作因变量，用 y 表示，用变量之间的量变依存关系来表示相关关系。现象间的相关关系可以从不同角度进行分类，不同的相关关系往往要用不同的方法进行研究。

(一)按影响因素多少的不同，相关关系分为单相关和复相关

单相关是两个变量之间的相关关系，即一个因变量对一个自变量的相关关系。例如，关税收入与国民经济增长之间的关系。

复相关是三个或三个以上变量的相关关系，即一个因变量对两个或两个以上自变量的相关关系。例如，经济增长率对进口增长率和出口增长率的关系是复相关。

(二)按相关的形式不同，单相关关系分为线性相关和非线性相关

根据自变量与因变量的各对应数值在平面直角坐标系中描绘出若干个坐标点(相关点)，

若点的分布趋于一条直线，则称为线性相关或直线相关。例如，在一定范围内国内生产总值(GDP)与主要制成品出口额之间，大致上呈现线性相关。若坐标点的分布趋于某种曲线，则称为非线性相关或曲线相关。例如，商品流转额和流通费用率之间，通常是非线性相关。常见的相关形式如图 7-1 所示。

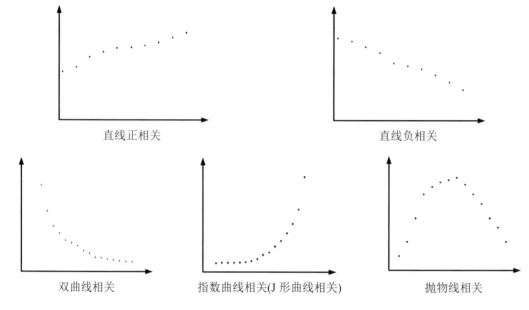

图 7-1　相关形式

(三)按相关方向的不同，线性相关关系可分为正相关和负相关

当自变量的数值增加或减少时，因变量的数值也相应增加或减少，即两者呈同方向变化，称为正相关。例如，企业利润常随着劳动生产率的提高而增加，说明二者之间存在正相关关系。

当自变量的数值增加而因变量的数值反而减少；或者自变量的数值减少，而因变量的数值增加，即两者呈反方向变化，称为负相关。例如，产品的单位成本随着产品产量的增加而降低，说明二者之间存在着负相关关系。

相关方向图示见图 7-1 中的直线正相关和直线负相关。

三、相关分析的内容

相关分析的主要目的，就是对现象间相关关系的密切程度和变化规律，有一个具体的数量观念，并进一步找出相关关系的模式，以便进行统计预测和推算。

广义上的相关分析是指对经济现象之间的相关关系进行分析的全过程，它应包括以下五个方面的内容。

(1) 确定现象之间是否存在相关关系。判断现象间是否存在依存关系是相关分析的起始点。只有存在相互依存关系，才有必要进行相关分析。

(2) 确定相关关系的表现形式。只有判明了现象相互关系的具体表现形式，才能运用相应的表达式去分析相关分析。如果把曲线相关误认为是线性相关，按线性相关进行分析，便会导致错误的结论。

(3) 判断相关关系的方向和密切程度。现象之间的相关关系是一种不严格的数量依存关系，相关分析就是要从这种松散的数量关系中，判断其相关关系的方向和密切程度。只有达到高度相关的密切程度，才可以进行下一步的模型建立并进行回归分析。

(4) 为达到高度相关密切程度的相关关系建立适当的数学模型(通常称为回归方程)，以确定自变量与因变量之间数量变化的规律性。

(5) 测定数学模型的代表性大小，并根据自变量的数值，对因变量的数量变化做出具有一定概率保证程度的推算和预测。

具体来说，人们常从狭义上把上述前三个方面内容的研究称为相关分析，而把在此基础上进行的后两个方面内容的研究称为回归分析。

任务二　判断成本与产量的相关关系

子任务一　判断成本与产量之间是否相关

◉ 任务导入

从表 7-1 中可以看出，美雅服装厂的各月单位成本存在很大的差异。最高的达到 580 元，最低的 430 元，其中 7 月份的单位成本高于出厂价格，造成亏损，给企业带来经济损失。而年末 12 月份的单位成本因为大大低于了出厂价格，使企业销售毛利率超过 20%。

根据表 7-1 的数据，可以粗略地发现单位成本与产量之间似乎有一种数量上的影响。单位成本高的月份，产量普遍偏低，而单位成本低的月份都是高产量。这似乎符合经济学中规模效益的原理。

统计人员的首要任务是：判断单位成本与产量之间是否存在相关关系。

◉ 相关知识

相关表和相关图是研究相关关系的直观工具。在定性分析的前提下，一般在进行详细的定量分析之前，需要先利用它们对现象之间客观存在的相关关系的方向、形式和密切程度做出大致的判断。

一、相关表

将所研究的两个变量的实际观察值，按自变量的数值大小顺序排列，并将因变量数值一一对应排列在统计表中，就形成了相关表。相关表是表现相关关系的最基本形式。

通过相关表，可以初步看出相关关系的形式、相关方向。相关表中的各列数据是被研究变量的实际观测值，如果各观测值呈现出一定规律性的分布，则表明它们之间存在相关关系。例如，随着自变量数值的增加或减少，因变量数值大致以等差数值增加或减少，则可以判断两变量之间存在直线相关关系；若随着自变量数值的增减，因变量数值大致以等比数值增减，则可以判断两变量之间存在指数曲线相关关系；若随着自变量数值的增减，因变量数值的二次增长量大致相等，则可以判断两变量之间存在双曲线相关关系。当然，如果两变量的数据分布毫无规律，则表明它们之间不存在相关关系。

二、相关图

在平面直角坐标系上，以横轴表示自变量，纵轴表示因变量，标出每对变量值的坐标点(相关点)，以相关点的分布状态来反映相关关系的图形即为相关图。

相关图又称散点图或散布图。通过相关图，可以大致看出两个变量之间有无相关关系，以及相关的形式、方向，并粗略判断相关的密切程度。若相关点的分布带呈直线状态，表明两变量之间存在直线相关关系；若相关点的分布呈无规则状态，表明不存在相关关系。相关点的分布带越窄，说明现象之间相关关系的密切程度越高。但由于相关点的密度受坐标轴的标尺长短设置影响，因此根据相关图来判断相关密切程度是很粗略的。

● 工作任务

美雅服装厂统计人员根据表 7-1 中的资料判断服装单位成本与产量之间是否存在相关关系。若存在相关关系，再判断其相关形式。

● 操作演示

统计部工作人员根据表 7-1 的成本资料，按产量由小到大排列编制产量与单位成本的相关表，如表 7-2 所示。

表 7-2　服装产量与单位成本相关表

产量(套)	单位成本(元/套)
710	580
750	530
760	540
780	490
790	480
840	460
880	460
890	450
900	430
900	450
920	460
930	430

结论：从表 7-2 中的数据可以看出，随着产量不断增长，单位成本呈现逐渐下降的趋势，可以判断二者之间存在相关关系。

为了更清晰形象地显示产量和单位成本之间的相关关系，判断二者之间的相关形式，统计人员根据表 7-2 的数据，绘制了产量与单位成本相关图，如图 7-2 所示。

根据图 7-2，可以观察到，从两个变量变化的方向上看，自变量产量增加，因变量单位成本不断降低。相关点从左上角向右下角大致呈直线状态分布。表明单位成本的变动与产量的增减有直接的关系。

结论：在观察范围内，产量与单位成本之间存在直线负相关关系。

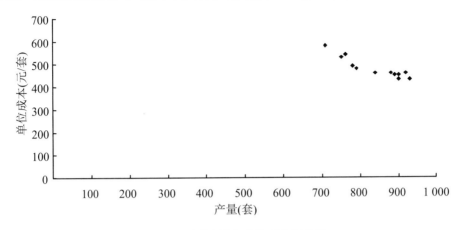

图 7-2　服装产量与单位成本相关图

子任务二　单位成本与产量相关程度的判断

任务导入

在利用相关表、相关图确定了单位成本与产量之间确实存在相关关系后，美雅服装厂的统计人员下一步的工作就是通过一系列的数量计算，获得相关系数的准确数值，以此来判断单位成本与产量之间相关关系的程度，从而为下一步是否进行回归分析提供有利的依据。

相关知识

一、相关系数的含义及计算

要准确判断相关关系的密切程度和方向需要计算相关系数。

(一)相关系数的含义

相关系数是在直线相关条件下，说明两个现象之间相关关系密切程度和方向的统计分析指标，通常用 r 表示。

(二)相关系数的计算

在实际工作中，相关系数的计算通常使用简便可行的简捷计算公式。

$$r = \frac{n\sum xy - \sum x \sum y}{\sqrt{n\sum x^2 - (\sum x)^2}\sqrt{n\sum y^2 - (\sum y)^2}}$$

式中，n 表示自变量 x 与因变量 y 对应的项数。

二、相关系数的取值与相关密切程度的判断标准

相关系数的取值范围在-1和+1之间，即-1≤r≤1。当r>0为正相关；当r<0为负相关；当r=-1，表明两变量之间存在负函数关系；当r=1，表明两变量之间存在正函数关系。

相关系数r的数值越接近于1(+1或-1)，表示相关关系越强；越接近于0，表示相关关系越弱；如果r=0，表示两个变量之间不存在直线相关关系。

在原始数据比较多(一般不少于70对数据)时，相关关系密切程度的判断标准如表7-3所示。

表7-3 相关关系密切程度的判断标准

|r|取值范围	0.3以下	0.3~0.5	0.5~0.8	0.8以上
相关密切程度标准	微弱相关	低度相关	显著相关	高度相关

● 工作任务

根据表7-2和图7-2，美雅服装厂的统计人员确定产品产量和单位成本之间确实存在相关关系。现在，他们要进一步计算相关系数的准确数值，判断单位成本与产量之间相关关系的程度，从而为下一步是否进行回归分析提供有利的依据。

● 操作演示

为判断相关密切程度，统计人员根据表7-2的数据，编制了如表7-4所示的相关系数计算表。

表7-4 服装产量与单位成本相关系数计算

月份	产量(套)x	单位成本(元/套)y	出厂价格(元/套)	xy	x^2	y^2
1	920	460	580	423 200	846 400	211 600
2	780	490	580	382 200	608 400	240 100
3	790	480	580	379 200	624 100	230 400
4	760	540	580	410 400	577 600	291 600
5	840	460	580	386 400	705 600	211 600
6	890	450	560	400 500	792 100	202 500
7	710	580	560	411 800	504 100	336 400
8	880	460	560	404 800	774 400	211 600
9	900	430	560	387 000	810 000	184 900
10	750	530	550	397 500	562 500	280 900
11	900	450	550	405 000	810 000	202 500
12	930	430	550	399 900	864 900	184 900
合计	10 050	5 760	—	4 787 900	8 480 100	2 789 000

$$r = \frac{n\sum xy - \sum x \sum y}{\sqrt{n\sum x^2 - (\sum x)^2}\sqrt{n\sum y^2 - (\sum y)^2}}$$

$$= \frac{12 \times 4\,787\,900 - 10\,050 \times 5\,760}{\sqrt{12 \times 8\,480\,100 - 10\,050^2}\sqrt{12 \times 2\,789\,000 - 5\,760^2}}$$

$$\approx -0.922\,9$$

结论：因为相关系数 r 为-0.922 9，所以产量与单位成本之间存在高度负相关关系。

特别提示

(1) 需要注意的是，r 只测定 x 与 y 的直线相关密切程度。当 r 很小甚至等于 0 时，并不一定表示 x 与 y 之间就不存在其他非直线类型的相关关系。

(2) 由于相关分析研究的是两个变量之间的相互关系，因此 x、y 的关系是对等的，两个变量都可以是随机变量，不管哪个变量做自变量，相关系数 r 的计算结果都不受影响。也就是说，两个变量之间只能计算出一个相关系数。

任务三 单位成本的回归分析

子任务一 建立单位成本对产量的回归模型

任务导入

美雅服装厂 2016 年 12 月份接到两个商业企业的委托加工意向：廖星商厦希望 2017 年 1 月加工 700 套服装，镇东百货公司希望同月加工 800 套服装，两个商业企业都议定加工费为 550 元/套。美雅服装厂财务部要根据本厂的实际生产和成本数据，分析不同产量的成本水平，并给生产管理部提出接单建议。

相关知识

通过相关系数，只能了解单位成本和产量相关关系的方向和密切程度，但不能根据产量的变动来推知单位成本的变动。

在做好相关分析的前提下，要根据某一变量的数值来估计另一变量的数值，根据已知推求未知，就需要进行回归分析。

一、回归分析的含义

回归分析是指对具有相关关系的现象，根据其相关形式，选择一个合适的数学模型(称为回归方程式)，用来近似地表示变量间的平均变化关系的一种统计分析方法。它实际上是相关现象间不确定、不规则的数量关系的一般化、规则化。

回归分析采用的方法是配合直线或曲线，用配合的直线或曲线来代表现象之间的一般数量关系。配合出的直线称为回归直线，它的方程称为回归直线方程；而配合出的曲线称为回归曲线，其方程称为回归曲线方程。

二、相关分析与回归分析的关系

(一)相关分析与回归分析的区别

(1) 相关分析研究的两个变量是对等关系。回归分析研究的两个变量不是对等关系，必须根据定性分析，先确定谁是自变量，谁是因变量。

(2) 相关分析的内容是变量之间是否存在相关关系，以及相关的形式和密切程度。回归分析的内容是确定变量之间相关关系的表达式，并根据自变量的数量变化推断因变量的数量。

(3) 对两个变量 x 和 y 来说，相关分析只能计算出一个反映两个变量间相关关系密切程度的相关系数。回归分析的两个变量有时互为因果关系，可以根据研究目的的不同分别建立两个不同的回归方程：一个是以 x 为自变量，y 为因变量，建立 y 对 x 的回归方程；另一个是以 y 为自变量，x 为因变量，建立 x 对 y 的回归方程。

(4) 相关分析对资料的要求是两个变量都必须是随机变量。回归分析对资料的要求是自变量是可以控制的变量(给定的变量)，因变量是随机变量。

(二)相关分析与回归分析的联系

(1) 相关分析是回归分析的基础和前提。如果缺少相关分析，没有从定性上说明现象间是否存在相关关系，没有对相关关系的密切程度做出判断，就不能进行回归分析，即使勉强进行了回归分析，也可能是没有实际意义的。

(2) 回归分析是相关分析的深入和继续。仅仅说明现象间具有密切的相关关系是不够的，只有进行了回归分析，拟合了回归方程，才有可能进行有关的分析和回归预测，相关分析才有实际的意义。

三、回归分析方程的建立

(一)配合最佳的回归直线模型的条件

(1) 两个变量之间确实存在高度的相关关系。如果两个变量之间没有相关关系或相关程度不够，所配合的回归模型对两个变量之间的数量依存关系的代表性就很低，预测误差太大没有实际意义。

(2) 两个变量之间确实存在直线相关关系。将两个变量的对应数值绘成散点图，只有当图上各点的散布趋势近似直线时，才能配合简单回归直线模型。

(3) 应根据最小平方法(最小二乘法)原理配合一元线性回归模型。应用最小平方法原理确定两个待定参数 a 和 b 的数值来配合的直线模型，能够达到理论值 y_c 与其实际观测值 y 的离差平方和为最小，即 $\sum(y-y_c)^2 =$ 最小值。

在这里，回归直线作为相关关系的代表直线或理论直线，不是实际直线。

(二)一元线性回归模型

一元线性回归模型又称简单直线回归模型，它是根据单相关的两个变量的数据而配合的直线方程式。

当两个变量只有单方向的因果关系时，只能配合一个回归方程式，一般是 y 对 x 的回归直线方程，其模型如下。

$$y_c = a + bx$$

式中，y_c 为 y 的理论值；a 和 b 是确定回归直线模型的两个待定参数，a 表示回归直线在 y 轴上的截距，是回归直线的起点数值；b 表示直线的斜率，称为 y 对 x 的回归系数。其经济含义是：x 每变动一个单位时，y 平均增加(或减少)b 个单位。

(三)配合回归直线方程参数 a、b 的求解公式

配合回归直线模型的关键是求出 a、b 两个待定参数。参数的求解公式如下。

$$a = \frac{\sum y - b \sum x}{n} = \frac{\sum y}{n} - b \frac{\sum x}{n}$$

$$b = \frac{n \sum xy - \sum x \sum y}{n \sum x^2 - (\sum x)^2}$$

a 和 b 确立后，回归直线方程 $y_c = a + bx$ 就完全确立了，我们就可以把 x 的数值代入方程进行回归预测了。

工作任务

美雅服装厂为分析是否应该承接两个委托加工意向，需要分析不同产量的成本水平。为此，企业统计人员被要求根据收集到的产量和成本数据，配合出单位成本对产量的回归直线方程式。并通过计算分析，提出承接订单的合理化建议。

操作演示

统计人员根据前面的分析，确定产量为自变量 x，单位成本为因变量 y，回归方程表示为 $y_c = a + bx$。依据表 7-4 的资料，得到：$n = 12$；$\sum x = 10\,050$；$\sum y = 5\,760$；$\sum xy = 4\,787\,900$；$\sum x^2 = 8\,480\,100$；$\sum y^2 = 2\,789\,000$。

将这些数值代入参数 a、b 的计算公式。

$$b = \frac{n \sum xy - \sum x \sum y}{n \sum x^2 - (\sum x)^2} = \frac{12 \times 4\,787\,900 - 10\,050 \times 5\,760}{12 \times 8\,480\,100 - 10\,050^2} = -0.57$$

$$a = \frac{\sum y - b \sum x}{n} = \frac{\sum y}{n} - b \frac{\sum x}{n} = \frac{5\,760}{12} - (-0.57) \frac{10\,050}{12} = 957.375$$

单位成本依产量变化的回归方程为：$y_c = 957.375 - 0.57x$

当产量为 800 套时，单位成本 $y_c = 957.375 - 0.57 \times 800 = 501.375$(元)

当产量为 700 套时，单位成本 $y_c = 957.375 - 0.57 \times 700 = 558.375$(元)

结论：美雅服装厂单位成本对产量的回归直线方程为 $y_c = 957.375 - 0.57x$。该直线的起点值是 957.375 元，这是企业生产过程中的固定成本，即当产量接近 0 时的成本数额；回归系数 $b = -0.57$ 意味着服装产量每增加一套，单位成本会平均下降 0.57 元。根据这个理论方程式计算，当产量为 700 套时，平均单位成本为 558.375 元/套；当产量为 800 套时，平均单位成本为 501.375 元/套。因为议定加工费为 550 元/套，由此，加工 700 套服装的单位成本高于加工费，承接订单进行加工生产意味着是一笔亏本的买卖，而加工 800 套服装的单位

成本低于加工费，承接可以保证一定数额的盈利，获得比较好的经济效益。

因此，建议生产管理部承接镇东百货公司的委托加工订单。

◉ 特别提示

(1) 相关分析和回归分析是前后衔接、密切联系的，如果仅有回归分析而缺少相关分析，将会因为缺乏必要的基础和前提而影响回归分析的可靠性；如果仅有相关分析而缺少回归分析，就会降低相关分析的意义。只有把两者结合起来，才能达到统计分析的目的。

(2) 回归分析中，回归直线模型 $y_c = a + bx$ 表达了两个相关现象之间的数量关系，可根据自变量 x 的变化来预测因变量 y 的数值。但要注意，这个模型只能进行单方面的预测，若要根据 y 的变化来预测 x 的数值，则需要以 y 为自变量，以 x 为因变量，再重新配合 x 对 y 的回归模型 $x_c = e + dy$，式中，e、d 为参数。

(3) 因为回归直线是根据已经观测到的数值配合出来的，只适合观测范围内的量变依存关系。所以根据配合好的回归直线模型进行回归预测，最好是进行内推预测，即在观测值的最大值和最小值之间进行预测。若要进行外推预测，即在超出观测值之外进行预测，那给定的自变量数值要尽量靠近观测值，否则，预测数值的可靠性会大大降低，甚至完全失效。

子任务二 企业盈利的回归预测

◉ 任务导入

美雅服装厂生产管理部接受了财务部门的分析建议，承接了镇东百货公司委托加工 800 套服装的订单。根据企业的历史数据，由于加工过程的各种客观因素影响，产品成本会有些许的差异，但成本误差一般不超过 34 元。财务部门需要按这个误差数值，预测单位成本发生的区间范围，并给予相应保证程度。同时，企业决策领导要求在 95.45% 的概率保证下，预测承接这笔订单的最少获利数额。

◉ 相关知识

根据回归直线方程可以由自变量的给定值推算因变量的数值，但所推算出的数值并不是一个实际观测值，而是一个理论估计值，它与实际数值之间是存在误差的。因此，回归直线方程配合出来后，有必要对其拟合精度进行检测。估计标准误差就是进行这种检验的统计分析指标，用以说明回归直线的代表性大小。

估计标准误差也称剩余标准差，是因变量的实际观测值 y 与其估计值 y_c 离差的一般水平，用 S_{yx} 表示，其计算公式如下：

$$S_{yx} = \sqrt{\frac{\sum y^2 - a\sum y - b\sum xy}{n}}$$

估计标准误差是个平均误差，它是回归分析的逆指标，其数值越小，说明因变量的实际值与估计值之间的差异小，估计值的代表性强，回归直线的预测精确度高；反之，估计值的代表性弱，回归直线的预测精确度低。

根据代表性强的回归直线，在给定自变量的前提下预测因变量的数值，就是回归预测。

项目七　企业生产成本相关与回归分析

一元线性回归预测有点预测和区间预测两种方法。

点预测是利用回归方程，根据给定的自变量数值直接推算因变量的模型定点值。例如，美雅服装厂财务部根据配合的理论方程式，计算出产量为 800 套时平均单位成本为 501.375 元/套，这就是点预测。点预测是一种不考虑误差的预测方法。

区间预测是在点预测求出因变量定点值的基础上，再根据一定的概率保证程度和估计误差进一步推断因变量数值的可能范围。

一般情况下，当 $n \geqslant 30$ 时，可按 t 分布推算置信区间。

$$y_c - t \times S_{yx} \leqslant y \leqslant y_c + t \times S_{yx}$$

工作任务

美雅服装厂生产管理部承接了镇东百货公司委托加工 800 套服装的订单。根据企业的历史数据，单位成本误差不超过 34 元。财务部门需要分析本次订单生产过程中，这个误差发生的概率是多少，并在 95.45% 的概率保证下，预测承接这笔订单的最少获利数额是多少。

操作演示

(1) 按 34 元的极限误差来估计单位成本的可能区间，并分析该区间发生的概率。

根据企业的历史数据，产品单位成本极限误差是 34 元，且前面已经计算出当服装产量为 800 套时，平均单位成本为 501.375 元/套。所以，单位成本的估计区间如下。

$501.375 - 34 \leqslant y \leqslant 501.375 + 34$

$467.375(元) \leqslant y \leqslant 535.375(元)$

(2) 分析这个区间的保证概率。

根据表 7-4 中的数据，计算 12 个月的产品总平均单位成本。

$$\bar{y} = \frac{\sum xy}{\sum x} = \frac{4\,787\,900}{10\,050} \approx 476.41(元)$$

计算单位成本估计标准误差。

$$S_{yx} = \sqrt{\frac{\sum y^2 - a\sum y - b\sum xy}{n}} = \sqrt{\frac{2\,789\,000 - 957.375 \times 5\,760 + 0.57 \times 4\,787\,900}{12}} \approx 17.375\,8(元)$$

单位成本对产量的估计标准误差约为 17.38 元，是单位成本平均数 476.41 元的 3.6%，根据企业历年的成本分析，此回归模型是可以接受的。

$$概率度 t = \frac{极限误差}{平均误差} = \frac{34}{17.38} \approx 1.96$$

查概率表得，当概率度为 1.96 时，保证概率为 95%，即在单位成本误差不超过 34 元时，单位成本在 467.375 元到 535.375 元之间，该区间发生的概率为 95%。

(3) 在 95.45% 的概率下，估计 800 套服装加工任务的最少获利金额。

查表得，概率为 95.45% 时，概率度为 2，则：

极限误差 = 概率度 × 平均误差 = 2 × 17.375 8 = 34.751 6(元)

单位成本的估计区间为：

$501.375 - 34.751\,6 \leqslant y \leqslant 501.375 + 34.751\,6$

466.623 4≤ y ≤536.126 6

因为议定加工费为 550 元/套，所以单位产品的获利最小值如下。

550−536.126 6=13.873 4(元)

加工 800 套服装的获利最小值如下。

13.873 4×800=11 098.72(元)

结论：美雅服装厂承接了镇东百货公司委托加工 800 套服装的订单。根据企业的历史数据，单位成本极限误差是 34 元，按此误差预测该批订单的单位成本在 467.375 元到 535.375 元之间，概率保证程度为 95%。根据企业决策层领导的要求，在 95.45%的概率保证下，预测这笔订单生产最少获利 11 098.72 元。

任务四　利用 Excel 进行企业相关与回归分析

任务导入

强速服装厂主要生产成年男性运动装，2016 年生产的 12 批产品的产量与生产费用统计资料如表 7-5 所示。

表 7-5　产量与生产费用统计资料

批　　次	1	2	3	4	5	6	7	8	9	10	11	12
产量(千件)	40	55	42	84	125	50	100	65	130	78	140	116
生产费用(千元)	130	140	150	165	180	155	170	150	175	154	185	167

会计员张筱雨要根据表 7-5 的数据，分析本厂产品产量与生产费用之间的相关关系，并预测产量为 150 千件时，生产费用的理论值是多少。

相关知识

在 Excel 中，有一些函数工具可以用来进行相关与回归分析。

相关分析的首要任务是判断两变量之间是否存在相关关系，这可以通过 Excel 的排序功能来完成。

判断相关关系确实存在之后，需要确定相关关系的密切程度，这需要通过 Excel 中的 CORREL 函数来完成，这是个专门计算两组数据相关系数的函数。

为存在高度相关的相关关系配合回归直线，是回归分析的主要分析内容。配合回归直线最主要的任务是确定 a、b 两个参数。在 Excel 中，INTERCEPT 函数用于确定线性回归拟合线的截距数值，SLOPE 函数用于确定回归直线的斜率数值。另外，还有一个 LINEST 函数，可以计算回归直线的截距、斜率及估计标准误差等一系列数据。

在回归分析中往往需要进行回归预测。在 Excel 中，有两个函数 FORECAST 和 TREND，可以不建立回归方程，直接用原始数据进行预测。当然，直接预测出来的是因变量的理论平均值，而不是有一定概率保证程度的可能范围。要预测因变量的可能范围，需要在概率度和误差都已确定的前提下，采用公式输入法来完成。

项目七　企业生产成本相关与回归分析

【工作任务一】

会计员张筱雨要根据表 7-5 的数据，判断本厂产品产量与生产费用之间是否存在相关关系。

操作演示

会计员张筱雨将表 7-5 的数据，分别输入在 Excel 表中的 A、B、C 三列的 1 到 13 行中，然后进行如下操作。

首先选中 A、B、C 三列的 1 到 13 行数据区域，然后单击"数据"菜单中的"排序"命令，弹出"排序"对话框，如图 7-3 所示。

图 7-3　"排序"对话框

在"排序"对话框中的"主要关键字"下拉列表框中选择"产量(千件)"选项，并选中"升序"单选按钮(表示产量由小到大排序)，由于数据区域中有标题行，因此在对话框的底部要选中"有标题行"单选按钮，最后单击"确定"按钮，就形成了如表 7-6 所示的产量与生产费用相关关系分析表。

表 7-6　产量与生产费用相关关系分析表

	A	B	C
1	批次	产量(千件)	生产费用(千元)
2	1	40	130
3	3	42	150
4	6	50	155
5	2	55	140
6	8	65	150
7	10	78	154
8	4	84	165
9	7	100	170
10	12	116	167
11	5	125	180
12	9	130	175
13	11	140	185

张筱雨从表 7-6 中观察到，随着产量的不断增长，生产费用虽然有增有减，但渐渐增长的总变动趋势是很明显的。因此，判断产量和生产费用之间存在相关关系。

特别提示

在 Excel 中对数据进行排序，如果排序依据不止一个，可以按其重要性不同，将最重要的排序依据填入"主要关键字"下拉列表框中，将次之的依据填入"次要关键字"下拉列表框中，如果还有第三个排序依据，就将其填入"第三关键字"下拉列表框中，然后单击"确定"按钮即可进行排序。

在这里，要判断产量和生产费用之间是否存在相关关系，只能按一个变量排序，不能同时按两个变量排序，所以我们只按照产量由小到大排序，而生产费用是"对号入座"与同批次的产量同行排列的，这样，才能观察产量是不是生产费用的影响因素。

【工作任务二】

会计员张筱雨要根据表 7-6 的数据，使用 CORREL 函数(相关系数函数)来判断产量和生产费用之间的相关关系密切程度。

操作演示

会计员张筱雨根据表 7-6 的数据，进行了如下的操作。

(1) 单击任一单元格，如 D1 单元格，用于放置计算好的相关系数。然后选择"插入"菜单中的"函数"命令。

(2) 在"插入函数"对话框中，选择"统计"类别中的 CORREL 函数，单击"确定"按钮，弹出如图 7-4 所示的对话框。

图 7-4 相关系数的计算

(3) 在 Array1(数组 1)输入框中输入"B2:B13"，Array2(数组 2)输入框中输入"C2:C13"，即显示出计算结果约 0.920 2，单击"确定"按钮，即将计算结果放置到指定的 D1 单元格中。

因为相关系数等于 0.920 2，大于 0.8，判断产量和生产成本之间存在高度正相关关系。

特别提示

判断两个变量的相关关系，不需要确定两个变量谁是自变量，谁是因变量，因此，在 CORREL 对话框中，B 列和 C 列的数据哪个输入在 Array1(数组 1)输入框中，哪个输入在 Array2(数组 2)输入框中不需要区分，相关系数计算结果是一样的。

项目七　企业生产成本相关与回归分析

【工作任务三】

会计员张筱雨要根据表 7-6 的数据，使用 INTERCEPT 函数确定回归直线方程的截距数值，使用 SLOPE 函数确定回归直线方程的斜率数值，从而，建立产量和生产费用的回归方程。

● 操作演示

会计员张筱雨根据表 7-6 的数据，在 Excel 中进行如下操作。

(1) 单击任一空单元格，如 D2 单元格，用来放置截距的计算结果。然后选择"插入"菜单中的"函数"命令，在弹出的对话框中选择"统计"类别中的 INTERCEPT 函数，弹出如图 7-5 所示的对话框。

图 7-5　截距的计算

(2) 在图 7-5 所示对话框的 Known_y's 输入框中输入"C2:C13"，这是因变量生产费用的数据区域；在 Known_x's 输入框中输入"B2:B13"，这是自变量产量的数据区域，即显示出截距的计算结果约 124.15。单击"确定"按钮，该计算结果即输入指定的 D2 单元格。

(3) 单击任一空单元格，如 D3 单元格，用来放置斜率的计算结果。然后选择"插入"菜单中的"函数"命令，在弹出的对话框中选择"统计"类别中的 SLOPE 函数，弹出如图 7-6 所示的对话框。

图 7-6　斜率的计算

(4) 在图 7-6 所示对话框的 Known_y's 输入框中输入"C2:C13"，在 Known_x's 输入框中输入"B2:B13"，即显示出斜率的计算结果约 0.420 7。单击"确定"按钮，该计算结果即输入指定的 D3 单元格。

至此，生产费用对产量的回归直线方程建立为：$y_c=124.15+0.420\,7x$。

【工作任务四】

会计员张筱雨要根据表 7-6 的数据，使用 LINEST 函数建立生产费用对产量的回归直线方程，并计算方程的估计标准误差。

● 操作演示

会计员张筱雨根据表 7-6 的数据，在 Excel 表中进行如下操作。

（1）首先选择放置计算结果的单元格区域，如 A、B 两列的 15 到 19 行。

（2）选择"插入"菜单中的"函数"命令，在弹出的对话框中选择"统计"类别中的 LINEST 函数，单击"确定"按钮，弹出如图 7-7 所示的对话框。

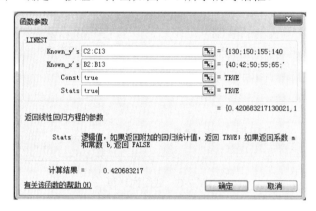

图 7-7　获取回归分析参数

（3）在图 7-7 所示对话框中有四个输入框：在 Known_y's 输入框中输入"C2:C13"；在 Known_x's 输入框中输入"B2:B13"；Const 是逻辑值，张筱雨要求正常计算截距，就在此输入框中输入"true"或省略；Stats 也是逻辑值，张筱雨要求计算估计标准误差，就在此输入框中输入"true"。

（4）最后按 Ctrl+Shift+Enter 组合键结束操作，形成如表 7-7 所示的相关数据。

表 7-7　回归分析参数

	A	B
15	0.420 683(斜率)	124.149 975 2(截距)
16	0.056 578(斜率的标准差)	5.212 015 007(截距的标准差)
17	0.846 828(判定系数)	6.761 704 664(估计标准误差)
18	55.285 96(F 统计量)	10(自由度)
19	2 527.71(回归平方和)	457.206 499 6(剩余平方和)

根据表 7-7 中的数据，张筱雨建立了生产费用对产量的回归直线方程 $y_c=124.15+0.420\,7x$。

项目七 企业生产成本相关与回归分析

◎ 特别提示

(1) 如果使用 LINEST 函数只是为了计算截距和斜率，则可直接使用公式输入法。操作方法如下。

① 单击任一空单元格，输入"=INDEX(LINEST(C2:C13:B2:B13)，1)"，再按 Enter 键确认，即得出斜率 0.420 7。

② 单击任一空单元格，输入"=INDEX(LINEST(C2:C13:B2:B13)，2)"，再按 Enter 键确认，即得出截距 124.15。

可见，采用这种操作建立回归直线方程更快捷。

(2) 在 LINEST 对话框的 Const 输入框中，若指定截距为 0，就输入 FALSE；在 Stats 输入框中，若只要求计算截距和斜率，就输入 FALSE 或省略。

(3) LINEST 对话框的所有输入框都输入完毕后，必须按 Ctrl+Shift+Enter 组合键才能正确输出表 7-7 的数据，只按 Enter 键就只能输出斜率一个数据，对其他数据无效。

(4) 表 7-7 中数据之后显示的文字说明是后来加上去的，在 Excel 表中只有数据没有文字说明。这个表中的数据可用于测度回归直线拟合程度和显著性检验。

【工作任务五】

强速服装厂会计员张筱雨要根据表 7-6 的数据，在不建立直线回归方程的前提下，直接使用 FORECAST 函数，预测当企业完成了 150 千件的生产任务时，生产费用会是多少。

◎ 操作演示

张筱雨根据表 7-6 的数据，在 Excel 表中进行如下操作。

(1) 单击任一空白单元格，如 C15 单元格，用于放置计算好的生产费用。然后选择"插入"菜单中的"函数"命令，在弹出的对话框中选择"统计"类别中的 FORECAST 函数，单击"确定"按钮，弹出如图 7-8 所示的对话框。

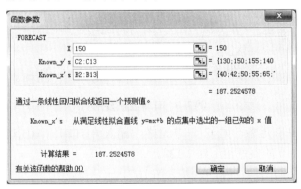

图 7-8　理论值的预测

(2) 在图 7-8 所示对话框中有三个输入框：在 X 输入框中输入"150"，即给定的产量数值；在 Known_y's 输入框中输入"C2:C13"；在 Known_x's 输入框中输入"B2:B13"，即显示出计算结果约 187.25 千元。单击"确定"按钮，该计算结果即输入指定的 C15 单元格中。

特别提示

使用 FORECAST 函数进行因变量理论值的预测，更快的方法是公式输入法，具体操作方法是：单击任一空单元格，如 C15 单元格，输入"=FORECAST(150,D2:D13,C2:C13)"，然后按 Enter 键确认，即得出生产费用的理论预测值 187.25(千元)。

【工作任务六】

强速服装厂会计员张筱雨要根据表 7-6 的数据，在不建立直线回归方程的前提下，直接使用 TREND 函数，在 95%的概率保证下，预测当企业完成了 160 千件的生产任务时，生产费用会是多少。

操作演示

张筱雨根据表 7-6 的数据，在 Excel 表中进行如下操作。

(1) 单击任一空白单元格，如 C16 单元格，用于放置计算好的生产费用。然后选择"插入"菜单中的"函数"命令，在弹出的对话框中选择"统计"类别中的 TREND 函数，单击"确定"按钮，弹出如图 7-9 所示的对话框。

(2) 在图 7-9 所示对话框中有四个输入框：在 Known_y's 输入框中输入"C2:C13"；在 Known_x's 输入框中输入"B2:B13"；在 New_x's 输入框中输入"160"，即给定的新的产量数值，即显示出计算结果约 191.46 千元。单击"确定"按钮，该计算结果即输入指定的 C16 单元格中。

图 7-9　计算生产费用

(3) 单击任一空白单元格，如 C17 单元格，输入"=TINV(0.05,10)"，得到 95%的概率保证程度、自由度为 10 的概率度 t 为 2.228。

(4) 表 7-7 中已经得出估计标准误差为 6.76 千元。单击任一空白单元格，如 D16 单元格，用于放置计算好的生产费用估计区间上限，输入"=191.46+2.228*6.76"，再按 Enter 键确认，得到计算结果为 206.52 千元。再单击任一空白单元格，如 D17 单元格，用于放置计算好的生产费用估计区间下限，输入"=191.46-2.228×6.76"，再按 Enter 键确认，得到计算结果为 170.40 千元。

完成以上操作后，强速服装厂会计员张筱雨得到以下结论：根据 2016 年 12 批产品的

项目七　企业生产成本相关与回归分析

生产费用对产量的相关关系进行分析，在 95%的概率保证下，当企业完成了 160 千件的生产任务时，生产费用的估计区间将在 170.40 千元到 206.52 千元之间。

◉ 特别提示

使用 TREND 函数进行因变量理论值的预测，更快的方法是公式输入法，具体操作方法是：单击任一空单元格，如 C16 单元格，输入"=TREND(C2:C13,B2:B13,160)"，再按 Enter 键确认，即得出生产费用的理论预测值 191.46(千元)。

◉ 项目拓展训练

【训练一】

请在下列表述后的各个选项中选出正确的答案，并将其编号填入括号内。

1. 下列相关现象属于正相关的是(　　)。
   A. 商品销售额与销售利润的关系
   B. 劳动生产率与单位产品成本的关系
   C. 产品单位成本与企业利润的关系
   D. 价格与销售量的关系
   E. 职工家庭收入与消费支出之间的关系
   F. 工人文化技术水平与劳动生产率之间的关系
   G. 物质所受的压力与其体积之间的关系
   H. 职工家庭收入与食物类消费支出占总收入的比重之间的关系

2. 下列相关现象属于负相关的是(　　)。
   A. 农田施肥量与亩产量之间的关系
   B. 生产设备工作时间与维修费用之间的关系
   C. 商品流转规模与流通费用水平之间的关系
   D. 单位产品原材料消耗量与单位成本之间的关系

3. 相关系数是说明两个变量之间相关关系密切程度的统计分析指标，这两个变量(　　)。
   A. 只能是直线相关
   B. 只能是曲线相关
   C. 既可以是直线相关，也可以是曲线相关
   D. 关系没有限制

4. 相关系数 r 的取值范围是(　　)。
   A. 在 0 到 1 之间
   B. 在-1 到 0 之间
   C. 在-1 到 1 之间
   D. 无限制

5. 相关系数 $r=0$，说明两变量之间(　　)。
   A. 没有线性相关关系
   B. 线性相关程度很低
   C. 没有任何相关关系
   D. 线性相关程度很高

6. 相关系数的数值越接近于-1，说明两变量之间(　　)。
   A. 线性相关程度越弱
   B. 负相关程度越强
   C. 没有相关关系
   D. 无法判断相关关系的程度

7. 相关系数的数值越接近于+1，说明两变量之间(　　)。
   A. 负相关程度越强   B. 正相关程度越强
   C. 没有相关关系   D. 正相关程度越弱
8. 企业生产一种产品，按重量计算每吨成本(元)对工人劳动生产率(吨/人)的回归方程为 $y_c=150-2.5x$。这说明工人劳动生产率每增加 1 吨，则成本(　　)。
   A. 平均降低 150 元   B. 平均提高 150 元
   C. 平均降低 2.5 元   D. 平均提高 2.5 元
9. 变量之间的相关程度越低，则相关系数的数值(　　)。
   A. 越小   B. 越接近于 0   C. 越接近于-1   D. 越接近于 1
10. 回归分析中的两个变量(　　)。
    A. 都是随机变量
    B. 关系是对等的
    C. 都是给定的量
    D. 一个是给定的自变量，一个是随机的因变量
11. 相关分析中的正相关是指(　　)。
    A. 自变量(x)的数值增加，因变量(y)的数值也相应增加
    B. 自变量(x)的数值增加，因变量(y)的数值相应减少
    C. 自变量(x)的数值减少，因变量(y)的数值反而随之增加
    D. 自变量(x)的数值减少，因变量(y)的数值也随之减少
12. 调查表明，商品的销售量与其价格的涨落有依存关系，即随着商品价格的上涨，销售量逐渐减少，这种关系是(　　)。
    A. 相关关系   B. 函数关系   C. 正相关关系   D. 负相关关系
13. 两个变量的相关系数为-1，则这两个变量是(　　)。
    A. 负相关关系   B. 正相关关系
    C. 不相关   D. 完全相关关系
14. 下列相关系数中，能表示两个现象之间线性相关程度为高度相关的是(　　)。
    A. $r=0.91$ B. $r=-0.82$ C. $r=0.7$
    D. $r=0.48$ E. $r=-0.8$
15. 计算相关系数时(　　)。
    A. 相关的两个变量都是随机的   B. 相关的两个变量是对等关系
    C. 两个变量一个是随机的，一个是可控的 D. 可以计算出两个相关系数
    E. 相关系数有正负之分
16. 工资(元)对劳动生产率(千元)的回归方程为 $y_c=10+70x$，这意味着(　　)。
    A. 劳动生产率等于 1 000 元，则工资为提高 70 元
    B. 劳动生产率每增加 1 000 元，则工资增长 80 元
    C. 劳动生产率不变，则工资为 80 元
    D. 劳动生产率增加 1 000 元，则工资平均提高 70 元
    E. 劳动生产率减少 500 元，则工资平均减少 35 元
17. 变量之间的相关关系按其程度划分为(　　)。
    A. 线性相关   B. 非线性相关   C. 完全相关

D. 不完全相关　　　　E. 不相关

18. 配合一个回归直线方程，是为了(　　)。
    A. 进行两个变量相互推算
    B. 确定两个变量的变动关系
    C. 自变量推断因变量
    D. 因变量推断自变量
    E. 研究两个变量的密切程度

19. 估计标准误差是反映(　　)的指标。
    A. 衡量回归直线方程代表性大小
    B. 估计值与实际值平均误差程度
    C. 自变量与因变量离差程度
    D. 因变量估计值的可靠程度
    E. 回归方程实用价值大小

20. 在直线回归方程中，回归系数的作用是(　　)。
    A. 可确定两个变量之间因果的数量关系
    B. 可确定两个变量的变动方向
    C. 可确定两个变量的相关密切程度
    D. 可确定因变量的实际值与估计值的变异程度
    E. 可确定自变量增加一个单位时，因变量的平均增加量

【训练二】

判断下列表述的正误，并对不当表述进行改正。
1. 正相关指的是两个变量之间的变动方向都是上升的。
2. 负相关指的是两个变量变化趋势相反，一个上升而另一个下降。
3. 相关系数是测定变量之间相关关系密切程度的唯一方法。
4. 回归分析和相关分析一样，所分析的两个变量都一定是随机变量。
5. 当回归系数大于零时，两变量之间存在正相关关系；当回归系数小于零时，两变量之间存在负相关关系。
6. 相关的两个变量，只能算出一个相关系数。
7. 两个变量只要存在相关关系，就可以拟合回归直线方程。
8. 相关系数与回归系数的符号相反。
9. 回归系数的绝对值小于 1。
10. 计算回归方程时，要求因变量是随机的，而自变量不是随机的，是给定的数值。
11. 回归系数可以用来判断相关的方向。
12. 估计标准误差的数值越大，表示回归直线方程的代表性越大。
13. 利用一个回归方程可以进行自变量和因变量的相互推算。
14. 估计标准误差指的是实际值 y 与理论值 y_c 的平均误差程度。
15. 变量 x 与 y 之间的相关系数是 0.87，则两个变量有显著相关关系。
16. 从广义上说，函数关系也是一种相关关系。

【训练三】

训练资料：

明方公司广告费(千元)与销售额(万元)两个变量变动按时间顺序排列资料如下：

广告费 x：23，16，28，33，25，20，30，22

销售额 y：51，45，60，62，55，46，60，50

训练要求：

(1) 编制广告费与销售额相关表和相关图。

(2) 计算广告费与销售额相关系数并判断相关方向和密切程度。

【训练四】

训练资料：

弗塞特服装厂销售量 x(件)与利润 y(百元)有关计算数据如下。

$n=9$ $\sum x = 546$ $\sum y = 260$ $\sum x^2 = 34\,362$ $\sum xy = 16\,918$

训练要求：

(1) 建立利润依销售量变化的回归直线方程，说明回归系数的含义。

(2) 当销售量为 14 000 件时，预测利润的数值。

【训练五】

训练资料：

里约服装厂生产 3#童装的产量与单位成本资料如表 7-8 所示。

表 7-8 3#童装的产量与单位成本资料

月 份	1	2	3	4	5	6
产量(千件)	2	3	4	3	4	5
单位成本(元/件)	23	22	21	23	19	18

训练要求：

(1) 编制相关表，判断 3#童装的产量与单位成本之间是否存在相关关系。

(2) 绘制相关图，判断 3#童装的产量与单位成本之间的相关形式。

(3) 计算相关系数，确定 3#童装的产量与单位成本之间的相关密切程度。

(4) 配合单位成本对产量的回归直线方程，指出产量每增加 1 000 件时，单位成本平均变动多少元。

(5) 当产量为 6 000 件时，单位成本的理论值为多少？

【训练六】

训练资料：

冰爽饮料公司想通过以往的销售数据(见表 7-9)，来了解饮料销售量与自然气温之间是否存在相关关系，以便为公司制订生产计划和做出销售决策提供依据。

表 7-9 销售量与气温资料

调查时间顺序	销售量(箱)	气温(℃)
1	430	30
2	335	21
3	520	35
4	490	42
5	470	37
6	210	20
7	195	8
8	270	17
9	400	35
10	480	25

训练要求:

(1) 编制销售量与气温的相关表,绘制销售量和气温的相关图,判断销售量与气温之间的相关关系。

(2) 计算相关系数,说明销售量和气温之间的相关密切程度。

(3) 配合销售量对气温的回归直线方程,指出回归系数的含义。

(4) 当平均气温达到 28℃时,饮料的平均销售量为多少?

【训练七】

训练资料:

承以上训练六的数据资料。

训练要求:

计算回归直线方程的估计标准误差,说明回归直线方程的代表性大小。

【训练八】

训练资料:

昆玉农业机械厂连续 5 个月的总产值和利润额资料如表 7-10 所示。

表 7-10 总产值和利润额资料

月 份	总产值(万元)	利润额(万元)
6	15	5.4
7	17	5.0
8	22	6.5
9	25	8.0
10	30	10.0

训练要求:

建立利润额对总产值的回归直线方程,并根据 11 月的总产值 24 万元,在 95.45%的概率保证下,推算 11 月份利润总额的可能范围。

【训练九】

训练资料:

立发商贸有限公司下设 10 家零售商场,2016 年各商场的人均销售额和利润率资料如表 7-11 所示。

表 7-11 人均销售额和利润率资料

商场名称	人均销售额(万元/人)	利润率(%)
溧阳商场	6	12.6
布场百货商店	5	10.4
良购商厦	8	18.5
和平里商店	1	3.0
守平百货店	4	8.1
镇东商店	7	16.3
贝飘玲商店	6	12.3
晓阳商店	3	6.2
仰光商店	3	6.6
南里头商厦	7	16.8

训练要求:

(1) 编制相关表,绘制相关图,判断立发商贸有限公司人均销售额和利润率之间的相关关系。

(2) 计算相关系数,判断立发商贸有限公司人均销售额和利润率之间的相关密切程度。

(3) 配合利润率对人均销售额的回归直线方程,说明方程参数的实际含义,并在 95%的概率保证下,预测当人均销售额为 9 万元时的利润率可能区间。

(4) 配合人均销售额对利润率的回归直线方程,说明方程参数的实际含义,并在 95.45%的概率保证下,预测当利润率达到 17.5%时人均销售额的可能区间。

【训练十】

训练要求:

搜集学习或生活中有相关关系现象的资料,记录并整理至少十组数据。编制现象之间的相关图和相关表,并进行相关分析和回归预测。

项目八 企业生产经营指数分析

【技能目标】

- 学会编制产品产量总指数。
- 学会编制产品单位成本总指数。
- 能够对企业总产值变动进行因素分析。
- 能够对企业职工平均工资变动进行因素分析。

【知识目标】

- 了解广义上和狭义上的指数含义。
- 理解同度量因素的确定原则。
- 掌握综合指数的编制方法。
- 理解总量指标指数体系的构成。
- 掌握总量指标指数因素分析的方法。
- 理解平均指标指数体系的构成。
- 掌握平均指标变动因素分析的方法。

统计指数是一种表明客观现象综合变动程度的相对数。

作为分析和预测经济发展的工具，统计指数可以计算现象综合变动的相对程度，可以分析经济现象总变动中各个构成因素的影响作用大小，可以综合评价社会经济效益、人民生活质量水平的高低等。

实际应用中，统计指数不仅可以分析单个现象的数值变动，如某一海产品出口量的增长率计算，统计指数更多的是应用于多种现象变动的综合分析。例如，工业企业生产产品多种多样，产品产量有升有降，怎样反映不同种类产品产量的综合变动？商贸企业零售商品品种繁多，用途各异，计量单位和单价也各不相同，怎样反映所有商品价格的总变动程度？企业关心总产值的变动，在其构成要素中，产量和价格这两个因素对总产值的影响方向和影响程度如何分析？企业职工平均工资由多种因素构成，怎样分解指标并分析这些因素的作用？要解决这些问题，就要运用统计指数分析法。

任务一　了解统计指数

任务导入

北星钟表集团公司生产管理部汇总资料，计算出本年度公司总产值为 1.09 亿元，比上年增长了 8.9%。为详细分析公司生产的具体情况，提高职工生产积极性，使公司生产经营在新一年有更好的发展，生产管理部以本年和去年的资料为依据，拟对以下几方面进行指数分析。

(1) 所有产品的单位成本、产量和价格的总变动情况。
(2) 企业产值变动的各个影响因素分析。
(3) 员工的总收入和个人收入的变动情况分析。

要完成这些分析，工作人员需要使用统计指数的基础理论和编制方法。

相关知识

一、统计指数的含义和种类

统计指数有广义上和狭义上两种含义。

从广义上来说，凡是用来反映社会经济现象在不同时间和不同空间对比状况的相对数，如动态相对数、比较相对数和计划完成程度相对数，都可称为指数。

从狭义上来说，统计指数是用来综合反映复杂经济现象总体数量变动的一种相对数。所谓复杂经济现象总体是指不同度量单位或性质各异的、实物量不能直接加总的若干经济现象所组成的总体。例如，商场里的润肤乳、沐浴露、牙膏、香皂、洗衣粉等各种不同洗护用品的计量单位各不相同，它们的实物销售量是不能相加的，由这些商品构成的就是洗护用品的复杂总体。计算这些商品的销售量综合变动就是狭义的指数。

经济分析中，人们进行统计指数分析常常是指狭义上的指数分析。

从不同的角度，统计指数有以下分类。

(一)按所研究对象的范围不同，统计指数分为个体指数和总指数

个体指数反映单一经济现象变动的程度，如一种款式手表今年第一季度与去年同期相比销售量增长了5.3%，就是个体指数。前面我们学过的发展速度也属于个体指数。

总指数综合反映复杂经济现象总体数量的总变动程度，如商贸公司所有款式、品种、类型的钟表8月份与7月份相比销售量下降了0.3%，这是销售量总的变动指数。

(二)按指数化指标的性质不同，统计指数分为数量指标指数和质量指标指数

在编制总指数的过程中，被研究的指标称为指数化指标。

数量指标指数反映现象总体的规模和水平的变动程度，其指数化指标是数量指标，如销售量指数、产量指数、职工人数指数等。

质量指标指数反映现象总体内涵质量的变动程度，其指数化指标是质量指标，如商品价格指数、企业产品单位成本指数、工人平均工资指数等。

(三)按对比的时间状态不同，统计指数分为静态指数和动态指数

静态指数是指在同一时间条件下，不同单位、不同地区间同一事物在数量上进行对比所形成的指数，或者同一单位、同一地区计划指标与实际指标进行对比所形成的指数。

动态指数是指经济现象在不同时间发展变化的指标数值对比所形成的指数。在一般的经济分析中，动态指数分析多于静态指数分析。

(四)在动态指数中，按采用的基期不同，统计指数分为定基指数和环比指数

将经济现象的同一指数按时间顺序排列就形成了指数数列。若数列中的指数都采用某一固定时期的水平作为对比基准，就是定基指数；若数列中的指数都以其前一时期的水平作为对比基准，就是环比指数。

(五)按编制方法和形式不同，统计指数分为综合指数和平均指数

综合指数是将两个时期的总量指标对比来计算总指数的一种方法，它是计算总指数的最基本计算形式。

平均指数是对个体指数进行加权平均来计算总指数的一种方法。平均指数与综合指数的公式有变形关系，但在实际工作中，平均指数作为一种独立的指数编制形式得到广泛的应用。在缺乏全面资料的情况下可以使用平均指数，如一个国家的物价指数就是采用平均指数编制的。

二、统计指数的作用

统计指数在社会经济分析中发挥着重要的作用，具体表现在以下两个方面。

(1) 综合反映复杂社会经济总体的综合变动方向和变动程度。这是统计指数的最基本的作用。例如，企业生产总指数反映了企业生产的所有不同类产品的产量总发展程度，商品物价总指数反映了所有不同类商品的价格总变动程度。

(2) 分析和测定经济现象总变动中受各因素变动影响的方向和程度。这个作用使得指数因素分析法在实际工作中被广泛应用。例如，企业生产总成本的增减，既受产品产量增减的影响，也受产品单位成本增减的影响。通过指数因素分析法，可以分析由于各种产品的产量增减而使总成本增长或下降的程度及增减的总成本绝对值，以及由于各种产品的单位成本变动而使总成本增长或下降的程度及增减的总成本绝对值。指数因素分析法在企业财务管理、企业财务报表分析应用中被称为连环替代法。

任务二　企业生产经营总指数编制

子任务一　编制产品产量综合指数

● 任务导入

北星钟表集团公司生产管理部 5 月份加强了职工技术培训，通过开展劳动竞赛等措施，使得产品产量与 4 月份有了很大的不同。如表 8-1 所示是生产管理部收到的下属第三车间的产品产量资料，部长要求统计员小王对该车间产品产量的综合变动进行分析。

表 8-1　第三车间产品产量资料

产品名称	产品型号	计量单位	产　　量	
			4 月	5 月
石英钟	6007	台	900	800
手表	JYT-2519CG	只	4 000	4 200

● 相关知识

要反映一种事物的数量变动程度，只需要将其报告期数值与基期数值直接对比即可，这就是个体指数，也叫发展速度。例如，石英钟产量 5 月份产量是 4 月份产量的 88.89%(800÷900)，手表产量 5 月份比 4 月份增长了 5%(4 200÷4 000-1)，这其实是两种产品各自的产量个体指数。

要说明多种不同事物综合的动态数量变化，需要编制总指数。但是在社会经济中，由于各种事物的性质不同，使用价值不同，并且具有不同的度量单位，所以不同类别事物的数量是不能直接加总的。因此，要编制总指数，用一个数值反映出多种事物的综合变动程度，首先必须解决不同事物数量的不同度量问题，将不同度量转化成同度量，使其数值可以相加，通过相加将不同事物综合到一起，然后再进行对比。例如，要进行石英钟和手表两种产品的产量综合变动分析，首先就要解决它们不同度量的产量不能相加的问题，找到一种同度量指标进行相加，再进行动态对比分析。

在项目二任务一中我们了解到，实物量即实物指标是没有综合能力的，不同类事物不能加总，但是价值量即价值指标却具有广泛的综合性和较强的概括能力，能使不能相加的实物量过渡成能够直接相加的价值量。这样,在分析石英钟和手表的产量综合变动时,由于它们的产量不能直接相加,可以考虑采用企业的价值指标先将两种产品综合起来。企业常用的价值指标中,能够与产量保持直接过渡关系的有生产总值、总成本、生产总费用,而要将产量过渡成这些价值量,就需要加入另一个媒介指标,如将产量过渡成生产总值需要加入"价格"指标,将产量过渡成总成本需要加入"单位成本"指标。

在编制总指数的过程中,所加入的能够将不同度量的指标转化为同度量指标的媒介指标,叫作同度量因素,如编制产量总指数时,"产量"是指数化指标,"价格""单位成本"都是产量的同度量因素。

在实际工作中,当指数化指标为数量指标时,其同度量因素往往是质量指标。为了单独反映指数化指标的变动程度,需要将同度量因素固定不变。当同度量因素是质量指标时,通常是固定在基期,即在假定质量指标同度量因素不变的前提下,通过不同时期总价值指标的对比来单独测定数量指标的变动程度。因此编制产品产量总指数时,一般采用基期的价格或单位成本作为同度量因素。

在实际工作中,为便于书写指数计算公式,通常用 K 表示个体指数,$\overline{K}$ 表示总指数,P 表示价格,Q 表示物量,Z 表示单位成本。为直观地反映指数的计算对象,通常用指数化指标的符号做 K 的下标。下标 1 表示报告期指标,下标 0 表示基期指标。

采用价格做同度量因素的产量总指数公式如下。

$$\overline{K}_Q = \frac{\sum P_0 Q_1}{\sum P_0 Q_0}$$

采用单位成本做同度量因素的产量总指数公式如下。

$$\overline{K}_Q = \frac{\sum Z_0 Q_1}{\sum Z_0 Q_0}$$

用两个总量指标进行对比形成的指数称为综合指数。综合指数是总指数的一种计算形式。所以以上的产量总指数从计算形式上说,也叫产量综合指数。

工作任务

北星钟表集团公司生产管理部统计员小王要根据表 8-1 的第三车间的产品产量资料,对该车间产品产量的综合变动进行统计分析。

操作演示

统计员小王根据指数分析的需要,从财务部获得了第三车间生产的石英钟和手表的价格资料,如表 8-2 所示。

表 8-2 第三车间产品产量及价格资料

产品名称	产品型号	计量单位	产量		价格(元)	
			4月	5月	4月	5月
石英钟	6007	台	900	800	350	360
手表	JYT-2519CG	只	4 000	4 200	1 500	1 490

为满足产量总指数分析的计算需要,小王编制了如表 8-3 所示的计算表,并做指数分析如下。

表 8-3 第三车间产品产量指数分析计算表

产品名称	产品型号	计量单位	产量 4月 Q_0	产量 5月 Q_1	4月价格(元) P_0	总产值(元) P_0Q_1	总产值(元) P_0Q_0
石英钟	6007	台	900	800	350	280 000	315 000
手表	JYT-2519CG	只	4 000	4 200	1 500	6 300 000	6 000 000
合　计	—	—	—	—	—	6 580 000	6 315 000

产量总指数:$\overline{K}_Q = \dfrac{\sum P_0 Q_1}{\sum P_0 Q_0} = \dfrac{6\ 580\ 000}{6\ 315\ 000} = 104.20\%$

结论:第三车间生产的石英钟产量 5 月份比 4 月份减少了 100 台,是 4 月份的 88.89%;手表产量 5 月份比 4 月份增加了 200 只,是 4 月份的 105%。总体上说,两种产品产量 5 月份比 4 月份增长了 4.2%。

◉ 特别提示

(1) 当一个总量指标可以分解为两个或两个以上的因素指标时,为研究其中一个因素指标(指数化指标)的变动,将其余指标(同度量因素)固定下来,然后将两个时期总量指标数值相比,这种编制指数的方法就是综合指数。

(2) 同度量因素的主观作用,是将不能相加的实物量指标转化成可以相加的价值量指标,满足了不同性质事物对比必须先综合到一起的要求。在这里,产量总指数的同度量因素还可以选择单位成本,将不能相加的产量转化成总成本,再依照公式进行计算分析。当然,采用不同的同度量因素,产量指数的计算结果略有不同,说明同度量因素客观上也起着权数的作用。企业可以根据实际情况选择同度量因素,且同一指数在各期的同度量因素应相同,目的是保持前后各期指数的可比性。

(3) 产品产量总指数的编制原理和方法,也适用于其他数量指标总指数的编制。

子任务二 编制产品单位成本综合指数

◉ 任务导入

北星钟表公司生产技术部门 5 月初对第三车间的石英钟和手表的生产工艺进行了改进,表 8-4 所示的是财务部提供的改进工艺前后第三车间产品的详细单位成本资料。生产管理部要求统计员小王分析两种产品的单位成本综合变动情况,以分析改进生产工艺对车间所有产品总平均单位成本的综合影响。

表 8-4　第三车间产品单位成本资料

产品名称	产品型号	计量单位	单位成本(元)	
			4月	5月
石英钟	6007	台	120	130
手表	JYT-2519CG	只	580	560

● 相关知识

从表 8-4 的资料中不难算出：石英钟的单位成本增长了 8.33%(130÷120-1)，手表的单位成本下降了 3.45%(560÷580-1)。

两种产品的单位成本是不同度量单位的(元/台，元/只)，各自的性质也是完全不同的，所以分别计算两种产品的单位成本变动程度很简单，但要将它们的单位成本简单相加再对比以反映综合变动程度却是不成立的。因此，要解决的第一个问题，是要将不同度量的单位成本转化为同度量的另一个指标，以便把两种产品综合到一起来。

前面在编制产量总指数时，我们用了价格这个同度量因素，通过价格与产量相乘，将两种产品的实物产量过渡成产值后进行相加对比。在这里，编制单位成本的总指数，仍然要借助于同度量因素，将不能相加的单位成本转化成可以相加的价值量指标。在与成本有关的指标中，单位成本不能简单相加，但是总成本是可以相加的，将单位成本过渡到总成本的媒介因素是产量，于是就找到了单位成本的同度量因素——产量。

因此，要编制单位成本总指数，单位成本就是指数化指标，与单位成本相乘后能使不同产品总成本综合相加的产量，就被称为单位成本的同度量因素。

为单独反映单位成本的变动，需要将产量固定下来。在企业经济分析中，分析单位成本变动的主要目的，是要确定发生当前数量的经济业务时，由于单位成本的变动给企业带来多大的经济利益(损失)。编制产品单位成本指数一般采用报告期的产量作为同度量因素，其计算公式如下。

$$\bar{K}_z = \frac{\sum Z_1 Q_1}{\sum Z_0 Q_1}$$

因此，当研究的指数化指标为质量指标时，其同度量因素常常是数量指标，且通常被固定在报告期。其目的是，在假定数量指标同度量因素不变的前提下，通过不同时期总价值指标的对比来单独测定质量指标的变动程度。

以上的单位成本总指数分子和分母都是两个总量指标，从计算形式上说，也叫单位成本综合指数。

● 工作任务

北星钟表集团公司生产管理部统计员小王要根据表 8-1 和表 8-4 的资料，对第三车间的产品单位成本的综合变动进行统计分析。

● 操作演示

统计员小王根据表 8-1 和表 8-4 的资料，编制了如表 8-5 所示的指数分析计算表，并做单位成本综合变动分析如下。

表 8-5 第三车间单位成本综合指数分析计算表

产品名称	产品型号	计量单位	单位成本 4月 Z_0	单位成本 5月 Z_1	5月产量 Q_1	$Z_0 Q_1$	$Z_1 Q_1$
石英钟	6007	台	120	130	800	96 000	104 000
手表	JYT-2519CG	只	580	560	4 200	2 436 000	2 352 000
合 计	—	—	—	—	—	2 532 000	2 456 000

单位成本总指数：$\bar{K}_Z = \dfrac{\sum Z_1 Q_1}{\sum Z_0 Q_1} = \dfrac{2\,456\,000}{2\,532\,000} = 97\%$

结论：根据生产技术部门的设计，第三车间对产品生产工艺进行了改进，手表的工艺改进效果良好，每只节约成本20元，单位成本下降了3.45%；但石英钟的改进效果不理想，单位成本不减反增，每台石英钟的成本增加了10元，增长了8.33%。不过，总体上说，生产工艺改进后，第三车间生产的石英钟和手表的单位成本总体下降了3%。

● 特别提示

单位成本总指数的编制原理和方法，也适用于其他质量指标总指数的编制，如价格总指数公式如下。

$$\bar{K}_P = \dfrac{\sum P_1 Q_1}{\sum P_0 Q_1}$$

运用表 8-2 的资料，代入上述公式，可以计算出价格总指数为 99.48%，两种产品价格综合下降了 0.52%。

子任务三　编制平均指数

● 任务导入

北星钟表集团公司生产管理部统计员小王在对第三车间5月份较4月份的产品产量和单位成本的综合变动进行分析时，同时计算并得到了与去年同期相比产量和单位成本的个体指数，如表8-6、表8-7所示。小王想通过各种产品的个体指数资料，得到车间生产两种产品的产量和单位成本的总指数。

表 8-6 第三车间产品产量资料

产品名称	产品型号	计量单位	5月份较去年同期的产量个体指数(%)
石英钟	6007	台	110.5
手表	JYT-2519CG	只	98

表 8-7　第三车间产品单位成本资料

产品名称	产品型号	计量单位	5月份较去年同期的单位成本个体指数(%)
石英钟	6007	台	97.6
手表	JYT-2519CG	只	102

相关知识

应用综合指数进行计算分析，必须使用全面资料，而且在计算过程中使用了一个假定的价值量($\sum P_0Q_1$)。但是在实际工作中，所需要的数量指标、质量指标的基期和报告期各项资料由于各种原因并不一定很齐备，所以直接用综合指数来编制经济指数，其使用范围有时会受到一定的限制。因此需要想个办法，看看对综合指数的计算公式能不能加以变通。

在子任务一中，学习了产品产量总指数 $\overline{K}_Q = \dfrac{\sum P_0Q_1}{\sum P_0Q_0}$，其分子是用报告期各种产品的产量乘以相应基期价格得到的。实际中在无法掌握全面资料的情况下，计算出分子 $\sum P_0Q_1$ 的总量是比较困难的。我们试着变形一下产量综合指数的计算公式。

$$\text{产量总指数}\overline{K}_Q = \frac{\sum P_0Q_1}{\sum P_0Q_0} = \frac{\sum P_0Q_0 \dfrac{Q_1}{Q_0}}{\sum P_0Q_0}$$

$K_Q = \dfrac{Q_1}{Q_0}$ 是数量指标个体指数，代入公式 $\overline{K}_Q = \dfrac{\sum P_0Q_1}{\sum P_0Q_0}$，得

$$\overline{K}_Q = \frac{\sum P_0Q_1}{\sum P_0Q_0} = \frac{\sum K_Q P_0Q_0}{\sum P_0Q_0}$$

上式是以个体产量指数 K_Q 为变量值，以基期产值 P_0Q_0 为权数，是个体产量指数的加权算术平均数，故称 $\overline{K}_Q$ 为加权算术平均数指数。

加权算术平均数指数是数量指标综合指数的变形，是编制数量指标总指数的常用形式。加权算术平均数指数避开了数量指标总指数公式中 $\sum P_0Q_1$ 这个假定的总量，公式中的数量指标个体指数 K_Q 也是比较容易取得的数值。在掌握了数量指标的个体指数和基期的总价值(P_0Q_0)资料时，就可以用加权算术平均数指数形式计算数量指标总指数了。如果依据的资料相同，采用加权算术平均数指数计算方法的计算结果和综合指数的计算结果是一致的。

同样道理再看单位成本总指数，公式中也有假定总量 $\sum Z_0Q_1$ 的存在。我们也对单位成本总指数进行一下变形。

$$\text{单位成本总指数}\overline{K}_Z = \frac{\sum Z_1Q_1}{\sum Z_0Q_1} = \frac{\sum Z_1Q_1}{\sum \dfrac{Z_0}{Z_1} Z_1Q_1}$$

$K_Z = \dfrac{Z_1}{Z_0}$ 是质量指标个体指数，代入公式 $\overline{K}_Z = \dfrac{\sum Z_1Q_1}{\sum Z_0Q_1}$，得

$$\overline{K}_z = \frac{\sum Z_1 Q_1}{\sum Z_0 Q_1} = \frac{\sum Z_1 Q_1}{\sum \frac{1}{K_z} Z_1 Q_1}$$

上式是以个体单位成本指数 K_z 为变量值，以报告期产值 $Z_1 Q_1$ 为权数，是个体单位成本指数的加权调和平均数，故称 $\overline{K}_z$ 为加权调和平均数指数。

加权调和平均数指数是质量指标综合指数的变形，是编制质量指标总指数的常用形式。质量指标总指数中的假定总量 $\sum Z_0 Q_1$，在公式中变形成了 $\sum \frac{1}{K_z} Z_1 Q_1$。个体指数 K_z 和报告期产值 $Z_1 Q_1$ 在实际工作中都是容易取得的资料。所以在掌握了质量指标的个体指数和报告期的总价值($Z_1 Q_1$)时，就可以用加权调和平均数指数形式计算质量指标总指数了。如果依据的资料相同，采用加权调和平均数指数计算方法的计算结果和综合指数的计算结果是一致的。

平均指数包括加权算术平均数指数和加权调和平均数指数，可以独立编制单独使用。综合指数和平均指数是计算总指数的两种形式。

工作任务

北星钟表集团公司生产管理部统计员小王根据表 8-6 和表 8-7 有关产量和单位成本的个体指数资料，对第三车间今年 5 月份较去年 5 月份的产品产量和单位成本的综合变动进行统计分析。

操作演示

统计员小王根据表 8-6 和表 8-7 有关产量和单位成本的个体指数的资料分析，决定采用平均指数的形式进行统计分析。小王找到了第三车间去年 5 月份的产值和今年 5 月份的总成本数据，编制了如表 8-8 和表 8-9 所示的指数分析计算表，并做产量和单位成本综合变动分析如下。

表 8-8 第三车间产品产量指数分析计算表

产品名称	产品型号	计量单位	5 月份较去年同期的产量个体指数(%)	去年 5 月产值(元)
石英钟	6007	台	110.5	300 000
手表	JYT-2519CG	只	98.0	5 870 000
合 计	—	—	（　　）	6 170 000

表 8-9 第三车间产品单位成本指数分析计算表

产品名称	产品型号	计量单位	5 月份较去年同期的单位成本个体指数(%)	今年 5 月总成本(元)
石英钟	6007	台	97.6	104 000
手表	JYT-2519CG	只	102.0	2 352 000
合 计	—	—	（　　）	2 456 000

根据表 8-8 资料，采用加权算术平均数指数的形式计算产量总指数如下。

$$产量总指数 = \frac{\sum K_Q P_0 Q_0}{\sum P_0 Q_0} = \frac{110.5\% \times 300\,000 + 98\% \times 5\,870\,000}{6\,170\,000} = 98.61\%$$

根据表8-9资料，采用加权调和平均数指数的形式计算单位成本总指数如下。

$$单位成本总指数 = \frac{\sum Z_1 Q_1}{\sum \frac{1}{K_Z} Z_1 Q_1} = \frac{2\,456\,000}{\frac{104\,000}{97.6\%} + \frac{2\,352\,000}{102\%}} = 101.81\%$$

结论：根据产量和单位成本的个体指数资料，采用平均指数的形式计算，第三车间今年5月份同去年同期相比，产量总的降低了1.39%(98.61%-1)，单位成本总的增加了1.81%(101.81%-1)。

> **特别提示**
>
> (1) 产量综合指数公式变为加权算术平均数指数的方法，也适用于其他数量指标综合指数，如计算以单位成本为同度量因素的产量总指数，就可以运用以下公式。
>
> $$产量总指数 = \frac{\sum K_Q Z_0 Q_0}{\sum Z_0 Q_0}$$
>
> 把单位成本综合指数公式变为加权调和平均数指数的方法，也适用于其他质量指标综合指数，如计算以产量为同度量因素的价格总指数，就可以运用以下公式。
>
> $$价格总指数 = \frac{\sum P_1 Q_1}{\sum \frac{1}{K_P} P_1 Q_1}$$
>
> (2) 综合指数和平均指数是计算总指数的两种形式。平均指数也叫平均数指数。
>
> 如果在指数计算时，采用的是数量指标和质量指标的基期和报告期的全面资料，计算出数量指标总指数 $\frac{\sum P_0 Q_1}{\sum P_0 Q_0}$ 或质量指标总指数 $\frac{\sum P_1 Q_0}{\sum P_0 Q_0}$，那么，从计算形式上看，这两个总指数就叫数量指标综合指数或质量指标综合指数。
>
> 如果在指数计算时，是用个体指数和总量指标加权的方法计算出数量指标总指数 $\frac{\sum K_Q P_0 Q_0}{\sum P_0 Q_0}$ 或质量指标总指数 $\frac{\sum Z_1 Q_1}{\sum \frac{1}{K_Z} Z_1 Q_1}$，那么，从计算形式上看，这两个指数属于平均指数或叫平均数指数。

任务三　企业经营指数因素分析

子任务一　企业总产值变动因素分析

任务导入

北星钟表集团公司采取各项新的经营管理措施后，所有产品的产量和价格都有不同程度的变化,仅公司下属的第三生产车间生产的石英钟和手表的变化就从表 8-2 中已经反映出来了。产量和价格的变动必然给企业的总产值带来影响,这是公司决策层非常关注的问题,因为总产值是企业产出非常重要的一个统计指标。

那么,公司的总产值是怎样变化的呢?总产值的变动受产品产量和价格变动的影响程度各有多大?生产管理部统计员小王又有了新任务,就是要对总产值的变动进行因素分析。

相关知识

一、指数体系

(一)总价值指标及其影响因素

前面的数量指标总指数和质量指标总指数的计算表明,对于不能相加的现象进行综合分析时,实际上是利用了经济现象指标之间的平衡关系——找到与研究的现象相关联的价值量总量指标,使指数化指标成为价值指标的影响因素之一,并将其余影响因素固定下来。企业常见的价值总量及其影响因素构成的对等关系主要有以下几个。

$$工业总产值=产品产量×产品价格$$
$$产品销售额=产品销售量×产品价格$$
$$产品总成本=产品产量×单位产品成本$$
$$生产总费用=产品产量×单位产品原材料消耗量×原材料单价$$

价值总量指标总是能够分解为数量指标和质量指标相乘,即

$$总价值指标=实物数量指标×质量指标$$

在对总价值指标的变动进行因素分析时,这种对等关系式常表述如下。

$$总变动指标=各影响因素指标的连乘积$$

(二)指数体系的形成

价值量指标属于总量指标,且具有综合概括的特点,利用总量指标进行对比计算的指数形式称为综合指数。前面的产量总指数和单位成本总指数都是综合指数的计算形式。

从上面的总价值指标及其影响因素构成的对等关系来看,每一个总价值指标都有不同的影响因素,每个因素的变动都会对总价值指标产生一定程度的影响,可以说,总价值指标的变动是由各个因素指标的变动共同影响的。在企业经济分析中,我们常常需要了解每个影响因素对总价值指标的影响方向和影响程度,以便在企业管理中制定有针对性的措施,让总价值指标朝着我们希望的方向发展。例如,企业的总产值,总产值可以分解为两个因素指标的乘积:一个因素指标是数量指标"产量";另一个因素指标是质量指标"价格"。我们总是希望企业的产值越多越好,但总产值的增长就一定意味着企业的生产能力增长了吗?是否是因为产品价格的增长引起的呢?到底产量和价格两个因素各自对产值的增长产生了什么样的影响?影响程度各有多大?看来在分析总产值变动时,还需要对产量和价格两个因素的变动分别进行分析。

(1) 分析总产值的变动。由于总产值不存在不同度量问题,所以不需要确定同度量因素,其变动程度由两个时期的总产值直接对比来反映。

总产值指数：
$$\bar{K}_{PQ} = \frac{\sum P_1 Q_1}{\sum P_0 Q_0}$$

总产值实际增减的绝对值 $= \sum P_1 Q_1 - \sum P_0 Q_0$

(2) 分析总产值的两个影响因素对其产生的影响。

① 产量的变动程度由产量总指数来反映。

产量总指数：
$$\bar{K}_Q = \frac{\sum P_0 Q_1}{\sum P_0 Q_0}$$

从产量总指数的公式中可以看出，产量总指数同时提供了两个信息：一个是各种产品产量总体上的增减程度，因为分子和分母的价格不变，只有产量一个因素发生了变动；另一个是由于各种产品产量的增减影响总产值的增减程度，因为分子和分母是采用相同的价格计算的两个时期的总产值，即

由于产量的变动而增减的总产值绝对值 $= \sum P_0 Q_1 - \sum P_0 Q_0$

因此产量总指数既反映产量本身的总变动程度，也是产量变动对总产值影响的总指数。

② 价格的变动程度由价格总指数来反映。

价格总指数：
$$\bar{K}_P = \frac{\sum P_1 Q_1}{\sum P_0 Q_1}$$

从价格总指数的公式中可以看出，价格总指数同时提供了两个信息：一个是各种产品价格总体上的涨跌程度，因为分子和分母的产量相同，只有价格一个因素发生了变动；另一个是由于各种产品销售价格的涨跌影响总产值的增减程度，因为分子和分母是采用相同时期的产量计算的两个时期的总产值，即

由于价格的变动而增减的总产值绝对值 $= \sum P_1 Q_1 - \sum P_0 Q_1$

因此价格总指数既反映价格本身的总变动程度，也是价格变动对总产值影响的总指数。

从上述指数公式中不难看出：

总产值指数＝产量总指数×价格总指数

在统计分析中，若干个指数由于一定的经济联系而形成的对等关系被称为指数体系，如

商品销售额指数＝商品销售量指数×商品价格指数

产品总成本指数＝产品产量指数×单位产品成本指数

(三)指数体系的种类

(1) 根据影响因素的多少不同，指数体系分为两因素指数体系和多因素指数体系两种。上面的总产值指数体系、销售额指数体系、总成本指数体系都是两因素指数体系。具有三个或三个以上影响因素的指数体系属于多因素指数体系，如

生产费用总指数＝产量总指数×单位产品原材料消耗量总指数×原材料单价总指数

(2) 根据总变动指标的性质不同，指数体系分为总量指标指数体系和平均指标指数体系两种。

总量指标指数体系中的总变动指标是总量指标，上述指数体系都是总量指标指数体系，其在企业经济分析中的应用会在本子任务中演示。

平均指标指数体系中的总变动指标是平均指标，如

总平均工资指数=各级工资水平指数×人数结构指数

单位成本总指数=不同规格型号产品的单位成本指数×产量结构指数

平均指标指数体系在企业经济分析中的应用将在下一个子任务中进行演示。

(四)指数体系的作用

指数体系的主要作用有以下两个方面。

(1) 利用指数体系可以进行因素分析，测定经济现象总变动中各个影响因素作用的方向、影响程度及影响的绝对额，进一步研究分析现象总变动的具体原因。

(2) 利用指数体系可以进行有关指数之间的换算，如已知总产值总指数和产品价格总指数，可以推算出产量总指数。

二、指数因素分析

根据指数体系对经济现象的总变动中各个影响因素的变动影响进行分析，就是指数因素分析法。

在实际工作中，因素分析主要用于分析经济现象总量的变动和一般水平的变动，前者是总量指标变动的因素分析，如总产值变动因素分析、总成本变动因素分析、工资总额变动因素分析等；后者是平均指标变动的因素分析，如商品价格变动因素分析、产品单位成本变动平均分析、工人平均工资变动因素分析等，后者将在子任务二中做详细介绍。

指数因素分析的内容一般包括两个方面，一个是相对变动程度的分析，包括总变动指标的变动程度、各个影响因素的变动对总变动指标的影响程度；另一个是变动增减值的分析，包括总变动指标的增减值、各个因素变动影响总变动指标增减的绝对值。所以指数因素分析需要使用的关系式有两个。

相对数指数体系关系式：

总变动指标指数=各因素指标总指数的连乘积

绝对数增减值关系式：

总变动指标增减值=各因素影响总变动指标的增减值之和

◎ 工作任务

北星钟表集团公司生产管理部统计员要根据表 8-2 的第三车间石英钟和手表的产量和价格资料，对第三车间的总产值变动进行统计分析。

◎ 操作演示

根据表 8-2 第三车间生产石英钟和手表的产量和产品价格资料，生产管理部统计员小王结合总产值变动因素分析的需要，编制了如表 8-10 所示的指数因素分析计算表，并对总产值进行如下的因素分析。

表 8-10 车间总产值变动因素分析计算表

产品名称	产品型号	计量单位	产量 4月 Q_0	产量 5月 Q_1	价格(元) 4月 P_0	价格(元) 5月 P_1	总产值(元) P_0Q_0	总产值(元) P_0Q_1	总产值(元) P_1Q_1
石英钟	6007	台	900	800	350	360	315 000	280 000	288 000
手表	JY-2519G	只	4 000	4 200	1 500	1 490	6 000 000	6 300 000	6 258 000
合计	—	—	—	—	—	—	6 315 000	6 580 000	6 546 000

总产值指数 $=\dfrac{\sum P_1Q_1}{\sum P_0Q_0}=\dfrac{6\ 546\ 000}{6\ 315\ 000}\approx 103.66\%$

总产值增减值 $=\sum P_1Q_1-\sum P_0Q_0=6\ 546\ 000-6\ 315\ 000=231\ 000$(元)

产量总指数 $=\dfrac{\sum P_0Q_1}{\sum P_0Q_0}=\dfrac{6\ 580\ 000}{6\ 315\ 000}\approx 104.20\%$

由于产量增长使总产值增加的绝对额 $=\sum P_0Q_1-\sum P_0Q_0=6\ 580\ 000-6\ 315\ 000=265\ 000$(元)

价格总指数 $=\dfrac{\sum P_1Q_1}{\sum P_0Q_1}=\dfrac{6\ 546\ 000}{6\ 580\ 000}\approx 99.48\%$

由于价格降低使总产值减少的绝对额 $=\sum P_1Q_1-\sum P_0Q_1=6\ 546\ 000-6\ 580\ 000=-34\ 000$(元)

总产值指数体系：

总产值指数=产量总指数×价格总指数

103.66%≈104.20%×99.48%

总产值增减值关系：

总产值实际增减绝对值 = 由于产量变动而增减的总产值绝对值 + 由于价格变动而增减的总产值绝对值

231 000 元=265 000 元+(-34 000)元

结论：北星钟表集团公司第三车间总产值 5 月份比 4 月份总的提高了 3.66%，增加了 23.1 万元。这是由产量和价格两个因素共同变动影响的，其中，由于两种产品的产量总的增长了 4.20%，使总产值增加了 26.55 万元；由于两种产品的价格总的降低了 0.52%，使总产值减少了 3.4 万元。两个因素共同作用，总产值增加 23.1 万元。

操作演示

总量指标综合指数的因素分析方法可以用来对销售额、总成本、工资总额等总量指标进行因素分析。通过计算各因素的影响程度和方向，研究经济现象总量变化的原因。运用这种指数分析的原理和方法还可以进行三因素或多因素分析，这就是经济活动分析中常见的连环替代法，它的主要作用是分析计算综合经济指标变动的原因及其各个因素的影响程度，在企业的财务管理、企业财务报表分析中发挥了重要的作用。

例如,原材料费用总额指标受产量(Q)、原材料单耗量(m)和原材料购进价格(P)三个因素的影响。在计算分析时,要注意先排列好各个影响因素指标的顺序,总的原则是数量指标在前,质量指标在后,每次只替换一个因素,排在它前面的因素要保持报告期的水平,排在它后面的因素要保持基期水平。在反映产量变动对原材料总费用的影响时,假设原材料单耗量和原材料购进价格基期水平不变;在反映原材料单耗量变动对原材料总费用的影响时,同度量因素是报告期的产量和基期的原材料购进价格;在研究原材料购进价格变动对费用总额的影响时,产量和原材料单耗量都采用报告期的水平。其指数体系公式形式如下。

$$\frac{\sum Q_1 m_1 P_1}{\sum Q_0 m_0 P_0} = \frac{\sum Q_1 m_0 P_0}{\sum Q_0 m_0 P_0} \times \frac{\sum Q_1 m_1 P_0}{\sum Q_1 m_0 P_0} \times \frac{\sum Q_1 m_1 P_1}{\sum Q_1 m_1 P_0}$$

子任务二 企业职工平均工资变动因素分析

任务导入

北星钟表集团公司管理层认为,工资制度是企业对员工进行管理和激励的一种手段,平均工资分析能够反映企业员工整体收入水平的高低,同时也为企业经营决策和人力资源的管理与开发提供依据。2016年年末,生产管理部统计员小王带领其他统计人员在人事劳资科的配合下抽选了企业两类工人的工资信息,并整理成如表 8-11 所示的资料,公司总经理要求他们对工人的平均工资变动情况进行统计分析,并写出分析报告。

表 8-11 北星钟表集团公司职工人数及工资抽样资料

工人类别	工人人数(人)		各类工资水平(元)	
	2015 年末	2016 年末	2015 年末	2016 年末
制造类工人	60	70	3 700	3 900
装配类工人	90	80	3 800	4 100
合　计	150	150	—	—

相关知识

一、平均指标指数体系的形成

平均指标指数是将两个时期的总体平均数对比而得到的相对数,反映总体平均水平的变动程度。

根据加权算术平均数的计算公式如下。

$$\bar{x} = \frac{\sum xf}{\sum f} = \sum x \cdot \frac{f}{\sum f}$$

即有:　　　　总体平均指标=$\sum$(各组平均数×各组比重)

可见，总体平均指标的变动受两个因素的影响：一是各组平均数 x，它具有质量指标的性质；二是各组比重 $\dfrac{f}{\sum f}$，代表各组在总体中所占的份额，具有数量指标的性质。

根据同度量因素确定的基本原则，在反映各组平均数变动对总平均指标的影响时，各组比重要固定在报告期；在反映各组比重变动对总平均指标的影响时，各组平均数要固定在基期。下面，我们根据这个原则来编制总平均指标变动指数体系。

总平均指标变动指数是两个时期的实际总平均水平之比，它反映总体平均数总的变动程度，又称可变构成指数，简称可变指数。可变指数的计算公式如下。

$$\overline{K}_{可变} = \frac{\sum x_1 \dfrac{f_1}{\sum f_1}}{\sum x_0 \dfrac{f_0}{\sum f_0}} = \frac{\overline{x}_1}{\overline{x}_0}$$

总平均指标变动的增减值为

$$\sum x_1 \frac{f_1}{\sum f_1} - \sum x_0 \frac{f_0}{\sum f_0} = \overline{x}_1 - \overline{x}_0$$

各组平均数变动对总平均数影响的指数称为固定构成指数，它将总体结构固定在报告期，反映各组平均数变动对总体平均水平的影响程度，计算公式如下。

$$\overline{K}_{固定} = \frac{\sum x_1 \dfrac{f_1}{\sum f_1}}{\sum x_0 \dfrac{f_1}{\sum f_1}} = \frac{\overline{x}_1}{\overline{x}_n}$$

式中，假定平均指标 $\overline{x}_n$ 的计算采用基期各组水平和报告期比重。

由于各组水平变动，影响总平均指标变动的增减值为

$$\sum x_1 \frac{f_1}{\sum f_1} - \sum x_0 \frac{f_1}{\sum f_1} = \overline{x}_1 - \overline{x}_n$$

总体结构变动对总平均数影响的指数称为结构影响指数，它将各组水平固定在基期，反映各组比重的变动对总体平均指标的影响程度，计算公式如下。

$$\overline{K}_{结构} = \frac{\sum x_0 \dfrac{f_1}{\sum f_1}}{\sum x_0 \dfrac{f_0}{\sum f_0}} = \frac{\overline{x}_n}{\overline{x}_0}$$

由于总体结构变动，影响总平均指标变动的增减值为

$$\sum x_0 \frac{f_1}{\sum f_1} - \sum x_0 \frac{f_0}{\sum f_0} = \overline{x}_n - \overline{x}_0$$

所以，总平均指标变动指数体系为：

$$\overline{K}_{可变} = \overline{K}_{固定} \times \overline{K}_{结构}$$

或表示为

$$\frac{\overline{x}_1}{\overline{x}_0} = \frac{\overline{x}_1}{\overline{x}_n} \times \frac{\overline{x}_n}{\overline{x}_0}$$

其原始体系公式为

$$\frac{\sum x_1 \frac{f_1}{\sum f_1}}{\sum x_0 \frac{f_0}{\sum f_0}} = \frac{\sum x_1 \frac{f_1}{\sum f_1}}{\sum x_0 \frac{f_1}{\sum f_1}} \times \frac{\sum x_0 \frac{f_1}{\sum f_1}}{\sum x_0 \frac{f_0}{\sum f_0}}$$

二、平均指标指数因素分析

利用指数体系进行平均指标变动的因素分析只有两因素分析，没有多因素分析。其分析内容包括相对变动程度分析和绝对增减值分析两方面。相对变动程度分析利用指数体系来分析总平均指标的变动程度，及其受各组水平变动和总体结构变动影响而变动的程度；绝对增减值分析利用增减值变动关系式来分析总平均指标的增减值，及其受各组水平变动和总体结构变动影响的增减值，增减值变动关系式表示如下：

$$\sum x_1 \frac{f_1}{\sum f_1} - \sum x_0 \frac{f_0}{\sum f_0} = \left(\sum x_1 \frac{f_1}{\sum f_1} - \sum x_0 \frac{f_1}{\sum f_1} \right) + \left(\sum x_0 \frac{f_1}{\sum f_1} - \sum x_0 \frac{f_0}{\sum f_0} \right)$$

● 工作任务

北星钟表集团公司生产管理部统计员要根据表 8-7 的资料，对职工总平均工资的变动进行因素分析。

● 操作演示

北星钟表集团公司生产管理部统计员小王根据表 8-11 的资料，结合职工平均工资变动因素分析的需要，编制了如表 8-12 所示的总平均工资变动因素分析计算表，并按照公司的要求对工人的平均工资变动情况进行了详细的分析。

表 8-12 北星钟表集团公司职工工资变动因素分析计算表

工人类别	工人人数(人)		各组工资水平(元)		人数比重(%)		平均工资(元)		
	2015年末	2016年末	2015年末	2016年末	2015年末	2016年末	2015年末	2016年末	假定
(甲)	f_0	f_1	x_0	x_1	$\frac{f_0}{\sum f_0}$	$\frac{f_1}{\sum f_1}$	$x_0 \frac{f_0}{\sum f_0}$	$x_1 \frac{f_1}{\sum f_1}$	$x_0 \frac{f_1}{\sum f_1}$
生产类工人	60	70	3 700	3 900	40.00	46.667	1 480	1 820	1 726.67
装配类工人	90	80	3 800	4 100	60.00	53.333	2 280	2 186.67	2 026.67
合　计	150	150	—	—	100.00	100.000	3 760	4 006.67	3 753.33

(1) 2016 年总平均工资变动指数如下。

总平均工资变动指数 $\overline{K}_{可变} = \frac{\overline{x}_1}{\overline{x}_0} = \frac{4\,006.67}{3\,760} \approx 106.56\%$

总平均工资增减的绝对额=4 006.67-3 760= 246.67(元)

(2) 2016年公司调整员工的工资水平，各类员工的工资水平都有上涨，生产类工人人均增加了 200 元，装配类工人人均增加了 300 元。各类工人工资水平变动影响总平均工资的变动程度分析(固定构成指数)如下。

类平均工资指数 $\overline{K}_{固定} = \dfrac{\overline{x}_1}{\overline{x}_n} = \dfrac{4\,006.67}{3\,753.33} \approx 106.75\%$

由于各类工人工资水平上涨，使总平均工资增加的数额=4 006.67-3 753.33=253.33(元)。

(3) 2016 年职工人数结构发生了变动，工资水平较低的生产类工人人数比重从 40%增长到 46.67%，而工资水平较高的装配类工人人数比重从 60%下降到 53.33%。工人人数结构变动影响总平均工资的变动程度分析(结构影响指数)如下。

职工人数结构变动影响指数 $\overline{K}_{结构} = \dfrac{\overline{x}_n}{\overline{x}_0} = \dfrac{3\,753.33}{3\,760} = 99.82\%$

工人人数结构变动使总平均工资增减的绝对额=3 753.33-3 760=-6.67(元)。

(4) 各类工人工资上涨和人数结构的变动对总平均工资的影响关系式如下。

总平均工资指数=各类工人工资水平变动指数×工人人数结构变动指数

106.56% ≈ 106.75%×99.82%

总平均工资增减值 = 各类工人工资增长影响总平均工资增加的数额 + 工人人数比重变动影响总平均工资增加的数额

246.67 元=253.33 元+(-6.67)元

结论：根据抽查分析，北星钟表集团公司工人的总平均工资2016年比2015年增长了6.56%。其中，由于各类工人的工资水平上涨，使总平均工资增长了 6.75%，人均增加了 253.33 元；由于工人内部结构发生变动，使总平均工资下降了 0.18%，人均减少了 6.67 元。这两个因素共同的作用，使得工人的总平均工资增加了 246.67 元。从分析中可以看出，全公司工人总平均工资增长的主要原因是企业调资造成的各类工人工资水平的上涨。

> **特别提示**
>
> 利用平均指标指数体系进行因素分析的方法也可以用于分析产品总平均单位成本、农作物总平均亩产量、职工总平均劳动生产率等指标的变动分析。但是，需要注意的是，应用平均指标指数体系的条件是必须在同质总体内进行，因为同质性是计算平均指标的前提。也就是说，总平均指标中要得到 $\sum f$ 的资料，各组的单位数 f 就必须具有相同性质，才具有可加性。

任务四 利用 Excel 进行企业统计指数分析

> **任务导入**
>
> 2016 年，纺织厂的生产总值比 2015 年增加了 6.8 万元，增长了 3.47%，这固然有产量总体增长的影响，但价格因素也对总产值的变动产生了一定程度的影响。企业决策层要求

统计人员根据企业的相关统计数据(见表 8-13)分析企业所有产品的价格总变动程度。

表 8-13 纺织厂产量和价格统计资料

产品名称	计量单位	产量		出厂价格(元)		产值(万元)	
		2015 年	2016 年	2015 年	2016 年	2015 年	2016 年
白棉布	米	10 000	12 000	50	60	50	72.0
棉纱	锭	40 000	40 400	20	20	80	80.8
印花布	米	6 000	5 000	110	100	66	50.0
合 计	—	—	—	—	—	196	202.8

相关知识

利用 Excel 软件进行指数分析,没有一步到位的函数工具,只能利用公式输入法,再结合填充柄功能,通过手工操作,进行相关的指数编制和指数因素分析。

【工作任务一】

纺织厂统计员根据表 8-13 的统计资料,分析企业所有产品的价格总变动程度。

操作演示

在 Excel 中进行指数分析,主要使用公式输入法结合填充柄功能进行操作。

统计员根据表 8-13 的数据,将产量、出厂价格等资料输入到 Excel 表中的 A、B、C、D、E、F 列的 1 到 6 行中,将 2016 年的产值输入到 H 列的 1 到 6 行中。表式设计如表 8-14 所示。然后进行如下操作。

(1) 单击 G3 单元格,输入"=D3*E3",再按 Enter 键确认,然后利用填充柄功能拖动计算出 G4、G5 单元格的产值数据,并单击 Σ 按钮,在 G6 单元格中得到按 2015 年价格和 2016 年产量计算的假定产值综合 195.8 万元。

(2) 单击 I3 单元格,输入"=F3*100/E3",再按 Enter 键确认,得到白棉布的价格指数 120%,并利用填充柄功能拖动计算出 I4、I5 单元格的棉纱和印花布的价格指数。

(3) 单击 I6 单元格,输入"=H6*100/G6",再按 Enter 键确认,即得到三种产品的价格总指数 103.58%。所有计算结果见表 8-14。

表 8-14 产品价格总指数计算

	A	B	C	D	E	F	G	H	I
1	产品名称	计量单位	产量		价格(元)		产值(万元)		价格指数(%)
2			2015	2016	2015	2016	假定	2016	
3	白棉布	米	10 000	12 000	50	60	60.00	72.00	120.00
4	棉纱	锭	40 000	40 400	20	20	80.80	80.80	100.00
5	印花布	米	6 000	5 000	110	100	55.00	50.00	90.91
6	合 计	—	—	—	—	—	195.80	202.80	103.58

【工作任务二】

纺织厂统计员将本厂 2015 年和 2016 年工人的工资水平和人数分布整理成如表 8-15 所示的统计资料,并要据以对工人平均工资的变动进行因素分析。

表 8-15　工人工资水平及人数分布资料

工人分组	月平均工资(元)		工人数(人)	
	2015 年	2016 年	2015 年	2016 年
老工人	800	860	700	660
新工人	500	550	300	740
合　计	—	—	1 000	1 400

● 操作演示

统计员将表 8-15 中的统计资料,按照因素分析的需要,设计并填列在 Excel 表中的 A、B、C、D、E 列的 1 到 5 行中。表式设计如表 8-16 所示。然后进行如下操作。

(1) 单击 F3 单元格,输入"=D3/1000",按 Enter 键确认,并利用填充柄功能拖动计算出 F4 单元格的比重,然后单击 Σ 按钮得到比重合计 1.00。再单击 G3 单元格,输入"=E3/1400",再按 Enter 键确认,并利用填充柄功能拖动计算出 G4 的比重,然后单击 Σ 按钮得到比重合计 1.00。

(2) 在 H3 单元格中输入"=B3*F3",按 Enter 键确认,并利用填充柄功能拖动计算出 H4 单元格的数据,然后单击 Σ 按钮得到 2015 年的总平均工资 710 元。

(3) 在 I3 单元格输入"=C3*G3",按 Enter 键确认,并利用填充柄功能拖动计算出 I4 单元格的数据,然后单击 Σ 按钮得到 2016 年的总平均工资 696.14 元。

(4) 在 J3 单元格输入"=B3*G3",按 Enter 键确认,并利用填充柄功能拖动计算出 J4 单元格的数据,然后单击 Σ 按钮得到按 2015 年工资水平和 2016 年人数比重计算的假定总平均工资 641.43 元。

(5) 在 B7 单元格中输入"=I5*100/H5",按 Enter 键确认,在 C7 单元格中输入"=I5-H5",再按 Enter 键确认,即得到总平均工资指数 98.05%和平均每人减少了 13.86 元。按同样的方法操作,在 B8 单元格中输入"=I5*100/J5",在 C8 单元格中输入"=I5-J5";在 B9 单元格中输入"=J5*100/H5";在 C9 单元格中输入"=J5-H5"。

(6) 完成以上操作,就可以得到指数体系:98.05%≈108.53%×90.34%,同时得到绝对差额体系:-13.86 元=54.71 元+(-68.57)元。

分析:本厂工人总平均工资 2016 年比 2015 年下降了 1.95%,平均每人减少 13.86 元。这是由以下两个因素共同变动引起的:第一,由于企业调资,使得工人的平均工资增长了 8.53%,人均增加 54.71 元;第二,由于高工资的老工人比重下降,而低工资的新工人比重上升,使得工人的总平均工资下降了 9.57%,人均减少 68.57 元。

表 8-16 平均工资变动因素分析计算表

A		B	C	D	E	F	G	H	I	J
		月平均工资(元)		工人数(人)		人数比重		平均工资(元)		
工人分组		x_0	x_1	f_0	f_1	$\dfrac{f_0}{\sum f_0}$	$\dfrac{f_1}{\sum f_1}$	$x_0\dfrac{f_0}{\sum f_0}$	$x_1\dfrac{f_1}{\sum f_1}$	$x_0\dfrac{f_1}{\sum f_1}$
老工人		800	860	700	660	0.70	0.47	560	405.43	377.14
新工人		500	550	300	740	0.30	0.53	150	290.71	264.29
合 计				1 000	1 400	1.00	1.00	710	696.14	641.43
		指数(%)	增减值(元)							
总平均工资		98.05	−13.86							
工资水平影响		108.53	54.71							
人数结构影响		90.34	−68.57							

项目拓展训练

【训练一】

请在下列表述后的各个选项中选出正确的答案,并将其编号填入括号内。

1. 商品价格指数属于( )。
   A. 数量指标指数　　　　　B. 质量指标指数
   C. 结构影响指数　　　　　D. 可变构成指数
2. 要分析各种产品单位成本的变动对总成本的影响,应采用( )。
   A. 数量指标综合指数　　　B. 质量指标综合指数
   C. 平均指标指数　　　　　D. 个体指数
3. 如果一个总量指标分解为两个因素指标,则这两个因素指标( )。
   A. 一定都是总量指标　　　B. 一定都是质量指标
   C. 一定都是数量指标　　　D. 一个是数量指标,一个是质量指标
4. 计算企业产品销售价格指数,一般用来做同度量因素的指标是( )。
   A. 报告期销售量　　　　　B. 基期收购量
   C. 计划期销售量　　　　　D. 基期销售量
5. 农作物播种面积减少10%,平均亩产量增长10%,则总产量( )。
   A. 增加　　B. 减少　　C. 没有变动　　D. 不能确定
6. 商品销售量增长10%,销售总额增长2%,则销售价格指数为( )。
   A. 20%　　B. 92.73%　　C. 120%　　D. 112.2%
7. 价格降低后,同样多的人民币可多购买商品10%,则价格指数是( )。
   A. 110%　　B. 90.91%　　C. 110.2%　　D. 121%
8. 统计指数的作用包括( )。
   A. 综合反映复杂现象总体的变动方向和程度

B. 反映经济现象的总规模水平

C. 分析现象总变动中各因素变动影响的方向、程度和影响的绝对数额

D. 反映现象总体各单位变量分布的集中趋势

9. 利用指数体系对经济现象的总变动进行因素分析应使用的关系包括(　　)。

　　A. 总变动指标指数等于各因素指标指数的连乘积

　　B. 总变动指标的增减值等于各因素指标变动影响总变动指标的增减值之积

　　C. 总变动指标指数等于各因素指标指数之和

　　D. 总变动指标的增减值等于各因素指标变动影响总变动指标的增减值之和

10. 亚东机械厂去年产品销售总额为1 200万元，今年增至1 560万元，已知产品销售价格总体上涨了4%，则其销售量指数为(　　)。

　　A. 130%　　　　B. 104%　　　　C. 80%　　　　D. 125%

11. 已知某商场商品销售量指数105%，由于销售量增加而增加的销售额为10万元，商品价格指数110%，那么由于价格上涨而增加的销售额为(　　)。

　　A. 21万元　　　B. 20万元　　　C. 30万元　　　D. 18万元

12. 下列属于数量指标指数的有(　　)。

　　A. 产品单位成本指数　　　　　　B. 商品销售量指数

　　C. 职工工资水平指数　　　　　　D. 原材料消耗总量指数

　　E. 单位产品原材料消耗量指数　　F. 原材料单价指数

13. 下列属于质量指标指数的有(　　)。

　　A. 价格指数　　B. 职工人数指数　　C. 粮食单位面积产量指数

　　D. 劳动生产率指数　　E. 税率指数

14. 编制总指数的方法有(　　)。

　　A. 综合指数　　B. 平均指数　　C. 平均指标指数

　　D. 质量指标指数　　E. 数量指标指数

15. $\sum P_0 Q_1 / \sum P_0 Q_0$ 表示(　　)。

　　A. 商品销售量的变动程度

　　B. 商品销售价格的变动程度

　　C. 通过销售额的对比反映销售量的变动程度

　　D. 销售量变动对销售额的影响程度

　　E. 销售价格变动对销售额的影响程度

16. 编制综合指数的原则是(　　)。

　　A. 质量指标指数以报告期的数量指标作为同度量因素

　　B. 质量指标指数以基期的数量指标作为同度量因素

　　C. 数量指标指数以基期的质量指标作为同度量因素

　　D. 数量指标指数以报告期的质量指标作为同度量因素

　　E. 同度量因素的时期使用基期和报告期均可

17. 企业各种产品总产量报告期是基期的109%，这个指数是(　　)。

　　A. 个体指数　　　　　　　　　　B. 质量指标指数

　　C. 数量指标指数　　　　　　　　D. 平均指标指数

E. 总指数

18. 加权算术平均数指数是一种( )。
   A. 个体指数的加权平均数　　B. 质量指标指数　　　　C. 平均指数
   D. 平均指标指数　　　　　　E. 总指数

19. 在平均指标变动的两因素分析中,必须编制的指数有( )。
   A. 算术平均数　　　　　　　B. 调和平均数指数　　　C. 可变构成指数
   D. 固定构成指数　　　　　　E. 结构影响指数

20. 可变构成指数反映总体平均水平的变动受( )变动的影响。
   A. 总体单位总量　　　　　　　　B. 总体标志总量
   C. 总体中各组单位结构　　　　　D. 总体中各组标志值平均水平
   E. 总体中各组标志总量结构变动

【训练二】

判断下列表述的正误,并对不当表述进行改正。

1. 农作物亩产量指数属于数量指标指数。
2. 根据综合指数编制的一般原则,数量指标作为同度量因素时应固定在报告期。
3. 企业工资总额提高10%,平均工资下降5%,则职工总人数增长15%。
4. 若价格指数下降,销售额指数持平,则销售量指数增长。
5. 零售商品价格提高后,现在的100元相当于原来的90元,则价格指数是111%。
6. 若产品产量报告期比基期增长2%,单位产品成本减少2%,则生产总成本没有变动。
7. 总指数有两种计算形式,即个体指数和综合指数。
8. 反映现象总体数量变动的总指数都可以称为数量指标指数。
9. 综合指数的编制方法是先综合后对比。
10. 编制单位成本指数时,一般以基期的产量作为同度量因素。
11. 指数因素分析内容包括相对数和绝对数两方面。
12. 质量指标指数的调和平均指数,采用计算期总值为权数,计算结果和综合指数一致。
13. 平均指标指数是由两个平均指标对比形成的。
14. 个体指数是综合指数的一种形式。
15. 平均指标变动因素分析建立的指数体系由三个指数构成,即可变构成指数、固定构成指数和结构变动影响指数。
16. 可变指数既包含了各组水平变动对总体平均数的影响,又包含了结构变动对总体平均数的影响。

【训练三】

训练资料:

梨园服装厂生产两种服装,其产量和单位成本资料如表8-17所示。

表 8-17　梨园服装厂产品单位成本和产量资料

产品	计量单位	产量		单位成本(元)	
		5月份	6月份	5月份	6月份
工人防护服	件	520	600	50	44
小学生校服	套	200	500	55	52

训练要求：

计算梨园服装厂全部产品的产量指数，以及由于产量变动而增减的总成本。

【训练四】

训练资料：

泰隆机械制造有限公司下属三个分厂生产不同的产品，其产量及价格资料如表 8-18 所示。

表 8-18　各分厂产品产量及价格资料

分厂	计量单位	产量		价格(元)	
		上季度	本季度	上季度	本季度
泰昌机械厂	台	2 000	2 500	500	600
泰兴机械厂	吨	5 000	5 500	1 000	1 100
隆兴机械厂	件	1 500	1 800	200	210

训练要求：

编制泰隆机械制造有限公司所有产品的价格总指数，以及由于价格的变动而增加的总产值。

【训练五】

训练资料：

向欣商店销售的三种商品，报告期销售量分别是基期的 104%、95%、110%。三种商品基期的销售额分别是 24 000 元、50 000 元、80 000 元；报告期销售额分别是 28 000 元、47 000 元、82 000 元。

训练要求：

(1) 计算三种商品的销售量总指数。

(2) 计算销售量变化对销售额的影响。

(3) 计算销售额总指数。

【训练六】

训练资料：

某地区两种农产品收购额和收购价格资料如下：甲种农产品本年度收购额 470 万元，收购价格指数比上年降低 2%；乙种农产品本年度收购额 92 万元，收购价格指数比上年上涨 9%。

训练要求：

(1) 计算两种农产品收购价格总指数。

(2) 计算两种农产品收购价格变化对收购额的影响。

【训练七】

训练资料：

丰收农业机械厂生产三种产品，其产量和价格资料如表 8-19 所示。

表 8-19 丰收农业机械厂产品产量和价格资料

产　品	计量单位	产　量		价格(元)	
		2015 年	2016 年	2015 年	2016 年
发动机	台	500	650	2 000	2 200
拖拉机	辆	120	170	16 000	22 000
车桥	只	900	1 000	4 000	4 300

训练要求：

计算丰收农业机械厂总产值指数，并从相对数和绝对数两方面对总产值的变动进行因素分析。

【训练八】

训练资料：

尚羽毛纺厂产品总产值 2015 年为 8 600 万元，到 2016 年增加到 9 000 万元，其产品出厂价格 2016 年比 2015 年上涨了 10%。

训练要求：

(1) 计算尚羽毛纺厂产品产量总指数。

(2) 计算尚羽毛纺厂由于出厂价格上涨而增加的总产值。

(3) 计算尚羽毛纺厂由于产量下降而减少的总产值。

【训练九】

训练资料：

科莱塑料制品厂一车间生产几种不同的产品。本年度产品总成本 15 万元，比上一年多 1.6 万元。几种产品的单位成本平均比上一年降低 2.5%。

训练要求：

(1) 计算单位成本总指数。

(2) 计算产品产量总指数。

(3) 计算单位成本降低而节约的总成本绝对额。

【训练十】

训练资料：

郭石乡小麦种植面积本年度比上年度增长 18%，单位产量提高 4%。上一年全乡小麦总产量 1 269 吨。

训练要求：

(1) 计算小麦总产量指数。

(2) 计算本年度小麦总产量比上一年增加(或降低)多少吨。

(3) 计算由于小麦单位产量提高使总产量增加的绝对额。

(4) 计算由于小麦种植面积增加使总产量增加的绝对额。

【训练十一】

训练资料：

东方乳制品有限公司下属三个奶粉加工厂，它们的产品单位成本和产量资料如表 8-20 所示。

表 8-20　各奶粉加工厂的单位成本和产量资料

厂　别	单位成本(元/吨)		产量(吨)	
	基　期	报告期	基　期	报告期
利源奶粉厂	4 000	3 600	220	220
宏光奶粉厂	3 500	3 400	180	180
格丽泰奶粉厂	4 600	4 500	100	200
合　计	—	—	500	600

训练要求：

计算东方乳制品有限公司奶粉总平均单位成本指数，并利用指数体系分析总平均单位成本受各加工厂单位成本和产量结构变动影响的程度及其影响的绝对值。

【训练十二】

训练资料：

多里昂纺织厂生产三种产品，公司财务科提供了如表 8-21 所示的统计资料。

表 8-21　多里昂纺织厂产品产量、原材料单耗量、原材料单价资料

产品名称	计量单位	产品产量		原　材　料					
				名称	单位	单耗量		购进价格(元)	
		2015 年	2016 年			2015 年	2016 年	2015 年	2016 年
毛毯	床	1 000	1 200	羊毛	千克	3.0	2.9	98.67	99.5
棉布	匹	25 000	30 000	棉纱	吨	0.6	0.57	16 600	16 900
毛线	吨	60	65	羊绒	千克	768	724	500	450

训练要求：

计算多里昂纺织厂的原材料费用总指数，并从相对数和绝对数两方面分析公司产品产量、原材料单耗量、原材料单价的变动对原材料总费用的影响。

附　　录

正态概率表

t	$F(t)$	t	$F(t)$	t	$F(t)$	t	$F(t)$
0.00	0.000 0	0.30	0.235 8	0.60	0.451 5	0.90	0.631 9
0.01	0.008 0	0.31	0.243 4	0.61	0.458 1	0.91	0.637 2
0.02	0.016 0	0.32	0.251 0	0.62	0.464 7	0.92	0.642 4
0.03	0.023 9	0.33	0.258 6	0.63	0.471 3	0.93	0.647 6
0.04	0.031 9	0.34	0.266 1	0.64	0.477 8	0.94	0.652 8
0.05	0.039 9	0.35	0.273 7	0.65	0.484 3	0.95	0.657 9
0.06	0.047 8	0.36	0.281 2	0.66	0.490 7	0.96	0.662 9
0.07	0.055 8	0.37	0.288 6	0.67	0.497 1	0.97	0.668 0
0.08	0.063 8	0.38	0.296 1	0.68	0.503 5	0.98	0.672 9
0.09	0.071 7	0.39	0.303 5	0.69	0.509 8	0.99	0.677 8
0.10	0.079 7	0.40	0.310 8	0.70	0.516 1	1.00	0.682 7
0.11	0.087 6	0.41	0.318 2	0.71	0.522 3	1.01	0.687 5
0.12	0.095 5	0.42	0.325 5	0.72	0.528 5	1.02	0.692 3
0.13	0.103 4	0.43	0.332 8	0.73	0.534 6	1.03	0.697 0
0.14	0.111 3	0.44	0.340 1	0.74	0.540 7	1.04	0.701 7
0.15	0.119 2	0.45	0.347 3	0.75	0.546 7	1.05	0.706 3
0.16	0.127 1	0.46	0.354 5	0.76	0.552 7	1.06	0.710 9
0.17	0.135 0	0.47	0.361 6	0.77	0.558 7	1.07	0.715 4
0.18	0.142 8	0.48	0.368 8	0.78	0.564 6	1.08	0.719 9
0.19	0.150 7	0.49	0.375 9	0.79	0.570 5	1.09	0.724 3
0.20	0.158 5	0.50	0.382 9	0.80	0.576 3	1.10	0.728 7
0.21	0.166 3	0.51	0.389 9	0.81	0.582 1	1.11	0.733 0
0.22	0.174 1	0.52	0.396 9	0.82	0.587 8	1.12	0.737 3
0.23	0.181 9	0.53	0.403 9	0.83	0.593 5	1.13	0.741 5
0.24	0.189 7	0.54	0.410 8	0.84	0.599 1	1.14	0.745 7
0.25	0.197 4	0.55	0.417 7	0.85	0.604 7	1.15	0.749 9
0.26	0.205 1	0.56	0.424 5	0.86	0.610 2	1.16	0.754 0
0.27	0.212 8	0.57	0.431 3	0.87	0.615 7	1.17	0.758 0
0.28	0.220 5	0.58	0.438 1	0.88	0.621 1	1.18	0.762 0
0.29	0.228 2	0.59	0.444 8	0.89	0.626 5	1.19	0.766 0

续表

t	$F(t)$	t	$F(t)$	t	$F(t)$	t	$F(t)$
1.20	0.769 9	1.55	0.878 9	1.90	0.942 6	2.50	0.987 6
1.21	0.773 7	1.56	0.881 2	1.91	0.943 9	2.52	0.988 3
1.22	0.777 5	1.57	0.883 6	1.92	0.945 1	2.54	0.988 9
1.23	0.781 3	1.58	0.885 9	1.93	0.946 4	2.56	0.989 5
1.24	0.785 0	1.59	0.888 2	1.94	0.947 6	2.58	0.990 1
1.25	0.788 7	1.60	0.890 4	1.95	0.948 8	2.60	0.990 7
1.26	0.792 3	1.61	0.892 6	1.96	0.950 0	2.62	0.991 2
1.27	0.795 9	1.62	0.894 8	1.97	0.951 2	2.64	0.991 7
1.28	0.799 5	1.63	0.896 9	1.98	0.952 3	2.66	0.992 2
1.29	0.803 0	1.64	0.899 0	1.99	0.953 4	2.68	0.992 6
1.30	0.805 4	1.65	0.901 1	2.00	0.954 5	2.70	0.993 1
1.31	0.809 8	1.66	0.903 1	2.02	0.956 6	2.72	0.993 5
1.32	0.813 2	1.67	0.905 1	2.04	0.958 7	2.74	0.993 9
1.33	0.816 5	1.68	0.907 0	2.06	0.960 6	2.76	0.994 2
1.34	0.819 8	1.69	0.909 0	2.08	0.962 5	2.78	0.994 6
1.35	0.823 0	1.70	0.910 9	2.10	0.964 3	2.80	0.994 9
1.36	0.826 2	1.71	0.912 7	2.12	0.966 0	2.82	0.995 2
1.37	0.829 3	1.72	0.914 6	2.14	0.967 6	2.84	0.995 5
1.38	0.832 4	1.73	0.916 4	2.16	0.969 2	2.86	0.995 8
1.39	0.835 5	1.74	0.918 1	2.18	0.970 7	2.88	0.996 0
1.40	0.838 5	1.75	0.919 9	2.20	0.972 2	2.90	0.992 6
1.41	0.841 5	1.76	0.921 6	2.22	0.973 6	2.92	0.996 5
1.42	0.844 4	1.77	0.923 3	2.24	0.974 9	2.94	0.996 7
1.43	0.847 3	1.78	0.924 9	2.26	0.976 2	2.96	0.996 9
1.44	0.850 1	1.79	0.926 5	2.28	0.977 4	2.98	0.997 1
1.45	0.852 9	1.80	0.928 1	2.30	0.978 6	3.00	0.997 3
1.46	0.855 7	1.81	0.929 7	2.32	0.979 7	3.20	0.998 6
1.47	0.858 4	1.82	0.931 2	2.34	0.980 7	3.40	0.999 3
1.48	0.861 1	1.83	0.932 8	2.36	0.981 7	3.60	0.999 68
1.49	0.863 8	1.84	0.934 2	2.38	0.982 7	3.80	0.999 86
1.50	0.866 4	1.85	0.935 7	2.40	0.983 6	4.00	0.999 94
1.51	0.869 0	1.86	0.937 1	2.42	0.984 5	4.50	0.999 993
1.52	0.871 5	1.87	0.938 5	2.44	0.985 3	5.00	0.999 999
1.53	0.874 0	1.88	0.939 9	2.46	0.986 1		
1.54	0.876 4	1.89	0.941 2	2.48	0.986 9		

参 考 文 献

[1] 杜树靖. 统计学基础[M]. 北京：对外经济贸易大学出版社，2009.
[2] 滑际洲，刘万军. 企业信息统计与分析[M]. 北京：清华大学出版社，2010.
[3] 胡宝坤，邓先娥. 统计实用技术[M]. 北京：人民邮电出版社，2010.
[4] 于声涛，全国林. 统计学基础[M]. 北京：科学出版社，2008.